En Patagonie

Du même auteur aux Éditions Grasset

Le Vice-Roi de Ouidah.
Les Jumeaux de Black Hill.
Le chant des pistes.
Utz.
Q'est-ce que je fais là.
Photographies et carnets de voyage.
Anatomie de l'errance.

BRUCE
CHATWIN

En Patagonie

Traduit de l'anglais
par
JACQUES CHABERT

Bernard Grasset
Paris

Bruce Chatwin/En Patagonie

Tout voyageur est, d'abord, un rêveur. A partir d'un nom, d'une image, d'une lecture, il imagine une ville, un pays et n'a plus de cesse qu'il n'ait été vérifier, sur place, si la réalité correspond à son rêve. Bien sûr, la déception se trouve souvent au rendez-vous; mais, parfois, non. Et, alors, tout peut arriver; par exemple : un grand livre.

Deux phénomènes de cet ordre sont à l'origine du départ de Bruce Chatwin pour la Patagonie, qui n'est pas précisément la destination la plus fréquemment choisie par les touristes. D'abord, « un fragment de peau... pas bien grand mais d'un cuir épais et couvert de touffes de poils roux (qu')une punaise rouillée fixait à une carte postale.

— Qu'est-ce que c'est, maman?

— Un morceau de brontosaure. »

Non, il s'agissait d'une relique de mylodon, un paresseux géant. Encore fallait-il entreprendre l'équipée en question pour l'apprendre.

Seconde incitation au voyage, vingt-cinq ans plus tard : une visite à Eileen Gray, le fameux « designer » comme on dit en français. Âgée de quatre-vingt-treize ans, elle ne voyait aucune raison de ne pas travailler quatorze heures par jour. Cela ne lui laissait guère le loisir de voyager.

« Elle habitait rue Bonaparte (à Paris). Dans son salon était accrochée une carte de la Patagonie, qu'elle avait coloriée à la gouache.

— J'ai toujours rêvé d'y aller, dis-je.

— Moi aussi, répondit-elle. Allez-y pour moi !

J'y allai... la carte d'Eileen Gray décore mon appartement. »

La Patagonie, pour ceux qui l'ignoreraient, s'étend du rio Negro au cap Horn, à la pointe australe de l'Amérique du Sud. L'Argentine et le Chili s'en partagent la souveraineté. Elle a, partout dans le monde, la réputation d'une contrée désolée et déserte. Rien n'est plus faux, si l'on en croit Bruce Chatwin : il lui est souvent arrivé de dormir à la belle étoile et il y a rencontré plus de personnalités extraordinaires que beaucoup d'entre nous n'en rencontrent, au cours d'une vie entière passée à Paris ou à Londres.

En vérité, vue par Bruce Chatwin, la Patagonie ressemble à une réserve d'excentriques, comme il y a des réserves d'Indiens – ceux-là, soit dit en passant, il n'en reste plus guère. De tous temps, les extravagants, les révoltés, les déclassés semblent s'être donné rendez-vous sur cette flèche de terre pointée vers le Pôle. C'est un melting-pot d'Écossais, de juifs russes, de Boers, de Mormons en fuite devant la police, ou en quête de liberté. Butch Cassidy, l'immortel pilleur de banques, y termina ses jours. Et Orélie-Antoine Tounens, avoué à Périgueux sous le Second Empire, s'en proclama empereur. Après trois expéditions lamentables, il fut déporté dans son village natal où il termina ses jours comme allumeur de réverbères.

Naturellement, un voyageur ordinaire n'aurait rien perçu de cette singularité ni débusqué ce fascinant passé. C'est là qu'interviennent l'œil et la main de Bruce Chatwin : en un mot, son talent. Il a peut-être écrit le modèle du récit de voyages, celui dont le narrateur, tout en s'effaçant le plus possible, *n'en impose pas moins son point de vue au lecteur. Bruce Chatwin ne dit jamais, ou presque jamais, « je ». Il n'empêche : son intelligence, sa rapidité d'esprit, son humour – ce qui est bien la moindre des qualités pour un citoyen britannique – imprègnent son discours au point que SA Patagonie devient la nôtre et que nous n'en voulons plus d'autre. Avis aux explorateurs à venir.*

Avec ce texte remarquable, Bruce Chatwin faisait, à trente-sept ans, une entrée remarquée dans la carrière des lettres. Deux succès romanesques ont suivi (tous deux traduits chez Grasset); le Vice-Roi de Ouidah *et, surtout,* les Jumeaux de Black Hill *salué dès sa parution par John Updike, lauréat de plusieurs prix, best-seller dans plusieurs pays.*

Mais le démon du voyage n'a pas, pour autant, quitté le jeune écrivain qui fut, tour à tour, spécialiste de la peinture impressionniste chez Sotheby et grand reporter au Sunday Times. *Tournant résolument le dos aux séductions sociales et littéraires, il est reparti seul, à pied, au cœur de l'Australie, chez les aborigènes. Le livre étonnant qu'il en a rapporté –* le Chant des Pistes *(c'est par le chant que les aborigènes délimitent leur territoire, comme les oiseaux) – a paru chez Grasset (1988).*

Il n'y a plus que la Patagonie, la Patagonie, qui convienne à mon immense tristesse...

BLAISE CENDRARS.
Prose du transsibérien.

PATAGONIE
RÍO NEGRO
ARGENTINE
Péninsule Valdés
Vallée des Martyrs
CHUBUT
Archipel
Chonos
OCÉAN
ATLANTIQUE
CHILI
ANDES
SANTA CRUZ
Île
Wellington
ÎLES FALKLAND
(MALOUINES)
Grotte du Mylodon
Ultima Esperanza
Détroit de Magellan
Cap Pilar
Île de
la Désolation
Canal de l'Abra
TERRE
DE FEU
Cap Froward
N
ÎLE DES ÉTATS
Île Dawson
Canal de Beagle
OCÉAN
PACIFIQUE
Angostura Murray
Île Navarino
Île Hoste
Cap Horn
Île L'Hermite

1

Dans la salle à manger de ma grand-mère il y avait un petit meuble vitré et derrière la vitre un fragment de peau. Ce dernier n'était pas bien grand, mais d'un cuir épais et couvert de touffes de poils roux. Une punaise rouillée le fixait à une carte postale. Sur cette carte figuraient aussi quelques lignes d'une encre décolorée, mais j'étais alors trop jeune pour lire.

« Qu'est-ce que c'est, maman ?

— Un morceau de brontosaure. »

Ma mère connaissait le nom de deux animaux préhistoriques, le brontosaure et le mammouth. Elle savait que ce n'était pas un mammouth. Les mammouths venaient de Sibérie.

On m'avait appris que le brontosaure était un animal qui s'était noyé pendant le déluge, Noé n'ayant pu l'embarquer à bord de son arche à cause de sa taille. Je me le représentais comme une pesante créature à longs poils, armée de griffes et de crocs, avec une malicieuse lueur verte dans les yeux. Parfois le brontosaure surgissait du mur de ma chambre et me réveillait.

Ce brontosaure-là avait vécu en Patagonie, en Amérique du Sud, au bout du monde. Des milliers d'années auparavant il était tombé dans un glacier, avait lentement descendu la pente dans sa prison de glace bleue. Un cousin de ma grand-mère, Charley Milward le marin, le trouva en bas de la montagne, parfaitement conservé.

Charley Milward commandait un cargo qui sombra à l'entrée du détroit de Magellan. Ayant survécu à la catastrophe il s'installa non loin du lieu du naufrage à Punta Arenas où il dirigea un atelier de réparation navale. Le Charley Milward de mon imagination était un dieu descendu sur terre, grand, silencieux et fort, avec des favoris noirs en côtelette et des yeux bleus farouches. Il portait sa casquette de marin de travers et le haut de ses bottes retourné.

Dès qu'il vit le brontosaure émergeant de la glace, il sut ce qu'il avait à faire. Il le fit découper, saler, mettre en barils et l'expédia au Muséum d'histoire naturelle de South Kensington. Je me représentais parfaitement la scène : le sang et la glace, la chair et le sel, les équipes d'ouvriers indiens et les tonneaux alignés sur la côte. Un travail de titan. Et tout cela pour rien : le brontosaure se putréfia à bord du navire pendant la traversée des tropiques et arriva à Londres en état de décomposition avancée ; voilà pourquoi au Muséum on peut voir des ossements de brontosaure, mais pas de peau.

Par bonheur mon cousin Charley en avait envoyé un fragment à ma grand-mère, par la poste.

Ma grand-mère habitait une maison de briques rouges, cachée derrière un écran de lauriers piquetés de jaune. Cette maison avait de hautes cheminées, des pignons pointus et un jardin de roses couleur sang. L'intérieur sentait l'église.

Je ne me rappelle pas grand-chose de mon aïeule, hormis sa taille. Je me revois faisant de l'escalade sur sa poitrine opulente, ou bien l'observant à la dérobée pour voir si elle pouvait se lever de sa chaise. Audessus d'elle étaient suspendus des portraits de bourgeois hollandais dont les visages adipeux s'encadraient d'une fraise blanche. Sur la cheminée il y avait deux figurines japonaises avec des yeux d'ivoire rouge et blanc qui saillaient hors de leur orbite. Je jouais avec elles ou bien avec un singe articulé allemand ; mais sans cesse je harcelais ma grand-mère : « S'il te plaît, est-ce que je pourrais avoir le morceau de brontosaure ? »

Jamais je n'ai désiré quelque chose avec autant de force que ce fragment de peau. Ma grand-mère me répondait que je l'aurais un jour peut-être. A sa mort je le réclamai : « Maintenant je peux l'avoir ce morceau de brontosaure. » Ma mère dit alors : « Oh, ce truc ! J'ai bien peur que nous l'ayons jeté. »

A l'école, tout le monde a bien ri de l'histoire du brontosaure. Pour le professeur de sciences naturelles, j'avais confondu avec le mammouth de Sibérie. Il raconta à la classe comment les savants russes avaient mangé du mammouth congelé et me demanda de ne plus mentir. En outre, ajouta-t-il, les brontosaures étaient des reptiles. Ils n'avaient pas de poils mais une peau couverte d'écailles. Et il nous montra une image de l'animal reconstitué – bien différente de ce que j'avais imaginé – où on le voyait gris-vert avec une petite tête et une gigantesque épine dorsale ondulante, dévorant placidement les plantes aquatiques d'un lac. J'avais honte de mon brontosaure poilu, mais je savais que ce n'était pas un mammouth.

Je mis plusieurs années à tirer l'affaire au clair. L'animal de Charley Milward n'était pas un brontosaure, mais un mylodon ou paresseux géant. Il n'avait pas trouvé un individu entier ni même un squelette, mais seulement, dans une grotte du fjord d'Ultima Esperanza, en Patagonie chilienne, quelques ossements et quelques fragments de peau préservés par le froid, la sécheresse et le sel. Il expédia la collection en Angleterre et la vendit au British Museum. Cette version était moins romantique mais avait le mérite d'être vraie.

Mon intérêt pour la Patagonie survécut à la perte de la peau ; car la guerre froide éveilla en moi une vocation de géographe... Vers la fin des années quarante le cannibale du Kremlin projetait son ombre sur nos vies ; on pouvait prendre ses moustaches pour des crocs. Nous assistions à des cours spéciaux où l'on nous exposait ses plans de guerre. Nous regardions le professeur de la défense civile entourer d'un cercle les villes d'Europe pour nous montrer les zones de destruction totale ou partielle. Nous voyions ces zones s'élargir et se rejoindre sans laisser d'espace entre elles. L'instructeur portait un short kaki. Ses genoux étaient blancs et noueux, et nous comprenions qu'il n'y avait plus d'espoir. La guerre approchait sans que nous y puissions rien.

Ensuite nous avons appris l'existence de la bombe au cobalt qui était pire que la bombe à hydrogène et pouvait anéantir la planète dans une réaction en chaîne ininterrompue.

Je connaissais la couleur cobalt que j'avais vue dans la boîte de peintures de ma grand-tante. Elle avait vécu à Capri à l'époque de Maxime Gorki et y avait peint des garçons nus. Plus tard son art devint presque exclusivement d'inspiration religieuse. Elle fit des quantités de saint Sébastien, toujours sur fond bleu de cobalt, toujours le même beau jeune homme transpercé de flèches et néanmoins debout.

Je me représentais la bombe au cobalt comme un banc de nuages d'un bleu intense, crachant des langues de feu. Et je me voyais seul sur un promontoire verdoyant, surveillant à l'horizon la progression du nuage.

Malgré tout nous espérions survivre à la déflagration.

Nous mîmes sur pied un comité d'émigration et projetâmes d'aller nous installer dans un coin reculé de la planète. Nous nous absorbions dans l'étude des atlas. Nous apprenions la direction des vents dominants et la distribution probable des retombées. Comme la guerre se déclencherait dans l'hémisphère nord, nous nous intéressions aux régions australes. Nous éliminâmes les îles du Pacifique, car les îles sont des pièges. Nous éliminâmes l'Australie et la Nouvelle-Zélande et décrétâmes que la Patagonie était le lieu le plus sûr du monde.

J'imaginais une maison basse en bois, avec un toit de bardeaux, bien calfeutrée contre les tempêtes ; à l'intérieur, des bûches flamberaient dans la cheminée et les murs seraient recouverts d'une bibliothèque garnie des ouvrages des meilleurs auteurs. Un endroit pour vivre pendant que le reste du monde exploserait.

Staline mourut et à l'église nous chantâmes des cantiques de louanges. Mais je gardais toujours la Patagonie en réserve.

2

L'histoire de Buenos Aires est écrite dans son annuaire téléphonique. Pompey Romanov, Emilio Rommel, Crespina D. Z. de Rose, Ladislao Radziwil et Elizabeta Marta Callman de Rothschild – cinq noms pris au hasard parmi les R – racontent une histoire d'exil, de désillusion et d'angoisse derrière des rideaux de dentelle.

Il régnait une douce température estivale pendant la

semaine que je passai à Buenos Aires. Les boutiques étaient décorées pour Noël. On venait d'ouvrir le mausolée Perón à Olivos : Eva était en forme après sa tournée dans les coffres des banques européennes. Certains catholiques avaient assisté à une messe de requiem à la mémoire de Hitler et on s'attendait à un coup d'État militaire.

Pendant la journée la ville vibrait sous une mince couche argentée d'air pollué. Le soir garçons et filles se promenaient près du fleuve. L'air sévère et suave, la tête vide, ils déambulaient sous les arbres, bras dessus bras dessous, riant d'un rire sans chaleur, séparés de la rivière rouge par un parapet de granit rouge.

Les riches fermaient leurs appartements pour l'été. Des housses blanches recouvraient les meubles dorés et des valises en cuir s'empilaient dans le hall. Tout l'été les riches s'amusaient dans leurs estancias. Les plus riches allaient en Uruguay, à Punta del Este, où ils risquaient moins d'être kidnappés. Certains riches, les amateurs de chasse bien sûr, disaient qu'en été la saison des enlèvements était fermée. Les guérilleros louaient également des villas pour leurs vacances ou partaient faire du ski en Suisse.

Lors d'un déjeuner, nous étions assis sous un tableau représentant un gaucho du général Rosas peint par Raymond Monvoisin, un émule de Delacroix. Drapé d'un poncho rouge sang, il était allongé dans une pose d'odalisque, félin et lascivement érotique.

« Il fallait bien un Français, pensai-je, pour faire ressortir ainsi toute l'affectation du gaucho. »

A ma droite se tenait une romancière. Selon elle le seul sujet qui méritait d'être abordé était la solitude. Elle raconta l'histoire d'un violoniste international, bloqué une nuit dans un motel du Middle West au cours d'une tournée. L'histoire gravitait autour du lit, du violon et de la jambe de bois du violoniste.

Il y a quelques années elle avait connu Ernesto Guevara alors qu'il n'était qu'un jeune homme débraillé cherchant à se faire une place dans la société.

« Il était très *macho,* dit-elle, comme la plupart des garçons argentins, mais je n'aurais jamais cru qu'il en arriverait là. »

La ville me rappelait sans cesse la Russie : les voitures de la police secrète hérissées d'antennes, les femmes aux larges hanches mangeant des glaces dans des parcs pleins de poussière, les mêmes statues à l'air bravache, l'architecture de style pâtisserie, les mêmes avenues pas tout à fait rectilignes donnant l'illusion d'un espace infini et ne menant nulle part.

La Russie tsariste plutôt que la Russie soviétique. Bazarov aurait pu être argentin, le thème de *la Cerisaie* est une situation argentine. La Russie des Koulaks cupides, des fonctionnaires corrompus, des épiceries de luxe et des gros propriétaires regrettant Paris.

Je m'en entretins avec un ami.

« Beaucoup de gens ressentent cela, dit-il. L'année dernière une vieille dame, Russe blanche émigrée, est venue nous voir à la campagne. Notre maison l'a particulièrement impressionnée et elle a demandé à voir toutes les pièces. Une fois arrivée au grenier, elle s'est écriée : “Ah ! Je le savais ! L'odeur de mon enfance !” »

3

Je pris le train pour La Plata afin d'aller visiter le plus beau muséum d'histoire naturelle d'Amérique du Sud. Dans le compartiment il y avait deux victimes quotidiennes du *machismo,* une femme mince à l'œil tuméfié et une adolescente souffreteuse accrochée à sa robe. En face se tenait un garçon dont la chemise s'ornait de dessins verts. En regardant mieux, je m'aperçus qu'il s'agissait de poignards.

La Plata est une ville universitaire. La plupart des graffiti étaient des slogans empruntés à Mai 68, mais certains sonnaient de façon plutôt insolite : « Isabel Perón ou la Mort. » « Si Evita était vivante elle serait *montonera* », « Mort aux pirates anglais ». « Le seul bon intellectuel est un intellectuel mort. »

Une allée de ginkgos menait jusqu'aux marches du muséum en passant devant une statue de Benito Juárez. Le pavillon argentin, bleu et blanc, flottait en haut du musée, mais un déferlement de citations de Guevara inscrites à la peinture rouge submergeait le fronton de la façade classique et menaçait l'ensemble du bâtiment. Un jeune homme se tenait à l'entrée les bras croisés et déclara : « Le muséum est fermé pour diverses raisons. » Un Indien péruvien qui était venu spécialement de Lima se tenait à côté, l'air effondré. Ensemble nous parvînmes à le fléchir et on nous laissa entrer.

Dans la première salle je vis un gros dinosaure découvert en Patagonie par un immigrant lituanien, Casimir Slapelič, dont il portait le nom. Je vis les glyptodons, ces gigantesques tatous semblables à un défilé de véhicules blindés, chaque plaque osseuse étiquetée comme un chrysanthème japonais. Je vis les oiseaux de La Plata, empaillés à côté d'un portrait de W. H. Hudson et, enfin, je trouvai quelques vestiges du paresseux géant, *Mylodon listai*, de la grotte d'Ultima Esperanza – des griffes, des excréments, des os avec les tendons et un morceau de peau. C'était bien la même fourrure rousse dont ma mémoire d'enfant avait gardé le souvenir. Elle avait un peu plus d'un centimètre d'épaisseur. Des nodules de cartilage blanc y étaient incrustés et elle ressemblait à un morceau de nougat poilu.

C'est à La Plata que vécut Florentino Ameghino. Cet autodidacte solitaire, fils d'immigrants génois, naquit en 1854 et mourut directeur du Muséum national. Il commença à collectionner les fossiles dès son enfance et, plus tard, ouvrit un commerce de papeterie qu'il appela *El Gliptodonte*, du nom de son animal préféré. Peu à peu les fossiles envahirent toute la boutique et en chassèrent la papeterie. Mais entre-temps Ameghino était devenu mondialement célèbre tant par l'abondance de ses publications que pour l'étrangeté de ses fossiles.

Carlos, son frère cadet, passait son temps à explorer les barrancas de Patagonie, tandis que Florentino restait à la maison pour classer les fossiles. Doté d'une merveilleuse capacité d'imagination, il reconstruisait une bête colossale à partir du moindre fragment de dent ou de griffe. Il avait aussi un faible pour les noms colossaux. Il baptisa un animal *Florentinoameghinea* et un autre *Propalaeohoplophorus*. Il aimait son pays avec la passion d'un immigrant de la seconde génération ; parfois son patriotisme lui montait à la tête et, en une occasion, l'amena à lancer un défi à toute la communauté scientifique.

Il y a environ cinq millions d'années, lorsque les continents erraient de-ci de-là, les dinosaures de Patagonie ressemblaient fort aux dinosaures de Belgique, du Wyoming ou de Mongolie. Quand ils disparurent, des mammifères à sang chaud les remplacèrent. Selon les hypothèses des savants qui se sont penchés sur cette question, les nouveaux venus proviennent de l'hémisphère nord à partir duquel ils ont colonisé le globe tout entier.

Les premiers mammifères qui atteignirent l'Amérique du Sud furent des espèces bizarres, connues à présent sous les noms de notongulés et condylarthres. Peu après leur arrivée la mer submergea l'isthme de Panama et les exila du reste de la création. Sans carnivores pour leur donner la chasse, les mammifères d'Amérique du Sud évoluèrent en prenant des formes de plus en plus bizarres. Il y eut les énormes paresseux, le toxodon, le mégathérium et le mylodon. Il y eut les porcs-épics, les fourmiliers et les tatous ; les litopternes, les astrapothériens et le macrauchenia (une sorte de chameau à trompe). Puis le pont de terre de Panama réémergea et une multitude de mammifères nord-américains plus redoutables, tels que le puma et le tigre à longs crocs (machairodus), se précipita vers le sud et y extermina de nombreuses espèces indigènes.

Le docteur Ameghino n'aimait pas cette version zoologique de la doctrine de Monroe. Quelques animaux « sudistes », il est vrai, s'étaient opposés à l'invasion *yanqui.* Des paresseux de petite taille avaient gagné l'Amérique Centrale, le tatou le Texas et le porc-épic le Canada (ce qui montre qu'il n'y a pas d'invasion sans contre-invasion). Mais cela ne satisfaisait pas Ameghino. Il accomplit alors son devoir envers son pays et inversa la chronologie. Il déforma les faits pour montrer que tous les mammifères à sang chaud, sans exception, étaient originaires d'Amérique du Sud, d'où ils remontèrent vers le nord. Puis il fut emporté par son élan et publia un article où il expliquait que l'homme lui-même était apparu sur le sol de la *patria* : voilà pourquoi, dans certains milieux, Ameghino est placé aux côtés de Platon et de Newton.

4

Je quittai l'ossuaire de La Plata, vacillant sous les coups du latin linnéen, et retournai en hâte à Buenos Aires, à la station Patagonia, pour prendre l'autocar de nuit qui descendait vers le sud.

Lorsque je m'éveillai nous traversions une région faiblement vallonnée. Sur un fond de ciel gris des lambeaux de brume traînaient dans les vallées. Les champs de blé passaient du vert au jaune et des vaches noires broutaient dans les pâturages. Nous franchîmes des cours d'eau bordés de saules et d'herbes des pampas. Les maisons des estancias se blottissaient derrière des rideaux de peupliers et d'eucalyptus. Certaines avaient un toit de tuiles, mais la plupart étaient couvertes de simples plaques de tôle peintes en rouge. Le vent avait emporté la cime des eucalyptus les plus hauts.

A neuf heures et demie l'autocar fit halte dans la bourgade où j'espérais rencontrer Bill Philips. Petit-fils d'un pionnier de la Patagonie, il possédait encore des cousins là-bas. La ville se composait d'un quadrillage de maisons de brique sans étage et de boutiques de style colonial. Sur la place, au centre du square municipal, trônait un buste de bronze du libérateur, le général San Martín. On avait goudronné les rues entourant le square, mais le vent y apportait une poussière blanche qui recouvrait les fleurs et la statue.

Deux fermiers avaient arrêté leurs camionnettes devant le café et buvaient du *vino rosado*. Un vieillard se penchait sur sa bouilloire de maté. Derrière le bar on avait accroché plusieurs portraits : celui d'Isabelita et Juan Perón, lui vieux et décati, ceint de l'écharpe officielle bleu et blanc, un autre d'Evita et de Juan, beaucoup plus jeunes alors et plus dangereux ; et un troisième du général Rosas, bouche tombante, et favoris. L'iconographie du péronisme est extrêmement compliquée.

Une vieille femme me servit un sandwich caoutchouteux et un café. Bien entendu, me dit-elle, je pouvais laisser mon sac pendant que je partais à la recherche du señor Philips.

« Le señor Philips habite loin d'ici. Dans la sierra.

— A quelle distance ?

— Huit lieues. Mais vous pourrez peut-être le voir ici. Il vient souvent à la ville le matin. »

Je demandai partout, mais personne n'avait vu le gringo Philips ce matin-là. Je trouvai un taxi et après discussion me mis d'accord avec le chauffeur sur le prix de la course. C'était un homme mince, jovial, un Italien sans doute. Il avait l'air d'aimer marchander et partit acheter de l'essence. Je jetai un coup d'œil au général San Martín et portai mon sac sur le trottoir. Le taxi arriva et l'Italien en sortit avec agitation.

« J'ai vu le gringo Philips, dit-il. Là-bas. Il vient par ici. »

Peu lui importait d'avoir perdu un client et il refusa tout dédommagement. Je commençai à aimer ce pays.

Un homme plutôt petit et râblé, portant un pantalon kaki, s'avançait vers moi. Il avait un visage ouvert et enfantin avec une touffe de cheveux dressée à l'arrière de la tête.

« Bill Philips ?

— Comment savez-vous ?

— J'ai deviné.

— Venez à la maison », dit-il en grimaçant un sourire.

Nous quittâmes la ville dans sa vieille camionnette. La porte du côté du passager était coincée et, près d'une cabane rouillée, il fallut sortir pour laisser entrer un Basque ridé, aux cheveux d'un blond roux, qui accomplissait divers travaux sur l'exploitation et était un peu simplet. La route traversait une région d'élevage bovin, complètement plate. Des angus noirs d'Aberdeen formaient des groupes autour des éoliennes. Les clôtures étaient en parfait état. Tous les sept ou huit kilomètres nous passions devant le portail prétentieux d'une grosse estancia.

« Ici, c'est un pays de millionnaires, dit Bill. Moi je suis dans la zone à moutons. Je peux bien tenir quelques jersiaises, mais il n'y a pas assez d'herbe ou d'eau pour un gros troupeau. Une seule saison sèche et je serais ruiné. »

Bill quitta la route principale pour se diriger vers de pâles collines rocheuses. Les nuages et la brume se levaient. Au-delà des collines je voyais une chaîne de montagnes du même gris plombé que les nuages. Le soleil les éclairait de biais et les faisait resplendir.

« Êtes-vous ici à cause de Darwin ou pour nous voir ? demanda Bill.

— Pour vous voir. Mais pourquoi Darwin ?

— Il est venu ici. C'est la Sierra Ventana qu'on voit

au loin sur la gauche. Darwin y est monté lors de son voyage à Buenos Aires. Moi, je n'y suis jamais allé. Trop de travail dans une ferme nouvellement installée. »

La route montait à présent et se transformait en une piste cahoteuse. Bill s'arrêta pour ouvrir une barrière près d'une maison et un chien se précipita vers nous. Bill rentra prestement dans la voiture et l'animal s'accroupit en retroussant haineusement ses babines.

« Mes voisins sont italiens, dit Bill. Toute la région leur appartient maintenant. Ils sont tous venus d'un village des Marches, il y a quarante ans. Tous des péronistes acharnés et on ne peut pas leur faire confiance. Leur philosophie est simple : procréer comme des lapins, pour mieux réclamer la réforme agraire après. Au départ ils avaient tous des propriétés de bonne taille, mais ils les divisent sans cesse. Vous voyez cette maison là-bas ? »

La piste s'était élevée rapidement et on dominait toute la contrée, une cuvette cultivée, bordée de collines et vivement éclairée. Chaque ferme s'abritait au centre d'un bois de peupliers, à l'exception de la nouvelle, simple bloc blanc posé sur des prairies.

« Il y a là une famille qui vient de se diviser. Le vieux est mort. Les deux fils ne s'entendent pas. L'aîné a pris les meilleures terres et a construit cette maison neuve. Le plus jeune se mêle de faire de la politique. Il veut faire main basse sur mes meilleurs pâturages : moi qui déjà en ai juste assez pour m'en sortir sans trop de problèmes. Et dire que nous étions déjà citoyens argentins quand toute la bande était encore en Italie dans son satané village.

« Nous arrivons à la maison », ajouta-t-il.

Nous nous arrêtâmes pour déposer le Basque, qui

descendit la colline. La maison était un bâtiment préfabriqué, de deux pièces, accoté au flanc nu de la colline, avec de larges fenêtres et une vue magnifique.

« Ne t'en fais pas, Anne-Marie », dit Bill.

Elle devient nerveuse dès qu'il vient quelqu'un. Elle se met dans tous ses états. Elle pense que les visiteurs, ça donne du travail. Elle n'est pas du genre femme d'intérieur. Mais ne faites pas attention. En fait elle adore voir du monde.

« Ma chérie, nous avons de la visite », cria-t-il.

J'entendis une voix répondre « Ah oui ! » et la porte de la chambre claqua avec force. Bill avait l'air gêné. Il caressa le chien et nous parlâmes de chiens. Je regardai sa bibliothèque et m'aperçus qu'il possédait tous les grands auteurs. Il venait d'achever les *Récits d'un chasseur* de Tourgueniev et nous parlâmes de Tourgueniev.

Un petit garçon portant pantalon bleu et chemise fraîchement repassée pointa sa tête par l'embrasure de la porte. Il examina craintivement le visiteur en suçant son pouce.

« Nicky, viens dire bonjour », dit Bill.

Nicky s'enfuit en courant dans la chambre et la porte claqua de nouveau. Enfin Anne-Marie sortit et me serra la main. Son air sérieux et guindé montrait qu'elle se demandait ce qui avait bien pu pousser son père à me faire venir.

« C'est le chaos ici », dit-elle.

Son visage s'illuminait quand elle souriait. Elle était mince et d'allure sportive, Ses cheveux noirs coupés court encadraient un visage au teint légèrement hâlé. Elle me plaisait énormément, mais parlait sans cesse de « nous autres provinciaux ». Ayant travaillé à Londres et à New York, rien ne lui paraissait conforme aux convenances qu'elle avait apprises et elle s'excusait pour tout. « Si seulement nous avions su que vous veniez, j'aurais... »

« Cela n'a aucune importance, dis-je. Vraiment aucune importance. » Mais je voyais bien que cela avait de l'importance pour elle.

« Il va nous falloir plus de viande pour le déjeuner, dit-elle, maintenant que nous avons un visiteur. Pourquoi, tous les deux, n'emmèneriez-vous pas Nicky à la ferme pendant que je fais un peu de ménage ? »

Bill et moi attendîmes Nicky qui ôtait les vêtements qu'il avait mis en mon honneur. Dans le premier champ nous vîmes quelques oiseaux bruns avec une grande crête et une longue queue.

« Quel est cet oiseau, Nicky ? questionna Bill.

— Un ouraka.

— L'oiseau le plus affreux de tout le livre, dit Bill.

— Et ceux-là ce sont des tero-teros », dit Nicky.

Deux pluviers noir et blanc s'envolèrent et décrivirent des cercles au-dessus de nos têtes en poussant des cris pour annoncer l'approche de l'ennemi.

« Et ça, c'est le cri le plus affreux de tous. Il déteste les hommes, cet oiseau-là. Il les hait. »

La piste traversait un coin d'herbe raide et aboutissait à quelques bâtiments de ferme dans un creux à l'abri du vent. Un gamin maigrichon appelé Dino sortit d'une maison de ciment et se mit à jouer dans la cour avec Nicky en poussant des cris. Il y avait une baignoire à moutons emplie d'un liquide verdâtre et visqueux, et Bill dut dire aux enfants de s'en éloigner.

« Sale affaire, dit-il. Il y a deux mois un enfant du voisin s'est noyé dans ma baignoire à moutons. Les parents s'étaient soûlés pendant le repas du dimanche. Dieu merci, la mère est de nouveau enceinte – pour la neuvième fois ! »

Le père du garçon sortit, ôta sa casquette pour saluer Bill, et Bill lui demanda de tuer un mouton. Nous fîmes le tour de la ferme, en regardant les jersiaises, quelques nouveaux béliers et un tracteur McCormick.

« Vous ne pouvez pas vous imaginer combien coûte un engin pareil avec le cours du change. Je ne peux plus rien acheter. Savez-vous ce que nous souhaitons le plus dans nos prières ? Ce que nous souhaitons avec sadisme ? Un mauvais hiver en Europe. Ça fait monter le prix de la laine. »

Nous remontâmes vers le verger où le père de Dino avait suspendu la bête écorchée à un pommier. Sur l'herbe son chien mangeait le tas de viscères violacés. Il porta le couteau au cou de l'animal et la tête lui resta dans la main. La carcasse se mit à osciller. Il la stabilisa et coupa un gigot qu'il tendit à Bill.

En revenant Nicky demanda s'il pouvait tenir la main du visiteur.

« Je ne sais pas ce que vous avez fait à Nicky, me dit Anne-Marie à notre retour. D'habitude il déteste les visiteurs. »

5

Dans la soirée Bill me conduisit à Bahía Blanca. Sur le chemin il s'arrêta chez un Écossais pour régler une affaire de taureau.

La ferme de Sonny Urquhart était située au milieu d'une région plate, à quelque quatre kilomètres de la route. Quatre générations s'y étaient succédé de père en fils depuis l'époque des raids indiens. Nous eûmes quatre portes de clôture à ouvrir sur le trajet. Seuls les tero-teros rompaient le silence de la nuit. Nous gagnâmes un bosquet de cyprès noirs où brillait une lumière.

L'Écossais éloigna les chiens et nous conduisit par un étroit couloir vert dans une haute pièce, d'un vert plus sombre, éclairée par une seule ampoule. Autour de la cheminée il y avait des fauteuils victoriens avec des accoudoirs plats, en bois. Dans les verres à whisky humides l'usure du vernis dessinait des anneaux. Haut sur les murs étaient accrochées des gravures représentant des hommes élégants et des femmes en crinoline.

Sonny Urquhart était un homme solide et tout en muscle, les cheveux blonds rabattus vers l'arrière et séparés par une raie centrale. Il avait des taches de rousseur et une pomme d'Adam proéminente. Sa nuque, zébrée de lignes en zig-zag, révélait les longues heures de travail passées sans chapeau sous le soleil. Ses yeux, bleus et humides, étaient striés de veinules rouges.

Il conclut son affaire de taureau avec Bill. Et Bill parla du prix des fermes et de la réforme agraire et Sonny acquiesçait de la tête. Assis sur un tabouret, il buvait son whisky à petites lampées. De l'Écosse il avait conservé un certain orgueil naturel et un souvenir diffus de kilts et de cornemuses, mais c'étaient là fêtes d'une autre génération.

Sa tante et son oncle étaient venus de Buenos Aires pour s'occuper de lui. Manifestement contente de notre visite la tante avait fait de la pâtisserie et apporta un gâteau soufflé recouvert de sucre rose. Elle coupa d'énormes tranches et les servit sur de délicates assiettes de porcelaine, avec des fourchettes d'argent. Nous avions déjà mangé mais il nous fut impossible de refuser. Elle donna une part à Sonny.

« Tu sais bien que je ne mange pas de gâteau », dit-il.

Sonny avait une sœur infirmière à Buenos Aires. Quand leur mère mourut elle revint à la maison mais se prit de querelle avec le péon de Sonny. C'était un Indien métis qui couchait à la maison. Elle détestait son couteau. Elle détestait la façon qu'il avait de l'utiliser à table. Elle savait que la compagnie du péon était mauvaise pour Sonny. Ils buvaient ensemble presque tous les soirs. Parfois ils buvaient toute la nuit et passaient le jour suivant à dormir. Elle essaya de transformer la maison, de la rendre plus accueillante, mais Sonny l'arrêta : « La maison restera comme elle est. »

Un soir où ils étaient ivres tous les deux, le péon l'insulta. Elle fut prise de panique et s'enferma dans sa chambre. Elle comprit qu'un malheur risquait d'arriver et retourna à son ancien travail.

Après son départ Sonny et le péon se battirent. D'après les voisins les choses auraient pu être bien pires. L'oncle et la tante arrivèrent alors, mais eux non plus ne purent prendre la ferme en main. Heureusement ils avaient suffisamment d'économies pour s'acheter un pavillon dans la banlieue de Buenos Aires, et pas n'importe où, dans un quartier anglais.

Ils continuèrent à bavarder tandis que Sonny sirotait son whisky. Il voulait que le péon revienne. A ce qu'il ne disait pas, on sentait qu'il voulait que le péon revienne.

6

Bahia Blanca est la dernière grande ville avant le désert patagonien. Bill me déposa à l'hôtel près de la station d'autocars. La salle du bar était verte, brillamment éclairée et pleine d'hommes qui jouaient aux cartes. Un garçon de la campagne se tenait près du bar. Il vacillait sur ses jambes mais gardait la tête droite comme un gaucho. C'était un garçon au physique agréable avec des cheveux noirs et frisés et il avait vraiment trop bu. La patronne me conduisit dans une chambre à deux lits, aux murs violets, chaude et sans aération. La pièce n'avait pas de fenêtre et la porte donnait sur une cour vitrée. C'était très bon marché, mais la femme ne me prévint pas que j'aurais à partager la chambre.

J'étais à moitié endormi lorsque le garçon du bar fit son entrée en titubant. Il se jeta sur l'autre lit, poussa des gémissements, s'assit et se mit à vomir. Pendant une heure il fut malade, puis s'endormit et ronfla. Je ne pus fermer l'œil de la nuit tant à cause des odeurs de vomissure que des ronflements.

Aussi le lendemain, dans le car qui traversait le désert, je regardai d'un œil comateux les bribes de nuages pâles qui tournoyaient dans le ciel, l'océan de broussailles épineuses qui s'étendait au large et s'étageait en terrasses, la poussière blanche qui montait des marais salants et, à l'horizon, la terre et le ciel confondus dans la même absence de couleurs.

La Patagonie commence sur le Río Negro. Au milieu de la journée l'autocar franchit le fleuve sur un pont métallique et s'arrêta devant un bar. Une Indienne descendit avec son fils. Avec tous ses colis elle avait occupé deux sièges. Elle mâchait de l'ail et portait des boucles d'oreilles cliquetantes en or véritable et un chapeau blanc et rigide fixé sur ses nattes à l'aide d'une épingle. Une lueur d'horreur vague passa dans le regard de l'enfant quand elle s'élança pesamment dans la rue avec ses paquets.

Les maisons du village étaient construites en brique et surmontées de tuyaux de poêle noirs et d'un enchevêtrement de fils électriques. Là où s'arrêtaient les maisons en dur commençaient les cabanes des Indiens. Elles étaient faites de caisses, de feuilles de plastique et de toile à sac.

Un homme seul s'avançait dans la rue, le visage à demi caché par un chapeau de feutre. Il portait un sac et marchait dans la poussière blanche vers la sortie de la ville. Quelques enfants s'abritaient sous un porche et harcelaient un agneau. D'une hutte venaient le bruit d'une radio et un grésillement de friture. Un bras noueux apparut et jeta un os à un chien. Le chien s'en empara et partit furtivement.

Les Indiens étaient des ouvriers immigrés du sud du Chili, des Indiens Araucans. Il y a cent ans les Araucans étaient incroyablement cruels et courageux. Ils se peignaient le corps en rouge, écorchaient vif leurs ennemis et buvaient le sang à même le cœur des morts. On éduquait les garçons à base de hockey, d'équitation, d'alcool, d'insolence et de performances sexuelles, et durant trois siècles ils rendirent les Espagnols fous de terreur. Au XVIe siècle Alonso de Ercilla écrivit une épopée en leur honneur et l'intitula *Araucana.* Voltaire la lut et par son intermédiaire les Araucans devinrent candidats au titre de « bons sauvages » (version dure)

Les Araucans sont toujours très durs et le seraient encore plus s'ils s'arrêtaient de boire.

A l'extérieur du village, des champs irrigués plantés de maïs et de citrouilles alternaient avec des vergers de cerisiers et d'abricotiers. Le long de la rivière, le vent retroussait les feuilles des saules et montrait leurs dessous argentés. Les Indiens venaient de couper de l'osier laissant derrière eux des cicatrices blanches et une odeur de sève. La fonte des neiges avait grossi les eaux du fleuve qui couraient en faisant murmurer les roseaux. Des hirondelles mauves pourchassaient les insectes. Quand elles survolaient la falaise le vent les attrapait, les faisait chavirer dans un battement d'ailes et elles se laissaient tomber de nouveau au ras de l'eau.

La falaise dominait l'embarcadère d'un bac. Je gravis un sentier et, du sommet, regardai en amont dans la direction du Chili. Je vis le fleuve aux reflets métalliques se glisser entre le blanc des falaises et l'émeraude des champs. Au-delà des collines s'étendait le désert. Aucun son hormis le vent qui bruissait dans les épineux et sifflait dans les herbes mortes. Aucun signe de vie hormis un faucon et un scarabée noir qui déambulait parmi les pierres blanches.

Le désert patagonien n'est pas un désert de sable ou de cailloux mais une étendue ininterrompue d'arbustes épineux, à feuilles grises, qui, écrasées, dégagent une odeur amère. Contrairement aux déserts d'Arabie il n'a suscité aucune manifestation spectaculaire de spiritualité, mais il tient sa place dans le registre des expériences humaines. Charles Darwin trouva irrésistibles ses qualités négatives. Dans sa narration du *Voyage du « Beagle »* il tenta en vain d'expliquer pourquoi, plus qu'aucune autre merveille qu'il avait vue, ces « étendues arides » avaient pris à ce point possession de son esprit.

Dans les années 1860, W. H. Hudson arriva sur le Río Negro à la recherche des oiseaux migrateurs qui hivernaient près de chez lui à La Plata. Des années plus tard il écrivit ses souvenirs de voyage, décantés par son séjour à la pension de Notting Hill et il en résulta un livre si calme et si serein qu'en comparaison Thoreau paraît pontifiant. Hudson consacre un chapitre entier de *Un flâneur en Patagonie* à répondre à l'interrogation de Darwin et finit par en conclure que les coureurs de désert découvrent en eux-mêmes une quiétude originelle (familière aussi au sauvage le plus simple), qui n'est autre peut-être que la paix de Dieu.

A peu près à l'époque de la visite de Hudson, le Río Negro formait la frontière septentrionale d'un royaume insolite qui garde toujours une cour en exil à Paris.

7

Par un après-midi pluvieux de novembre Son Altesse Royale le prince Philippe d'Araucanie et de Patagonie m'accorda une audience dans le bureau de son agence de relations publiques, sise faubourg Poissonnière. Pour m'y rendre je dus passer devant les locaux du quotidien communiste *l'Humanité*, devant un cinéma qui jouait « Pinocchio » et devant une boutique qui vendait des fourrures de renard et de sconse de Patagonie. Assistait également à l'entretien l'historien de la cour, un jeune Argentin d'origine française, à la noble prestance, dont le veston s'ornait de boutons à armoiries royales.

Le prince était un homme de petite taille, vêtu d'un

costume de tweed marron, qui suçotait une pipe de bruyère incurvée vers le menton. Il revenait d'un voyage d'affaires à Berlin-Est et tenait négligemment en main un exemplaire de la *Pravda*. Il me montra un long manuscrit qu'il cherchait à faire éditer ; une photographie de deux citoyens araucaniens brandissant leur drapeau tricolore, bleu, blanc et vert ; un jugement de tribunal autorisant M. Philippe Boiry à faire état de son titre royal sur son passeport français ; une lettre du consul de Salvador à Houston le reconnaissant comme chef d'État en exil ; enfin sa correspondance avec les présidents Perón et Eisenhower (qu'il avait décorés) et avec le prince Montezuma, prétendant au trône aztèque.

Au moment de nous séparer il me remit plusieurs numéros des *Cahiers des Hautes Études araucaniennes* parmi lesquels se trouvait l'étude du comte Léon M. de Moulin-Peuillet, *la Succession royale d'Araucanie et l'Ordre de Memphis et de Misraïm (rite égyptien).*

« Chaque fois que je tente quelque chose, me dit le prince, je gagne un peu. »

8

Au printemps de 1859 l'avoué Orélie-Antoine de Tounens ferma les volets gris de son cabinet de la rue Hiéras à Périgueux, jeta un dernier regard sur le profil byzantin de la cathédrale et partit pour l'Angleterre en serrant contre lui une valise contenant les 25 000 francs qu'il avait retirés du compte bancaire familial, précipitant ainsi la ruine des siens.

Huitième fils de fermiers qui habitaient une gentilhommière délabrée du hameau de La Chèze près du hameau de Las Fount, il avait alors trente-trois ans (l'âge où meurent les génies), était célibataire et franc-maçon. En trichant quelque peu il avait retrouvé dans son ascendance un sénateur gallo-romain et avait ajouté un *de* à son nom de famille. Il avait le regard halluciné, la chevelure et la barbe noires et abondantes. Habillé comme un dandy, il se tenait excessivement droit et agissait avec l'audace irraisonnée des visionnaires.

En lisant Voltaire il avait découvert les strophes maladroites de l'épopée d'Ercilla et, à travers elles, l'existence des tribus indomptées au Sud chilien :

Ils n'ont point de barbe,
mais leurs traits sont forts et bien prononcés.
Ils ont les épaules larges, la poitrine élevée,
les bras robustes et musculeux.
Opiniâtres, vaillants, téméraires
et durs à la fatigue, ils supportent également
La faim, les cruelles rigueurs du froid
Et les chaleurs les plus accablantes[1].

Murat était palefrenier et devint roi de Naples. Bernadotte était clerc d'avoué à Pau et devint roi de Suède. Et Orélie-Antoine se persuada que les Araucaniens l'éliraient roi d'une nation jeune et vigoureuse.

Il s'embarqua à bord d'un navire de commerce anglais, doubla le cap Horn en plein hiver et débarqua à Coquimbo, un endroit désert de la côte chilienne où un autre franc-maçon lui offrit le gîte. Il apprit bientôt que les Araucaniens livraient leurs derniers combats contre la République, entama une encourageante correspon-

1. Traduction française de Gilibert de Merlhiac, 1824.

dance avec leur cacique, Mañil, et en octobre traversa le fleuve Bio-Bio, frontière du royaume qu'il s'était assigné.

Un interprète l'accompagnait et deux Français – MM. Lachaise et Desfontaines, respectivement son ministre des Affaires étrangères et son garde des Sceaux, fonctionnaires imaginaires, dont les noms étaient tirés des hameaux de La Chèze et de Las Fount, et incarnés tous les deux dans la personne de Sa Majesté.

Orélie-Antoine et ses deux invisibles ministres traversèrent d'épais buissons de fleurs écarlates et firent la rencontre d'un jeune cavalier. Le garçon lui dit que Mañil était mort et le conduisit vers son successeur, Quilapan. Le Français fut enchanté d'apprendre que le mot « république » était aussi odieux aux oreilles de l'Indien qu'aux siennes. Mais il y avait un fait nouveau qu'il ignorait : avant de mourir le cacique Mañil avait prophétisé cette éternelle illusion de l'Amérindien : la fin de la guerre et de l'esclavage coïncidera avec la venue d'un étranger blanc barbu.

L'accueil des Araucans encouragea Orélie-Antoine à proclamer une monarchie constitutionnelle dont la succession s'établirait au sein de sa propre famille. De son écriture royale et arachnéenne il signa le document que M. Desfontaines parapha d'une main plus ferme, et en envoya copie au président chilien et aux journaux de Santiago. Trois jours plus tard un cavalier, exténué par deux traversées de la cordillère, apporta des nouvelles fraîches : les Patagoniens acceptaient également le royaume. Orélie-Antoine signa un autre papier, annexant toute l'Amérique du Sud du 42e degré de latitude jusqu'au cap Horn.

Pris de vertige par la grandeur de son geste, le roi se retira dans une pension de Valparaíso et occupa son temps à rédiger la constitution, à projeter la création d'une force armée, d'une ligne de paquebots reliant l'Araucanie à Bordeaux et à trouver l'hymne national (composé par un certain Guillermo Frick de Valdivia). Il écrivit une lettre ouverte à son journal local *le Périgord* dans laquelle il présentait « la Nouvelle France » comme une terre fertile regorgeant de richesses minérales, qui compenserait la perte de la Louisiane et du Canada, mais ne mentionnait pas qu'elle était peuplée de guerriers indiens. Un autre journal, *le Temps*, écrivit ironiquement que « la Nouvelle France » lui inspirait autant de confiance que M. de Tounens en avait inspiré à ses anciens clients.

Neuf mois plus tard, sans un sou et mortifié par l'indifférence générale, il retourna en Araucanie avec un cheval, un mulet et un serviteur du nom de Rosales (en l'engageant il commit l'erreur commune chez les touristes de confondre quinze et cinquante pesos). Dans le premier village il trouva ses sujets sous l'emprise de l'alcool, mais ils reprirent leurs esprits et transmirent aux tribus environnantes l'ordre de rassemblement. Le roi parla de la Loi naturelle et de la Loi internationale ; les Indiens répondirent avec des vivats. Debout au centre d'un cercle de cavaliers nus, vêtu d'un poncho brun, la tête ceinte d'un ruban blanc, il saluait mécaniquement avec des gestes napoléoniens. Il déroula le pavillon tricolore en criant « Vive l'unité des tribus ! Un seul chef ! un seul drapeau ! ».

Le roi rêva alors de lever une armée de trente mille guerriers et d'imposer sa frontière par la force. La forêt retentit de cris de guerre et les trafiquants d'alcool itinérants déguerpirent vers les zones civilisées. De l'autre côté du fleuve les colons blancs aperçurent des signaux de fumée et firent part de leurs craintes aux militaires. Pendant ce temps Rosales griffonna quelques mots à sa femme (qui était la seule à pouvoir le déchiffrer) l'avertissant du plan qu'il fomentait pour capturer l'aventurier français.

Orélie-Antoine se déplaçait d'un campement à l'autre sans escorte. S'étant arrêté un jour pour déjeuner, il était assis sur le bord d'une rivière, perdu dans ses pensées, sans prêter attention au groupe d'hommes armés qui s'entretenaient avec Rosales dans les bois. Soudain un poids s'abattit sur ses épaules. Des mains lui agrippèrent les bras. D'autres mains le dépouillèrent de tout ce qu'il possédait sur lui.

Les carabiniers chiliens forcèrent le roi à gagner la capitale provinciale de Los Angeles et le traînèrent devant le gouverneur, un gros propriétaire terrien, don Cornelio Saavedra.

« Parlez-vous français ? », demanda le prisonnier. Il commença par affirmer ses droits royaux et finit par offrir de retourner au sein de sa famille.

Saavedra sut gré à Orélie-Antoine de ne rien désirer d'autre. « Mais, dit-il, je dois vous faire passer en jugement comme un criminel de droit commun pour décourager ceux qui voudraient imiter votre exemple. »

La prison de Los Angeles était sombre et humide. Ses geôliers lui balançaient leur lanterne devant les yeux pendant son sommeil. Il attrapa la dysenterie. Il se tordait de douleur sur une paillasse détrempée et entrevoyait le spectre du garrot. Il mit à profit un moment de lucidité pour rédiger son ordre de succession : « Nous, Orélie-Antoine Ier, célibataire, par la grâce de Dieu et de la Volonté nationale, Souverain, etc. » Le trône irait à son vieux père – qui en cette saison récoltait ses noix – puis à ses frères et à leur descendance.

Puis ses cheveux tombèrent, ce qui décida de la mise en application du testament.

Orélie-Antoine renonça au trône (sous la contrainte) et M. Cazotte, le consul de France, le fit sortir de prison et rapatrier à bord d'un navire de guerre français. On le mit à la ration mais les élèves officiers l'invitèrent à leur table.

En exil à Paris, ses cheveux repoussèrent plus longs et plus noirs que jamais, et sa soif de pouvoir prit des proportions mégalomaniaques. « Louis XI après Péronne, écrivit-il en conclusion de ses Mémoires, François Ier après Pavie n'en étaient pas moins rois de France qu'avant. » Et cependant sa carrière s'apparenta à celle d'autres monarques déchus : les tentatives picaresques de retour ; le cérémonial solennel dans des hôtels minables ; l'octroi de titres pour le prix d'un repas (son chambellan fut un moment Antoine Jimenez de la Rosa, duc de Saint-Valentin, membre de l'université de Smyrne et autres institutions scientifiques, etc.) ; un certain succès auprès de financiers parvenus et d'anciens combattants, et la conviction inébranlable que le principe hiérarchique divin s'incarne dans un roi.

A trois reprises il tenta de retourner dans son royaume. A trois reprises il atteignit le Río Negro et remonta le fleuve dans l'intention de franchir la cordillère. A trois reprises il fut contrarié dans son projet et renvoyé en France sans ménagement, la première fois à la suite de la trahison d'un Indien, la suivante à cause de la vigilance d'un gouverneur argentin (qui l'avait reconnu malgré son déguisement – cheveux courts, lunettes noires et pseudonyme de Jean Prat). La troisième tentative a donné lieu à des interprétations divergentes : soit le régime carné des gauchos provoqua un blocage intestinal, soit des francs-maçons l'empoisonnèrent pour avoir renoncé à ses vœux. Le fait est qu'en 1877 il arriva à moitié mort dans la salle d'opérations d'un hôpital de Buenos Aires. Un paquebot des Messageries maritimes le déposa à Bordeaux. Il se rendit à Tourtoirac chez son neveu Jean, boucher de son état. Durant une année il remplit péniblement la fonction d'allumeur de réverbères du village, puis mourut le 19 septembre 1878.

L'histoire récente du royaume d'Araucanie et de Patagonie appartient plus aux obsessions de la France bourgeoise qu'à la politique sud-américaine. A défaut d'un successeur dans la famille Tounens, c'est un certain Achille Laviarde qui régna sous le nom d'Achille Ier. Il était natif de Reims où sa mère tenait une laverie appelée localement « Le Château des Grenouilles Vertes ». Il était bonapartiste, franc-maçon, actionnaire de Moët et Chandon, expert en ballons de protection contre les raids aériens (dont il en avait un peu l'apparence) et connaissait Verlaine. Il finançait ses réceptions avec les bénéfices de son entreprise commerciale, la Société Royale de la Constellation du Sud. Il laissa toujours sa cour à Paris, mais ouvrit des consulats dans l'île Maurice, à Haïti, au Nicaragua et à Port-Vendres. Lorsqu'il fit des ouvertures au Vatican, un prélat chilien lança : « Ce royaume n'existe que dans l'esprit d'imbéciles avinés. »

Le troisième roi, le docteur Antoine Cros (Antoine II) fut médecin de l'empereur dom Pedro du Brésil et mourut à Asnières après un an et demi de règne. Il dessinait des lithographies dont le style rappelait Jérôme Bosch. C'était le frère de Charles Cros, l'inventeur du paléophone et auteur du recueil de poèmes, *le Coffret de santal*.

La fille du docteur Cros lui succéda et passa la couronne à son fils, Jacques Bernard. Pour la seconde fois un monarque d'Araucanie se retrouva sous les verrous, cette fois pour services rendus au gouvernement de Pétain.

M. Philippe Boiry, son successeur, règne modestement avec le titre de prince héréditaire. Il a restauré la maison de La Chèze dont il a fait sa résidence secondaire.

Je lui ai demandé s'il connaissait la nouvelle de Kipling, *l'Homme qui voulut être roi*.

« Bien entendu.

— Ne trouvez-vous pas curieux que les héros de Kipling, Peachey et Dravot, aient été également francs-maçons ?

— Simple coïncidence », répondit le prince.

9

Je quittai le Río Negro et poursuivis en direction du Sud vers Puerto Madryn.

Cent cinquante-trois colons gallois arrivèrent là en 1865 à bord du brick *Mimosa*. C'étaient de pauvres gens, originaires de vallées minières surpeuplées, à la recherche d'une Nouvelle-Galles où se réfugier après l'échec d'un mouvement d'indépendance et le vote par le Parlement d'une loi interdisant l'enseignement du gallois dans les écoles. Leurs chefs avaient passé la planète entière au peigne fin en quête d'une terre d'accueil que les Anglais n'auraient pas contaminée. Ils choisirent la Patagonie pour son éloignement total et son climat exécrable ; ils ne voulaient pas devenir riches.

Le gouvernement argentin leur donna des terres le

long du fleuve Chubut. Depuis Madryn, il leur fallut traverser à pied le désert d'épineux sur plus de soixante kilomètres : lorsqu'ils atteignirent la vallée, ils eurent l'impression que c'était Dieu, et non le gouvernement, qui leur avait donné ces terres.

Puerto Madryn était une agglomération faite de misérables bâtiments en béton, de baraques et d'entrepôts de tôle et d'un jardin raboté par le vent. Des cyprès noirs se pressaient dans un cimetière aux tombes de marbre noir et luisant. La *calle* Saint-Exupéry rappelait que la tempête de *Vol de nuit* avait eu lieu dans les environs.

Je déambulai le long de l'esplanade et regardai la ligne régulière des falaises qui entouraient la baie. Le gris des falaises était légèrement plus clair que celui de la mer et du ciel. Des cadavres de manchots jonchaient la plage grise. A mi-chemin un monument de béton, élevé à la mémoire des Gallois, rappelait une entrée de bunker. Sur les côtés, des bas-reliefs de bronze représentaient la Barbarie et la Civilisation. La Barbarie était figurée par un groupe d'Indiens Tehuelche, nus, aux muscles du dos saillants et plats dans le style soviétique. Du côté de la Civilisation se trouvaient les Gallois – hommes et vieillards avec la faux et jeunes femmes à la lourde poitrine, tenant des bébés.

Le garçon du restaurant portait des gants blancs et me servit un morceau d'agneau brûlé qui rebondit dans l'assiette. Sur une toile accrochée au mur, des gauchos rassemblaient du bétail dans la lumière orange d'un soleil couchant. Une blonde démodée abandonna sa tranche d'agneau et se peignit les ongles. Un Indien ivre entra et but trois carafes de vin. Ses yeux formaient deux fentes brillantes dans le cuir rouge de son visage. Les carafes étaient en plastique vert en forme de manchots.

10

Je pris le car de nuit pour la vallée de Chubut. Le matin suivant je me retrouvai dans le village de Gaimán, centre de la Patagonie galloise d'aujourd'hui. Large de quelque huit kilomètres, la vallée s'étendait entre les falaises blanches de la barranca et présentait un treillis de champs irrigués, protégés par des rideaux de peupliers – une vallée du Nil en miniature.

Les plus anciennes maisons de Gaimán étaient construites en briques rouges avec des fenêtres à guillotine, un jardin potager bien propre et du lierre au-dessus de la porte d'entrée. L'une de ces maisons avait été baptisée *Nith-y-dryw*, le Nid du Roitelet. Dans les intérieurs on retrouvait les murs blanchis à la chaux, les portes peintes, les poignées de cuivre poli et l'horloge du grand-père. Les colons étaient arrivés avec peu de biens, mais aucun n'avait voulu se séparer de l'horloge familiale.

Le salon de thé de Mrs Jones se trouvait à l'extrémité du village, près du pont qui menait au temple. Ses prunes mûrissaient dans un jardin couvert de roses.

« Je ne peux pas me déplacer, me cria-t-elle. Venez ici dans la cuisine. »

C'était une vieille dame de plus de quatre-vingts ans, toute ratatinée. On l'avait assise, bien calée, devant une table en pin délavé où elle garnissait des tartes au citron.

« Je ne peux pas me déplacer d'un pouce, mon petit. Je suis infirme. J'ai de l'arthrite depuis l'inondation et on doit me porter tout le temps. »

Sur le mur de la cuisine Mrs Jones me montra, au-dessus du lambris bleu, la ligne indiquant la hauteur de la crue.

« Coincée ici j'étais, avec de l'eau jusqu'au cou. »

Elle était venue de Bangor, au nord du Pays de Galles, il y a presque soixante ans. Elle n'avait pas quitté la vallée depuis. Elle se souvenait d'une famille que je connaissais à Bangor et s'écria : « Imaginez-vous ça, le monde est petit. »

« Vous n'allez pas me croire, me dit-elle, à voir ce que je suis devenue maintenant, mais de mon temps j'étais une jolie fille. » Et elle me parla de son soupirant de Manchester, d'un bouquet de fleurs, de la querelle, de la séparation et du bateau.

« Et comment vont les choses là-bas ? demanda-t-elle. Plutôt mal ?

— Plutôt mal.

— C'est pareil ici. Avec toutes ces tueries. On ne peut pas savoir quand ça va s'arrêter. »

Le petit-fils de Mrs Jones l'aidait à tenir le salon de thé. Il mangeait trop de gâteaux et cela ne lui faisait pas de bien. Il appelait sa grand-mère « Granny » mais, hormis ce mot, ne parlait ni anglais ni gallois.

Je passai la nuit à la « Draigoch Guest House ». Les propriétaires étaient des Italiens qui écoutaient des chansons napolitaines sur le juke-box jusqu'à une heure avancée de la nuit.

11

Le matin j'allai à pied à Bethesda en suivant une route blanche bordée de peupliers. Un fermier se dirigea vers moi et m'emmena voir son frère Alun Powell. Nous débouchâmes dans une cour de ferme ombragée par des saules. Un chien de berger gallois aboya et nous lécha la figure. La maison basse, faite de briques de torchis, avait un toit de tôle ; dans la cour traînaient un buggy et quelques machines hors d'usage.

Alun Powell était un homme de petite taille, ridé par le soleil et le vent. Sa femme avait des joues rubicondes et riait sans cesse. Des cartes postales du Pays de Galles s'alignaient sur le vaisselier gallois d'une salle de séjour bleue. Le cousin germain de Mrs Powell avait quitté la Patagonie pour retourner au Pays de Galles.

« Il a bien fait, dit-elle. C'est lui l'Archidruide à présent. »

Leur grand-père venait de Caernavon mais elle était incapable de dire où ça se trouvait. Caernavon ne figurait pas sur sa carte du Pays de Galles.

« On ne peut pas en demander trop, dit-elle, quand c'est imprimé sur une serviette à thé. »

Je lui montrai où Caernavon devait être. Elle avait toujours voulu savoir.

Les Powell avaient un garçon nommé Eddy et une fille. Ils possédaient cinq vaches, un petit troupeau de moutons, un champ de pommes de terre, de courges, de maïs et de tournesol ; un jardin potager, un verger et un petit bois. Et en outre une jument pleine, des poules, des canards, et le chien. Derrière le petit bois ils avaient construit une porcherie. L'un des porcs avait la gale et nous l'aspergeâmes de produit.

La journée était chaude. Mrs Powell déclara : « Mieux vaut parler que travailler. On va faire un *asado.* » Elle alla dans la grange et y installa une table avec une nappe à petits carreaux rouges et blancs. Eddy alluma le feu et son père descendit dans un garde-manger souterrain. Il y coupa la moitié d'un mouton qui pendait, enleva le gras et le donna au chien. Il planta la viande sur un *asador* – une broche de fer en forme de croix – et l'enfonça de biais dans le sol au-dessus du feu. Plus tard nous mangeâmes l'*asado* avec la *salmuera*, une sauce composée de vinaigre, d'ail, de piments et d'origan.

« Ça fait partir la graisse de la viande », affirma Mrs Powell.

Un *vino rosado* léger accompagna notre repas, Alun Powell parla des herbes qui poussaient dans le désert.

« Avec elles on peut guérir toutes les maladies », dit-il. Ses grands-parents avaient appris leur usage des Indiens. Mais tout avait changé à présent.

« Même les oiseaux ne sont plus les mêmes. L'ouraka est venu de Buenos Aires voici trente ans. C'est pour vous montrer. Pour les oiseaux les choses changent, comme pour nous. »

Le vin nous donna envie de dormir. Après le déjeuner Eddy me prêta sa chambre le temps d'une sieste. Les murs étaient blanchis à la chaux. Il y avait un lit peint en blanc, une commode grise pour les vêtements, et pour tous objets des éperons et des étriers rangés symétriquement sur une étagère.

12

A Gaimán la femme de l'instituteur me présenta le pianiste. C'était un garçon mince et vif. Un visage exsangue et des yeux que le vent faisait larmoyer contrastaient avec des mains puissantes et rouges. Les dames du chœur gallois l'avaient adopté. Elles lui avaient appris leurs chants et donné des leçons de piano. Il devait maintenant se rendre à Buenos Aires pour étudier au Conservatoire.

Anselmo vivait avec ses parents dans l'arrière-boutique de leur épicerie. Sa mère fabriquait elle-même la *pasta*. C'était une grosse Allemande qui pleurait beaucoup. Elle pleurait lorsque son Italien de mari se mettait en colère et elle pleurait à la pensée du prochain départ d'Anselmo. Elle avait mis toutes ses économies dans le piano et à présent il partait. Son mari ne voulait pas entendre le piano quand il était à la maison. Maintenant le piano resterait silencieux et ses larmes mouilleraient la *pasta*. En secret cependant, elle se réjouissait de ce départ. Déjà elle voyait la cravate blanche et entendait les ovations triomphales.

Pendant les vacances de Noël les parents d'Anselmo allaient au bord de la mer avec son frère aîné, le laissant seul devant son piano. Son frère, mécano dans un garage, avait épousé une Indienne solide, qui fixait les gens comme s'ils étaient fous.

Anselmo nourrissait une passion pour la culture européenne, la passion authentique et étriquée des exilés. Lorsque son père l'empêchait de jouer il s'enfermait dans sa chambre et lisait des partitions ou une encyclopédie musicale relatant la vie des grands compositeurs. Il travaillait les œuvres de Liszt et me posa des questions sur son amitié avec Wagner et sur la Villa d'Este. Je ne pus lui être d'aucune utilité.

Les Gallois le comblaient d'attentions. Le premier soprano lui avait envoyé un cake pour Noël. Et le ténor, un jeune fermier qu'il avait accompagné au piano lors des jeux floraux gallois – l'Eisteddfod – lui avait offert une assiette décorée d'un manchot, d'une otarie et d'une autruche. Il était ravi de ces cadeaux.

« C'est pour ce que je fais pour eux, me dit-il. Et maintenant je vais jouer la *Pathétique*. D'accord ? »

La pièce était nue, à l'allemande, blanche avec des rideaux de dentelle. Dehors le vent soulevait des nuages de poussière dans la rue et courbait les peupliers. Anselmo sortit d'un placard un buste de Beethoven en plâtre blanc. Il le posa sur le piano et commença à jouer.

Son jeu était remarquable. Je ne m'imaginais pas qu'on puisse interpréter si bien la *Pathétique* si loin dans l'hémisphère sud. Quand il eut fini, il déclara : « Maintenant je vais jouer du Chopin. Oui ? » et il remplaça le buste de Beethoven par celui de Chopin. « Désirez-vous des valses ou des mazurkas ?

— Des mazurkas.

— Je jouerai ma préférée. C'est la dernière musique que Chopin a écrite. »

Et il joua la mazurka que Chopin a dictée sur son lit de mort. Le vent sifflait dans la rue ; l'esprit de la musique soufflait sur le piano comme des feuilles sur une pierre tombale et on pouvait se croire en présence du génie...

13

Le jour de Noël commença mal.

En allant au Vieux Temple chercher un chaudron pour faire le thé de la fête des enfants, Mr Caradog Williams, chef de gare depuis vingt ans, jeta incidemment un coup d'œil à la rivière. Il aperçut le cadavre d'un homme nu, tout gonflé, coincé contre le tronc d'un saule. Ce n'était pas un Gallois.

« Probablement un touriste », avança le policier.

Anselmo et moi allâmes passer la journée chez les Davies, à Ty-Ysaf, leur ferme, l'un des terrains de cent acres attribués par le gouvernement aux premiers colons gallois. Les Davies étaient cousins des Powell mais plus aisés qu'eux. La ferme faisait vivre six personnes, sans compter le péon chilien : la grand-mère Davies, le fils Ivor, sa femme et leurs deux garçons, et le frère d'Ivor, Euan, célibataire.

La vieille Mrs Davies habitait la grande maison de cinq pièces. C'était une vieille femme toute ridée avec un sourire des plus charmants et des cheveux tressés en nattes. On sentait que sous ces apparences elle cachait une grande fermeté de caractère. L'après-midi elle s'asseyait sous le porche est, à l'abri du vent, et contemplait les roses trémières et les pivoines qui s'épanouissaient de jour en jour. La salle de séjour n'avait pas changé depuis le moment où, jeune mariée, elle y était arrivée en 1913. Les murs roses étaient les mêmes. Les deux plateaux d'argent de Sheffield qu'on lui avait offerts en cadeaux de mariage étaient toujours sur la cheminée avec deux petits dogues en céramique.

De chaque côté du buffet étaient accrochées des photographies peintes de ses beaux-parents, originaires de Ffestiniog. Elles avaient toujours été là et y resteraient quand elle serait partie.

Le vieux Mr Davies était mort l'année dernière. Il avait quatre-vingt-trois ans. Mais jusqu'à la fin il eut la compagnie de Euan. C'était un homme bien bâti, avec des yeux noisette, des cheveux d'un roux sombre et un visage jovial, parsemé de taches de rousseur.

« Non, dit Mrs Davies. Euan ne s'est pas encore marié, mais par contre il sait chanter. C'est un merveilleux ténor. Il les a tous fait pleurer à l'Eisteddfod l'année où il a remporté le prix. Anselmo était son accompagnateur et ils formaient un bel ensemble tous les deux. Oh ! quel pianiste ce garçon ! Je suis si contente que Euan lui ait donné cette assiette pour Noël. Le pauvre garçon a l'air si perdu et si solitaire. Ce n'est pas drôle de vivre au Chubut lorsque la famille n'est d'aucun secours.

« Oui. Il faut que Euan se marie un jour, mais avec qui ? Les jeunes femmes manquent et il faut tomber sur le bon parti. Supposez qu'elle se prenne de querelle avec les autres ? Supposez que la ferme ne puisse plus nourrir deux familles ? Ils devraient se séparer et ce serait affreux. L'un devrait partir et s'installer ailleurs. »

Mrs Davies espérait que cela n'arriverait pas de son vivant.

Ivor Davies habitait avec sa famille dans la petite maison aux briques de torchis qui ne comptait que trois pièces. C'était un grand homme droit, à la calvitie naissante, les yeux très enfoncés dans leurs orbites. Pratiquant fervent, il lisait assidûment les brochures de la Société biblique galloise dont quelques exemplaires étaient posés sur le buffet. Ivor Davies n'arrivait pas à croire que le monde était aussi mauvais qu'on le prétendait.

Ivor et Euan accomplissaient tout le travail de la ferme. La tâche la plus rude consistait à creuser les fossés d'irrigation. Le péon ne faisait pratiquement rien. Il vivait dans la cabane à outils depuis cinq ans. Il cultivait son propre carré de haricots et rendait de petits services, juste ce qu'il fallait pour se payer son maté et son sucre. Il n'était jamais retourné au Chili et on se demandait s'il n'y avait pas tué un homme.

Mrs Ivor Davies était une Italienne de la plus heureuse nature qui soit. Ses parents étaient tous deux génois. Elle avait des cheveux noirs, des yeux bleus et un teint rosé qui n'allait pas avec le climat. Elle n'arrêtait pas de dire combien tout était beau – « *Qué linda familia!* » même si les enfants étaient laids. « *Qué lindo dia!* » s'il pleuvait à seaux. Elle faisait paraître magnifique tout ce qui ne l'était pas. Elle trouvait que la communauté galloise était particulièrement magnifique. Elle parlait gallois et chantait en gallois. Mais, en tant qu'Italienne, elle ne pouvait pas faire de ses fils des Gallois. Ils en avaient assez de la communauté et voulaient partir aux États-Unis.

« C'est ça le problème », dit Gwynneth Morgan, une belle femme celtique à la chevelure dorée enroulée en chignon, « lorsque des Gallois épousent des étrangères, ils perdent la tradition. » Gwynneth Morgan n'était pas mariée. Elle voulait que la vallée reste comme elle était, galloise. « Mais tout s'en va en morceaux », dit-elle.

Car Mrs Ivor Davies rêvait de l'Italie, et surtout de Venise. Elle avait vu une fois Venise et le Pont des Soupirs. Et quand le mot *sospiri* lui venait aux lèvres, elle le prononçait si fort et avec tant d'insistance qu'on ne pouvait pas ignorer sa nostalgie de l'Italie. Le Chubut était tellement loin de Venise et Venise tellement plus beau que tout ce qu'elle connaissait.

Après le thé nous allâmes tous chanter des cantiques à la chapelle de Bryn-Crwn. Ivor prit sa femme et sa mère à bord de sa camionnette, et je partis avec les autres dans la Dodge. Le père d'Ivor avait acheté la Dodge dans les années 1920 et elle n'était pas encore au bout du rouleau, mais on construisait des machines plus solides à cette époque-là que maintenant.

La chapelle de Bryn-Crwn, construite en 1896, était située au milieu d'un champ. Six Gallois en costume sombre et casquette plate se tenaient en ligne le long du mur de briques rouges. A l'intérieur de l'annexe, les femmes préparaient la table pour le thé.

Anselmo jouait de l'harmonium, le vent hurlait, la pluie battait sur les carreaux et les teros poussaient leurs cris perçants. Les Gallois chantèrent les hymnes de John Wesley et les chants tristes de la promesse de Dieu aux Kymris, les voix aiguës et les sopranos tranchaient sur le grondement des vieillards à l'arrière-plan. Il y avait là le vieil Hubert Lloyd-Jones qui pouvait à peine marcher ; et Mrs Lloyd-Jones, coiffée d'un chapeau à fleurs de paille ; et Mrs Cledwyn Hughes, celle qu'on surnommait « Fattie » ; et Nan Hammond et Dai Morgan. Les familles Davies et Powell étaient là au complet, même Oscar Powell « le sauvage », qui arborait un T-shirt portant en lettres rouges le nom Llanfairpwllgwyngyllgogerychwyrndrobwllllantysiliog ogogoch[1], inscrit tout autour d'un dragon gallois.

Le service se termina. Les vieilles personnes bavardèrent entre elles et les enfants jouèrent à cache-cache parmi les bancs. Puis tous se rassemblèrent pour le thé. C'était le second thé de la journée, mais Noël était un

1. Village du Pays de Galles. Le nom de lieu le plus long du monde : 58 lettres *(N.d.T.)*.

jour à thé. Les femmes le servirent dans des théières de céramique noire. Mrs Davies avait apporté une pizza et les Gallois acceptèrent d'y goûter. Anselmo parlait et riait avec Euan. Ils étaient très amis. Il paraissait plein de vitalité, mais ce n'était qu'une vitalité d'emprunt, car, avec leurs visages hâlés et éclatants de santé, les Gallois réjouissaient tous ceux qui les approchaient.

14

Anselmo me conseilla de rendre visite au poète. « Le Maestro », comme il l'appelait.

Le poète habitait le long de la rivière un endroit désert envahi par des abricotiers, seul dans une cabane de deux pièces. Il avait enseigné la littérature à Buenos Aires.

Descendu en Patagonie quarante ans auparavant, il y était resté.

Je frappai à la porte et il s'éveilla. Il tombait une pluie fine. Pendant qu'il s'habillait je me mis à l'abri sous la porte d'entrée et regardai sa colonie de crapauds domestiqués.

Ses doigts agrippèrent mon bras. Il fixa sur moi un regard lumineux et intense.

« La Patagonie ! s'écria-t-il. C'est une dure maîtresse. Elle vous jette un sort. Une enchanteresse ! Elle replie ses bras sur vous et ne vous laisse plus jamais partir. »

La pluie tambourinait sur le toit de tôle. Pendant les deux heures qui suivirent, il fut ma Patagonie.

La pièce était sombre et poussiéreuse. Dans le fond, des étagères faites de planches et de caisses ployaient sous le poids de livres, d'échantillons minéraux, de vestiges indiens et d'huîtres fossiles. Sur les murs un coucou voisinait avec une lithographie d'Indiens Pampas et une autre du gaucho Martín Fierro.

« Les Indiens montaient mieux que les gauchos, dit-il. Des corps brunis au soleil ! Nus sur leur cheval ! Les enfants apprenaient à faire du cheval avant de savoir marcher. Ils ne faisaient qu'un avec leur monture. *Ah ! Mi Indio !* »

Son bureau était jonché de coquilles d'amandes et de ses livres favoris ; les *Tristes* d'Ovide, les *Géorgiques* de Virgile, *Walden* de Thoreau, le *Voyage de Magellan* de Pigafetta, *Feuilles d'herbe* de Whitman, le *Poème de Martín Fierro, le Pays pourpre* de William Henry Hudson et *les Chants d'innocence* de Blake qu'il affectionnait tout particulièrement.

Après l'avoir épousseté il me donna un exemplaire de son *Chant sur la dernière crue du fleuve Chubut*, publié à compte d'auteur à Trelew.

En alexandrins on y trouve réunis sa vision du Déluge et un hymne à la gloire des constructeurs du nouveau barrage. Il publia deux volumes de poésie dans sa vie, *les Voix de la Terre* et *les Pierres qui roulent*. Ce dernier recueil devait son nom à la couche de galets glaciaires qui recouvre les pampas de Patagonie. Ses vers atteignaient une ampleur cosmique et il y faisait preuve d'une technique surprenante. Il était parvenu à condenser l'extinction des dinosaures en quelques distiques rimés où alternaient espagnol et latin linnéen.

Il me servit un apéritif poisseux de sa fabrication, m'installa sur une chaise, et déclama, avec force gestes et claquements de dentier, des strophes puissantes qui décrivaient les transformations géologiques de la Patagonie.

Je lui demandai ce qu'il écrivait actuellement. Il me répondit en souriant.

« Ma production est limitée. Comme disait T. S. Eliot : “Le poème peut attendre.” »

La pluie cessa et je le quittai. Les abeilles bourdonnaient autour des ruches du poète. Ses abricots mûrissaient en prenant la couleur d'un soleil pâle. Le vent poussait des nuées de duvet de chardon et dans un champ paissaient quelques brebis à l'épaisse toison blanche.

15

En faisant des signes d'adieu au poète, je me dirigeai vers la route qui remonte le cours du Chubut et poursuit vers l'ouest jusqu'à la cordillère. Un camion s'arrêta. Trois hommes occupaient la cabine. Ils allaient chercher un chargement de foin dans les montagnes. Toute la nuit je fus cahoté à l'arrière. A l'aube, couvert de poussière, j'observai le soleil qui frappait les calottes glaciaires et je vis, au loin, les hautes pentes enneigées, veinées de noir par les forêts de hêtres antarctiques.

Lorsque le camion entra dans Esquel, un feu de broussailles brûlait sur le flanc d'une des petites collines brunâtres qui ceinturent la ville. Je mangeai dans un restaurant dont la salle peinte en vert donnait sur la grande rue. Un comptoir de zinc courait sur toute la longueur de la pièce. Dans un coin à l'intérieur d'une vitrine étaient exposés des steaks, des rognons, des morceaux d'agneau et des saucisses. On me servit un vin acide dans un pot en forme de manchot. Sur chaque table se trouvaient des chapeaux noirs et rigides. Les gauchos portaient des bottes plissées comme des *concertinas* et des *bombachas* noires. (Les bombachas sont des pantalons bouffants, provenant, à l'origine, des surplus des régiments de zouaves après la guerre de Crimée.)

Un homme aux yeux injectés de sang quitta ses compagnons et se dirigea vers moi.

« Pourrais-je vous parler, señor ?

— Asseyez-vous et prenez un verre.

— Vous êtes anglais ?

— Comment le savez-vous ?

— Je connais bien mon monde, dit-il. Le même sang que mon patron.

— Pourquoi pas gallois ?

— Je sais reconnaître un Gallois d'un Anglais et vous êtes anglais.

— Oui. »

Il était très content et lança à ses amis : « Vous voyez, je connais bien mon monde. »

L'homme me dirigea vers un haras tenu par un Anglais à quelque trente kilomètres de là. « *Un tipo macanudo*, dit-il, un type bien, le parfait gentleman anglais. »

La propriété de Jim Ponsonby était une exploitation de montagne. On gardait les bêtes dans la vallée en hiver et on les montait en estive pendant la belle saison. Il y avait des taureaux Hereford dans un pré et parmi eux des ibis à poitrine jaune, de gros oiseaux aux pattes rose vif qui émettaient une sorte de grognement mélancolique.

La maison, basse et blanche, était entourée d'une plantation de bouleaux argentés. Une femme espagnole vint à la porte.

« Mon mari s'occupe des béliers avec le *patrón*, dit-elle. Ils choisissent des béliers pour le concours. Vous les trouverez dans le hangar de tonte. »

C'était, sans aucun doute, le parfait gentleman anglais, de taille moyenne, avec une épaisse chevelure grise et une moustache taillée court. Ses yeux étaient d'un ton de bleu particulièrement froid. La couperose formait un dessin régulier sur son visage et son embonpoint trahissait son penchant pour la boisson et la bonne chère. Son habillement résultait d'un dosage méticuleux : le veston Norfolk dans un tweed marron à chevrons, les boutons de bois, la chemise kaki à col ouvert, le pantalon de laine peignée, les lunettes d'écaille à double foyer et les chaussures astiquées à outrance.

Il prenait des notes dans son flock-book. Son aide Antonio avait sur lui tout l'attirail du gaucho, y compris le couteau ou *facón* qui lui pendait en biais dans le creux des reins. Il faisait défiler un groupe de mérinos australiens devant son patron.

Les béliers haletaient sous le poids de leur propre toison et de leur virilité, broutant un peu de luzerne avec la résignation d'invalides obèses suivant un régime. Les plus beaux animaux portaient une toile de coton pour les protéger de la poussière, Antonio devait les découvrir, et l'Anglais plongeait sa main en écartant les doigts pour dégager plus de dix centimètres d'une toison jaune crème.

« Et de quel coin de la mère patrie venez-vous ? me demanda-t-il.

— Du Gloucestershire.

— Le Gloucestershire, eh ! Le Gloucestershire ! Dans le nord, quoi ?

— Dans l'ouest.

— Bien sûr, bon dieu. L'ouest. Oui. Nous autres venons de Chippenham. Vous n'en avez probablement jamais entendu parler. C'est dans le Wiltshire.

— A environ vingt kilomètres de chez moi.

— Sans doute un autre Chippenham. Et comment se porte ce vieux pays ? » Il changea de sujet pour éviter notre conversation géographique. « Les choses ne vont pas trop bien, n'est-ce pas ? Quelle pitié ! »

16

Je dormis avec les péons. La nuit fut froide. On me donna un lit de camp et, comme couvre-lit, un poncho d'hiver de couleur noire. Hormis ces ponchos, leur matériel à maté et leur couteau, les péons ne possèdent rien.

Le matin une épaisse rosée recouvrait le trèfle blanc. Je descendis à pied jusqu'à la bourgade galloise de Trevelin, le Village-du-Moulin. Loin en aval dans la vallée, des toits de tôle étincelaient. Je vis le moulin, de style victorien classique, mais à l'extrémité de l'agglomération se dressaient quelques curieux bâtiments de bois avec des toits inclinés dans tous les sens. En me rapprochant je m'aperçus que l'un d'eux était un château d'eau. Un étendard y flottait où l'on pouvait lire : « Instituto Bahai. »

Un visage noir apparut au-dessus de la berge. « *Qué tal ?*

— Je me promène.

— Entrez. »

L'institut Bahâ de Trevelin ne regroupait qu'un nègre bolivien de petite taille, très noir de peau et très musclé, et six anciens étudiants de l'université de Téhéran, dont un seul était présent.

« Rien que des hommes, glousse le Bolivien. Tous très religieux. »

Il bricolait un moulinet de fortune à partir d'une boîte de conserve pour aller à la pêche sur le lac. Le Persan s'ébrouait sous la douche.

Les Persans étaient venus en Patagonie comme missionnaires de leur religion universelle. Ils disposaient de fonds importants et avaient truffé les lieux de tous les objets typiques de la bourgeoisie de Téhéran – tapis de Boukhara de couleur lie-de-vin, coussins de fantaisie, plateaux de cuivre et étuis à cigarettes décorés de scènes du Shâh-Nâme.

Le Persan, qui s'appelait Ali, sortit de la douche en se pavanant, un sarong autour des reins. Ses cheveux noirs tombaient en ondulations sur son corps blanc et maladif. Il avait d'énormes yeux languides et une moustache tombante. Il s'affala sur une pile de coussins, ordonna au Noir de faire la vaisselle et commenta la situation mondiale.

« La Perse est un pays très pauvre, dit-il.

— La Perse est un pays sacrément riche, répondis-je.

— La Perse pourrait être un pays riche si les Américains n'avaient pas pillé ses richesses. » Ali sourit découvrant ses gencives gonflées.

Il me proposa de visiter l'institut. Dans leur bibliothèque je ne vis que des livres de littérature Bahâ – *la Colère de Dieu,* et *Épître au Fils du Loup, Bahâ Ullah.* Il y avait également un *Guide pour mieux écrire.*

« Quelle est votre religion ? me demanda Ali. Vous êtes chrétien ?

— Je n'ai pas de religion particulière ce matin. Mon dieu est le dieu des marcheurs. Si vous marchez assez longtemps vous n'avez probablement besoin d'aucun autre dieu. »

Le Noir était enchanté d'entendre de telles paroles. Il aurait tant aimé aller à la pêche sur le lac.

« Aimez-vous mon ami ? me demande Ali.

— Je l'aime bien. C'est un excellent ami.

— C'est *mon* ami.

— Je n'en doute pas.

— C'est mon bon ami. » Il rapprocha son visage du mien. « Et ici c'est *notre* chambre. » Il ouvrit une porte, me montrant un lit à deux places avec une poupée de chiffon juchée sur un oreiller. Sur le mur une courroie de cuir retenait une grosse machette d'acier qu'Ali décrocha et agita devant mon visage.

« Ha ! Je vais tuer les infidèles.

— Reposez ça.

— Les Anglais sont des infidèles.

— Reposez ça tout de suite.

— Ce n'est qu'une plaisanterie, dit-il en raccrochant la machette. C'est vraiment très dangereux ici. Les Argentins sont des gens très dangereux. J'ai un revolver aussi.

— Je ne veux pas le voir. »

Ali ensuite me montra le jardin, qu'il admirait. Les Bahais avaient entrepris de le décorer de leurs propres sculptures et de leur mobilier de jardin ; le Bolivien y avait aménagé un sentier au dallage irrégulier de pierres plates.

« Maintenant il vous faut partir, dit Ali. Je suis encore fatigué et nous devons dormir. »

Le Bolivien ne voulait pas que je parte. La journée était belle. Il tenait à aller à la pêche. Aller se coucher ce matin-là était vraiment la dernière chose qu'il désirait faire.

17

Milton Evans était le plus important notable de Trevelin et le fils du fondateur. Ce gentleman de soixante et un ans, à la moustache en arc de cercle, s'enorgueillissait de son anglais. Son expression favorite était « *Gimme another horse piss!* Qu'on me donne une autre pisse de cheval ! » Et sa fille, qui ne parlait pas anglais, lui apportait une bière. Il s'exclamait alors « *Aah ! Horse piss !* » et il vidait la bouteille.

Son père, John Evans, était arrivé là sur le *Mimosa* dans sa plus tendre enfance. Le premier de sa génération, il apprit à monter à cheval comme les Indiens. La routine immuable du travail des champs, du temple et du thé n'était pas faite pour lui. Il partit s'établir à l'intérieur du pays, dans la cordillère, s'y enrichit et construisit le moulin. Une fois sa fortune bien assise, il emmena sa famille au Pays de Galles pendant toute une année. Milton alla à l'école à Ffestiniog et racontait une longue histoire où il était question de pêche sur un pont.

Il me conduisit sur la tombe du cheval de son père. A l'intérieur d'un enclos ceint d'une barrière blanche et planté de soucis et de petits sapins, se dressait un gros bloc de rocher où l'on pouvait lire :

CI-GÎT MON CHEVAL EL-MALACARA
QUI ME SAUVA DES INDIENS LE 14 MAI 1883
À MON RETOUR DE LA CORDILLÈRE

Au début de ce mois, John Evans partit à cheval avec trois compagnons, Hughes, Parry et Davies, en direction de la vallée du Chubut où les attiraient une vieille légende sur l'existence d'une ville et des rumeurs récentes sur la présence d'or. Ils firent halte sous la tente d'un cacique hospitalier et aperçurent les premières herbes de la prairie et les sommets de la cordillère, mais, faute de vivres, ils durent se résigner à revenir sur leurs pas. Les sabots des chevaux se fendirent sur les pierres acérées et les bêtes se mirent à boiter. Ils restèrent en selle trente-six heures d'affilée. Parry et Hughes laissaient tomber leur tête et pendre les rênes. Evans résistait mieux. Il tira deux lièvres et les quatre hommes purent manger ce soir-là.

L'après-midi suivant alors qu'ils traversaient une vallée couverte d'une poussière blanche et aveuglante, ils entendirent un martèlement de sabots. John Evans éperonna El-Malacara pour se mettre hors de portée des flèches indiennes, mais, en se retournant, vit Parry et Hughes tomber et Davies accroché désespérément à sa selle, une lance plantée dans le flanc. Le cheval distança les Indiens mais s'arrêta net devant un ravin qui coupait le désert. Les Indiens se rapprochant dangereusement, Evans talonna de nouveau son cheval El-Malacara, d'un bond de six mètres s'élança au-dessus du précipice, dévala les éboulis et atteignit le côté opposé. Les Indiens, reconnaissant là l'exploit d'un homme courageux, ne tentèrent pas de le suivre.

Quarante heures plus tard, Evans arriva dans la colonie galloise et rendit compte au chef Lewis Jones de la mort de ses trois compagnons.

« Mais, John, dit-il, les Indiens sont nos amis. Jamais ils ne tueraient un Gallois. »

Peu de temps après Lewis Jones apprit qu'une patrouille argentine avait pénétré illégalement en territoire indien et sut alors que John Evans avait dit la vérité. Ce dernier conduisit un détachement de quarante Gallois vers le lieu de l'attaque. Des rapaces s'envolèrent à leur approche. Les corps n'étaient pas encore réduits à l'état d'ossements et on leur avait enfoncé les organes sexuels dans la bouche. Lewis Jones dit à John Evans : « Le ciel a eu la miséricorde de t'épargner une mort atroce. »

Ils rassemblèrent les restes et les enterrèrent. Un monument de marbre fut érigé à l'endroit même. Son nom, *Biddmyrd os syrfeddod* – « Il y aura des myriades de merveilles... » – est tiré d'un cantique d'Anne Griffith, la mystique de Montgomery, qui vécut dans une ferme isolée dans la montagne et qui, elle aussi, mourut jeune.

« Vous ne cherchez pas du travail ? » me demanda Milton Evans. L'heure du déjeuner approchait et il m'offrit une tranche de viande à la pointe d'une baïonnette.

« Pas spécialement.

— C'est drôle, vous me rappelez Bobby Dawes. Un jeune Anglais, comme vous-même, qui roulait sa bosse en Patagonie. Un jour il arriva dans une estancia et déclara au patron : "Si vous me donnez du travail, vous êtes un saint, et votre femme est une sainte, et vos enfants sont des anges, et ce chien est le meilleur chien du monde." Mais le patron lui répondit : "Il n'y a pas de travail pour vous." "Dans ce cas, répliqua Bobby, vous êtes un fils de pute, votre femme est une putain, vos enfants sont de vilains singes, et si j'attrape le chien, je lui botte le cul jusqu'à ce qu'il pisse du sang par le nez." »

Milton ne cessait de pouffer de rire en débitant son histoire. Puis il m'en raconta une autre qu'il tenait d'un représentant en produits agricoles. Cette seconde histoire avait trait à un médicament contre la gale. La chute était « Mettez un morceau de sucre dans la gueule du mouton et léchez-lui le cul jusqu'à ce que ça devienne sucré. » Il me répéta l'histoire une seconde fois afin de s'assurer que j'avais bien saisi. Je mentis. Je n'avais pas le cran de la supporter une troisième fois.

Je laissai Milton à sa récolte de foin et partis au nord d'Esquel vers une petite agglomération appelée Epuyen.

18

La nuit était chaude et il se faisait tard. Le tenancier de l'unique boutique d'Epuyen récurait le comptoir qui servait également de bar. Le señor Naitane était un petit homme ridé, étonnamment blanc de peau. Il surveillait ses clients nerveusement et souhaitait leur départ. Sa femme l'attendait au lit. Les pièces qui entouraient la cour étaient plongées dans l'obscurité. Dans la boutique une ampoule électrique jetait une lueur jaunâtre sur les murs verts, les rangées de bouteilles et les paquets de maté. Des poutres du toit pendaient des chapelets de piments, d'ail, de mors et d'éperons, qui découpaient au plafond des ombres compliquées.

Quelque temps auparavant les huit gauchos présents avaient montré des velléités de départ. Leurs chevaux, attachés à la clôture, renâclaient et trépignaient. Mais chaque fois que Naitane essuyait le comptoir, l'un des gauchos y reposait violemment un verre humide ou une bouteille et réclamait une autre tournée. Naitane laissait son fils servir. Avec un plumeau de plumes d'autruche il époussetait fébrilement les étagères.

Une fois en selle, un gaucho ivre ne tombe pas et sa monture le reconduit chez lui. Mais avant d'en arriver là il faut passer par un épisode des plus périlleux, le mettre à cheval. Naitane songeait à ce moment qui s'approchait. Le plus jeune des gauchos avait le visage empourpré et s'arc-boutait sur le comptoir avec ses coudes. Ses amis l'observaient pour voir si ses jambes le soutiendraient. Tous avaient un couteau passé dans la ceinture.

Leur chef, un homme aux allures frustes, portait des bombachas noires et une chemise noire ouverte jusqu'au nombril. Une toison rousse lui couvrait la poitrine et les mêmes soies rugueuses lui poussaient sur tout le visage. Il avait de longues dents pointues et brunâtres et un nez en aileron de requin. Il s'avança avec l'aisance d'une machine bien huilée, en adressant à Naitane un sourire narquois.

Puis il me serra la main à l'écraser et se présenta : « Teófilo Breide ». Il escamotait les mots et j'avais du mal à le suivre, mais je réussis à comprendre qu'il était arabe ; le nez le disait assez. En fait Epuyen était une colonie d'Arabes, d'Arabes chrétiens, mais alors que je pouvais m'imaginer Naitane en boutiquier palestinien, c'est sous les tentes noires qu'on aurait trouvé Teófilo Breide.

« Et qu'est-ce qu'un gringito fait à Epuyen ? me demanda-t-il.

— Je mène une enquête sur un Américain nommé Martin Sheffield qui vivait ici il y a quarante ans.

— Ah, dit Teófilo Breide, Sheffield ! *Fantasista ! Cuentero ! Artista !* Vous connaissez l'histoire du plésiosaure ?

— Je la connais.

— *Fantasía !* exulta-t-il en se lançant dans une anecdote qui fit rire les gauchos.

— C'est drôle que vous parliez de lui. Vous voyez

ça ? » Il me tendit un *rebenque*, la cravache des Argentins, avec un manche gainé d'argent et une courroie de cuir. « C'était à Martin Sheffield. »

Il me montra la direction de la *lagunita* où l'Américain avait jadis établi son campement. Puis il fit claquer le *rebenque* sur le comptoir. Les jambes du jeune homme tenaient bon. Les gauchos vidèrent leur verre et sortirent l'un derrière l'autre.

Le señor Naitane, chez qui j'avais espéré passer la nuit, me poussa dans la rue et ferma le verrou de la porte. Le générateur s'arrêta. De toutes les directions me parvenaient les bruits de sabots qui s'évanouirent peu à peu dans la nuit. Je dormis derrière un buisson.

19

La *lagunita* s'étendait sous une montagne d'éboulis rouges. Elle était à peine plus grande qu'une mare et n'avait pas plus d'un mètre de fond. Sa surface unie reflétait les conifères noirs qui poussaient sur la berge. Des foulques se glissaient entre les roseaux. Rien en vérité qui puisse fournir la matière de gros titres dans les journaux du monde entier.

Un matin de janvier 1922, le docteur Clemente Onelli, directeur des Jardins zoologiques nationaux de La Plata, trouva sur son bureau la lettre suivante :

> Cher Monsieur,
>
> Connaissant votre souci constant de la bonne renommée du Zoo, je me permets d'attirer votre attention sur un phé-

nomène qui est certainement d'un grand intérêt et qui pourrait vous amener à faire l'acquisition d'un animal inconnu de la science. Voici les faits : il y a quelques jours je remarquai quelques empreintes dans un pré, non loin du lac où j'avais planté mon campement de chasseur. Les traces ressemblaient à celles laissées par un lourd chariot. L'herbe avait été complètement aplatie et ne s'était pas encore relevée. Puis au milieu du lac, j'aperçus la tête d'un animal. A première vue il avait l'apparence d'un cygne, d'une espèce inconnue, mais les tourbillons de l'eau me firent penser que son corps devait s'apparenter à celui d'un crocodile.

Le but de cette lettre est de solliciter auprès de vous l'aide matérielle pour mettre sur pied une expédition, c'est-à-dire bateau, harpons, etc. (Nous pourrions acheter le bateau ici même.) En outre, s'il s'avérait impossible de capturer la bête vivante, il faudrait un produit pour embaumer le corps. Si vous êtes intéressé, je vous prie de bien vouloir m'envoyer chez Perez Gabito les fonds nécessaires pour réaliser cette expédition.

J'espère recevoir votre réponse le plus tôt possible.

Avec mes salutations les plus cordiales,

Martin Sheffield.

L'auteur était un aventurier texan, originaire du comté de Tom Green, qui se faisait passer pour un ancien shérif. Pour preuve il en arborait l'étoile et le chapeau à larges bords. Vers 1900 il fit son apparition en Patagonie, ressemblant plutôt à Ernest Hemingway, et erra dans les montagnes « plus pauvre que Job », sur une jument blanche en compagnie d'un chien-loup. Il persistait à croire que la Patagonie n'était qu'une extension du Far West. Il plongeait sa battée d'orpailleur dans la moindre rivière. Durant plusieurs hivers il s'installa chez John Evans à Trevelin où il échangea quelques pépites sales contre de la farine. C'était un tireur de première force. Il tirait les truites dans les rivières, un paquet de cigarettes que le commissaire de police tenait entre ses dents, et s'amusait habituellement à faire sauter les hauts talons des dames.

Sheffield offrait ses services, comme guide et compagnon de beuverie, à tout explorateur qui se présentait dans ce coin des Andes. Au cours d'une expédition il participa à l'exhumation d'un squelette fossilisé de plésiosaure, un petit dinosaure proche parent de notre tortue, dont le cou ressemblait effectivement à celui d'un cygne. Peu après il en proposait un exemplaire vivant.

Onelli donna une conférence de presse au cours de laquelle il annonça la future chasse au plésiosaure. Une femme de la haute société offrit mille cinq cents dollars pour l'achat de l'équipement. Deux vieillards s'échappèrent de l'hôpital de la Mercedes pour combattre le monstre. Le plésiosaure prêta également son nom à un tango et à une marque de cigarettes. Lorsque Onelli mentionna que l'on devrait sans doute le naturaliser, le Jockey Club requit le privilège de l'exposer, ce qui entraîna aussitôt une vive protestation de Don Ignacio Albarracín de la Société protectrice des animaux.

Pendant ce temps le pays était paralysé par des élections générales qui devaient décider du sort du président radical, le docteur Hipólito Yrigoyen, et d'une certaine manière le plésiosaure réussit à s'immiscer dans la campagne électorale où il servit d'emblème à la droite.

Deux journaux, qui défendaient une politique d'importation de capitaux étrangers, adoptèrent le plésiosaure. La *Nación* confirma les préparatifs de l'expédition et lui souhaita bonne chance. Dans la *Pren-*

sa l'enthousiasme était encore plus grand : « L'existence de cet animal insolite, qui a attiré l'attention de l'étranger, est un événement scientifique qui apportera à tout jamais à la Patagonie le prestige de posséder une créature aussi inattendue. »

Des télégrammes en provenance du monde entier affluèrent à Buenos Aires. Dans une lettre, Edmund Heller, le compagnon de chasse de Teddy Roosevelt, demanda un morceau de peau pour le Museum américain d'histoire naturelle, en mémoire de son vieil ami. L'université de Pennsylvanie déclara qu'une équipe de zoologistes était prête à partir sur-le-champ pour la Patagonie en ajoutant qu'en cas de capture, l'animal ne serait nulle part mieux qu'aux États-Unis. « Il est évident, commenta le *Diario del Plata*, que ce monde a été créé pour la plus grande gloire des Américains du Nord, c'est-à-dire de la doctrine de Monroe. »

Le plésiosaure fut accueilli par la gauche comme un cadeau électoral. On présenta Clemente Onelli, le tueur du monstre, comme un nouveau Parsifal, un Lohengrin ou un Siegfried. Le journal *la Montaña* écrivit qu'une fois domestiqué l'animal pourrait se révéler utile aux habitants déshérités de la *Tierra del Diablo*, faisant ainsi référence à la révolte des péons de la Patagonie méridionale que l'Armée argentine avait brutalement réprimée le mois précédent. Un autre article était intitulé « le dragon de Cappadoce » et dans la feuille nationaliste *la Fronda* on put lire : « Cet animal millénaire, pyramidal et apocalyptique fait autant de bruit qu'une apparition de la Sainte Vierge, et surgit habituellement dans les visions opalines de gringos avinés. »

L'expédition, équipée d'une énorme seringue hypodermique, atteignit-elle réellement le lac ? Les opinions divergent sur ce point. Mais la non-existence de l'animal dut sauter aux yeux de quiconque s'approcha de ses rives. Et avec le plésiosaure disparut l'espoir de trouver, en Patagonie, des dinosaures vivants tels ceux qu'a décrits Conan Doyle, abandonnés sur leur plateau dans *le Monde perdu.*

Martin Sheffield mourut en 1936 à Arroyo Norquinco, où il croyait avoir trouvé son « Klondike » personnel, victime de la fièvre de l'or, de la malnutrition et du delirium tremens. Une croix de bois à ses initiales M. S. fut plantée sur sa tombe, mais un chasseur de reliques de Buenos Aires la déroba. Le fils qu'il avait eu d'une Indienne mène une existence d'ivrogne à El Bolsón. Persuadé d'avoir hérité du titre de shérif du Texas, il porte l'étoile de son père.

D'Epuyen, je me rendis à pied à Cholila, un petit village proche de la frontière chilienne.

20

« Sentez-le, dit-elle. Sentez le vent qui vient. »

J'appliquai ma main contre le mur. Le courant d'air soufflait à travers les interstices aux endroits où l'enduit de ciment s'était décollé. La maison de rondins était de type nord-américain. En Patagonie on fabriquait les maisons de bois de façon différente, sans les enduire de mortier.

La propriétaire de la cabane, une Indienne chilienne, s'appelait Sepúlveda.

« En hiver c'est terrible, m'expliqua-t-elle. Je couvre le mur de sacs en plastique, mais le vent les emporte.

La maison est pourrie, señor, vieille et pourrie. Je voudrais la vendre demain. Je voudrais avoir une maison de béton où le vent ne peut pas entrer. »

La señora Sepúlveda avait cloué des planches sur les fenêtres de la salle de séjour là où les vitres manquaient. Elle avait collé du papier journal pour colmater les fissures, mais on apercevait encore des lambeaux du vieux papier peint à fleurs. C'était un petit bout de femme bien en chair, dure à la tâche et au gain, qui avait bien du mal avec son mari et sa cabane pourrie.

La boisson avait eu raison de l'esprit du señor Sepúlveda qui se tenait mi-assis, mi-couché près du poêle de la cuisine.

« Voulez-vous acheter la maison ? » me demanda-t-elle.

— Non, répondis-je, mais ne la vendez pas pour rien. Il y a des messieurs d'Amérique du Nord qui paieraient cher pour l'emporter morceau par morceau.

— Cette table vient des *Norteamericanos*, dit-elle, et le placard, et le poêle. »

Elle savait que la maison avait une certaine distinction de par son origine nord-américaine. « Elle a dû être très belle avant », dit-elle.

Tout en me faisant visiter la maison, elle tentait de marier sa fille aînée à un jeune ingénieur des travaux publics. Il possédait une camionnette neuve et devait avoir de l'argent de côté. Dans la cour lui et la fille se tenaient par la main en riant d'un vieux bourricot attaché à un saule. Le jour suivant, je la croisai alors qu'elle retournait chez elle à Cholila, seule dans la pampa. Elle pleurait.

21

La maison avait été bâtie par un Américain de forte stature qui n'était déjà plus très jeune en 1902. Il avait des cheveux blond roux, de longs doigts fins et un court nez busqué ; il alliait des manières douces et aimables à un sourire espiègle. Il devait se sentir chez lui ici, car la campagne qui entoure Cholila est identique à certaines parties de l'Utah, son État d'origine : pays d'air pur et de grands espaces ; de sombres mesas et de montagnes bleues ; de broussailles grises qui s'épanouissaient en fleurs jaunes ; pays d'ossements blanchis par les buses, écorché par le vent et écorchant les hommes à vif.

Il passa ce premier hiver en solitaire. Mais il aimait lire et empruntait des livres à un voisin anglais. Parfois en Utah il se retirait dans le ranch d'un instituteur en retraite. Il aimait tout particulièrement les ouvrages sur l'histoire du Moyen Age anglais et les récits sur les clans écossais. Bien qu'il n'eût pas la plume facile, il prit cependant la peine d'écrire cette lettre à une amie :

Cholila, Chubut
République Argentine, Am. du S.
Le 10 août 1902

Mrs Davies
Ashley, Utah

Ma chère amie,

Je suppose que vous étiez persuadée depuis longtemps que je vous avais oubliée (ou que j'étais mort) mais ma chère amie, je suis encore vivant et lorsque je pense à mes vieux amis vous êtes toujours la première à me venir à l'esprit. Vous serez sans doute surprise de me savoir si loin mais les États-Unis étaient devenus trop petits pour moi durant les deux dernières années que j'y ai passées. Je ne pouvais rester en place. Je voulais voir le monde. J'avais vu aux États-Unis tout ce qui à mon avis valait la peine. Et quelques mois après avoir envoyé A** vous rendre visite pour chercher la photo du saut à la corde... un autre de mes oncles mourut en laissant 30 000 dollars à notre petite famille de 3 personnes. J'ai pris mes 10 000 dollars et suis parti visiter un peu le monde. J'ai vu les plus belles villes et les plus beaux sites d'Am. du Sud avant d'aboutir ici. Ce coin de terre m'a beaucoup plu et je m'y suis installé, pour de bon je crois, car l'endroit me plaît chaque jour davantage. J'ai 300 têtes de bétail, 1 500 moutons, et 28 bons chevaux de selle, 2 hommes pour faire mon travail ; j'ai aussi une bonne maison de quatre pièces, hangar, écurie, poulailler et quelques poules. La seule chose qui me manque est une cuisinière, car je vis toujours en célibataire endurci et parfois je me sens très solitaire car je suis seul toute la journée, et mes voisins se réduisent à peu de personnes, sans compter que dans ce pays on ne parle que l'espagnol, et je ne le parle pas assez bien pour soutenir des conversations sur les derniers scandales si chers au cœur de toutes les nations et sans lesquelles les échanges perdent toute saveur, mais le pays est formidable. Actuellement la seule activité y est l'élevage (je veux dire, dans cette région) et elle n'a pas son pareil, car je n'ai jamais vu d'herbe si bonne, et en si grande quantité ; des centaines et des centaines de miles ne sont pas colonisés et sont presque inconnus, et là où je suis c'est une bonne zone pour l'agriculture, toutes sortes de céréales et de légumes y poussent sans irrigation mais je suis au pied des Andes. Et tous les terrains à l'est d'ici ne sont que de la steppe et du désert, très bons pour le bétail, mais pour la culture il faudrait les irriguer, mais il y a beaucoup de bonne terre le long des montagnes pour tous les gens qui seront ici dans les cent prochaines années, car je suis loin de la civilisation. Nous sommes à 1 600 miles de Buenos Aires la capitale de l'Argentine, et à plus de 400 miles de la voie ferrée ou du port de mer le plus proche mais ne sommes qu'à 150 miles de la côte du Pacifique. Pour aller au Chili il faut traverser les montagnes, ce qui était jugé impossible jusqu'à l'été dernier où l'on a découvert que le gouvernement chilien avait percé une route qui traverse presque toute la chaîne, si bien que l'été prochain nous pourrons nous rendre à Puerto Montt au Chili en 4 jours environ, alors qu'il fallait compter 2 mois quand on empruntait l'ancien chemin. Et ce sera tout bénéfice pour nous car le Chili est notre débouché pour la viande de bœuf et nous pourrons y amener nos bêtes en 10 fois moins de temps et elles arriveront encore grasses. Nous pouvons aussi nous ravitailler au Chili pour trois fois moins cher qu'ici. Le climat ici est beaucoup plus doux que dans la vallée d'Ashley. Les étés sont beaux, jamais aussi chauds que là-bas. Et partout il y a de l'herbe qui arrive à hauteur des genoux et beaucoup de bonne eau fraîche qui nous vient des montagnes. Mais les hivers sont très humides et désagréables, car il pleut presque tout le temps, et quelquefois nous avons beaucoup de neige, mais elle ne dure pas très longtemps, car il ne gèle presque jamais. Je n'ai jamais vu plus d'un pouce de glace...

L'héritage de l'oncle décédé n'était autre que le butin réalisé lors de l'attaque, par le gang de la Wild Bunch, de la First National Bank de Winnemucca dans le Nevada, le 10 septembre 1900. L'auteur de la lettre était Robert Leroy Parker, plus connu sous le pseudonyme de Butch Cassidy, qui à l'époque occupait la première place sur la liste des criminels recherchés par l'agence Pinkerton. La « petite famille » était un ménage à trois qui comprenait Harry Longabaugh, dit le Sundance Kid, Etta Place, la belle égérie de la bande et lui-même. Mrs Davies était la belle-mère du meilleur ami de Butch, Elza Lay, qui se morfondait au pénitencier.

22

C'était un gentil garçon, au visage vivant et amical, qui aimait bien sa famille mormone et sa maison au milieu des peupliers. Son père et sa mère étaient tous deux venus d'Angleterre encore enfants et avaient traversé les grandes plaines d'Iowa City au Grand Lac Salé dans les convois de voitures à bras de Brigham Young. Anne Parker était une Écossaise nerveuse au tempérament exalté ; son mari, Max, un homme simple, avait bien du mal à vivre de sa ferme et tirait quelques revenus supplémentaires du transport de bois.

La maison de deux pièces est toujours debout à Circleville dans l'Utah. Les parcs à bestiaux sont encore là et l'enclos où Robert Leroy monta sur son premier veau. Les peupliers qu'il a plantés sont toujours alignés le long du canal d'irrigation entre le verger et la sauge. Aîné de onze enfants, c'était un garçon aux attachements bien définis et doté d'un certain sens des principes. Il rongeait son frein sous la camisole de force du mormonisme (et y flairait la corruption). Il rêvait de devenir cow-boy et suivait l'épopée de Jessie James à travers les romans populaires.

A l'âge de dix-huit ans il se fixa comme ennemis naturels les gros propriétaires de bétail, les compagnies de chemin de fer et les banques, et se persuada que le droit n'était pas du côté de la loi. Un matin de juin 1884, gauche et honteux, il annonça à sa mère qu'il partait travailler dans une mine à Telluride. Elle lui donna la couverture bleue de voyage de son propre père et un pot de confiture de myrtilles. Il embrassa sa petite sœur Lula qui pleurait dans son berceau et sortit de leur vie. La vérité ne se fit jour qu'au retour de Max Parker à la ferme. Son fils avait volé du bétail avec un jeune bandit du nom de Mike Cassidy. La police les recherchait tous les deux.

Bob Parker prit le nom de Cassidy et entama une nouvelle vie faite de larges horizons et d'odeurs de cuir de cheval. (Butch était le nom dont il avait baptisé un revolver d'emprunt.) Sa période d'apprentissage, les années 1880, fut celle de l'âge d'or du bœuf, des vaches *longhorn* promenant leurs cornes démesurées sur les prairies du Texas ; des cow-boys menant une vie monastique (une femme pour dix hommes) ; des barons du bétail payant des salaires de misère et des dividendes de 40 pour cent à leurs actionnaires ; des petits déjeuners au champagne au Cheyenne Club et des ducs anglais appelant leurs cow-boys « cow-servants » et que ces mêmes cow-boys traitaient de gommeux (« dudes »). De nombreux Anglais traînaient alors leurs guêtres dans l'Ouest : un cow-boy écrivit ces quelques lignes à son Yankee de patron : « Cet Anglais à qui vous aviez confié l'autre ranch a fait un peu trop le malin et il a fallu qu'on abatte ce salopard-là. Il ne s'est pas passé grand-chose depuis votre départ... »

Puis le long hiver blanc de 1886-1887 extermina les trois quarts du troupeau. L'appât du gain s'alliant à la catastrophe naturelle, un nouveau type de criminels apparut, les cow-boys hors-la-loi, des hommes réduits à la clandestinité et au vol de bétail, par le chômage et le fichage des délinquants. A Brown's Hole ou à Hole-in-the-Wall ils firent cause commune avec des desperados professionnels, tels que Black Jack Ketchum, ou le psychopathe Harry Tracy, ou Flat-Nose George Curry, ou Harvey Logan, le chroniqueur de ses propres meurtres.

Butch Cassidy, dans ces années-là, fut conducteur de troupeaux, bovins ou chevaux, chercheur de bouvillons égarés, pilleur de banque à temps partiel, mais c'est surtout en tant que meneur d'hommes que les shérifs le craignaient. En 1894 ils lui donnèrent deux ans d'emprisonnement au pénitencier de l'État du Wyoming pour le vol d'un cheval qu'il n'avait pas volé et qui ne valait guère plus de cinq dollars. Cette condamnation sapa le peu de confiance qu'il pouvait encore avoir dans la loi. Et, de 1896 à 1901, son Syndicat des Pilleurs de Trains, plus connu sous le nom de Wild Bunch, égrena un chapelet de hold-up parfaitement exécutés qui ne laissèrent aucun répit aux hommes de loi, aux détectives de l'agence Pinkerton et aux compagnies de chemin de fer. Les histoires de ses exploits sont infinies ; les chevauchées à perte d'haleine sur l'Outlaw Trail, « la Piste des Hors-la-loi » ; les coups de pistolet tirés sur les isolateurs de poteaux télégraphiques ; ou la pension d'une pauvre veuve versée après avoir dévalisé l'employé-payeur. Les fermiers l'aimaient bien. Beaucoup d'entre eux étaient mormons, vivant hors la loi pour polygamie. Ils lui donnaient de la nourriture, des abris, des alibis et parfois leur fille. De nos jours on le considérerait comme un révolutionnaire. Mais il n'avait aucun sens de l'organisation politique.

Butch Cassidy n'a jamais tué un seul homme. Ses complices par contre étaient des tueurs aguerris ; leurs crimes lui causaient des accès de remords. Il détestait l'idée de devoir sa vie au tir mortel d'un Harry Longabaugh, Allemand de Pennsylvanie au regard méchant et au mauvais caractère. Il tenta de se remettre sur le droit chemin, mais sa fiche Pinkerton était si remplie que ses demandes d'amnistie demeurèrent lettre morte. Chaque nouveau vol en engendrait un autre et ajoutait des années à sa condamnation. Le prix de revient de leurs opérations devint insupportable. La légende dit que la Wild Bunch dissipait son butin en femmes et sur les tables de jeu, mais ce n'était qu'à moitié vrai. Les chevaux leur coûtaient bien plus cher encore.

L'art du hold-up repose sur une fuite rapide et la réussite de ceux de Cassidy dépendait de la vélocité de ses pur-sang de première qualité. Son maquignon, Cleophas Dowd, était le fils d'immigrants irlandais de San Francisco. Ceux-ci l'avaient destiné au sacerdoce jésuite et le forcèrent à s'agenouiller à l'autel et au confessionnal. Immédiatement après son ordination, Dowd fit sursauter ses parents et les pères en paradant sur son nouveau cheval de course, la soutane barrée d'une ceinture retenant une paire de revolvers à six coups. Ce soir-là, à Sausalito, il eut le plaisir – un plaisir qu'il avait mûri de longue date – d'administrer l'extrême-onction au premier homme qu'il tua. Dowd s'enfuit de Californie et se fixa à Sheep Creek Canyon dans l'Utah où il éleva des chevaux pour les hors-la-loi. Un cheval Dowd était prêt à la vente lorsque son cavalier pouvait maintenir en équilibre une carabine entre les oreilles et faire feu. Pour la vitesse il achetait les chevaux sortis du haras de Cavendish à Nashville dans le Tennessee et en répercutait le coût sur ses clients.

Vers 1900 la loi et l'ordre s'imposèrent sur la dernière frontière américaine. Les représentants de la loi achetèrent leurs propres coursiers, résolvant ainsi leur principal problème : rattraper les hors-la-loi, et le crime organisé se réfugia alors dans les villes. Des rafles nettoyèrent Brown's Hole; les hommes de Pinkerton placèrent des cavaliers armés dans les wagons à bestiaux, et Butch vit ses amis disparaître, tués dans des rixes de saloon, abattus un à un par des tueurs à gage, ou bien jetés en prison. Certains membres du gang s'engagèrent dans l'armée américaine et exportèrent leurs talents à Cuba et aux Philippines. Quant à Butch il ne lui restait à choisir qu'entre une dure condamnation... et l'Argentine.

Chez les cow-boys le bruit courut que la terre des gauchos offrait la liberté sans loi du Wyoming des années 1870. Le cow-boy artiste Will Rogers écrivit : « Ils désiraient des cavaliers nord-américains pour encadrer les indigènes. Les indigènes étaient trop lents. » Butch pensa y être à l'abri de l'extradition, et ses deux derniers hold-up n'eurent d'autre but que de financer le voyage. Après le raid de Winnemucca, les cinq gangsters, très en verve, se firent tirer un portrait de groupe à Fort Worth et l'envoyèrent au directeur. (La photo est toujours dans son bureau.)

Durant l'automne 1901 Butch rencontra à New York le Sundance Kid et son amie, Etta Place. Elle était jeune, belle, intelligente et menait ses hommes par le bout du nez. Sa fiche Pinkerton mentionnait qu'elle avait été institutrice à Denver ; on raconte qu'elle était la fille d'un propre-à-rien d'Anglais, vivant des fonds que lui envoyait sa famille, et qui s'appelait George Capel, d'où l'anagramme Place. Sous les noms de James Ryan et Mr & Mrs Harry A. Place, la « famille de 3 personnes » sortit à l'opéra et au théâtre. (Le Sundance Kid était un wagnérien enthousiaste.) Ils offrirent à Etta une montre en or de chez Tiffany's et s'embarquèrent pour Buenos Aires sur le vapeur *Soldier Prince*. A leur arrivée ils descendirent à l'hôtel Europa, rendirent visite au directeur du Service des terres et firent l'acquisition de 5 000 hectares de terrain vierge dans le Chubut.

« Y a-t-il des bandits ? » demandèrent-ils. Ils furent heureux d'apprendre qu'il n'y en avait aucun.

Quelques semaines plus tard, Milton Roberts, le commissaire de police d'Esquel, les rencontra sous la tente à Cholila ; leurs beaux pur-sang tout harnachés, prêts à partir, lui parurent plutôt étranges. Butch, comme la lettre nous l'a appris, passa l'hiver seul. Il meubla la ferme de moutons qu'il acheta à un voisin anglais. La maison, bâtie sur le modèle de celle de Circleville, mais en plus grand, fut terminée en juin.

L'année suivante, un détective de l'agence Pinkerton, Frank Dimaio, les repéra à Cholila grâce à la photographie de Winnemucca mais différa son voyage en Patagonie pour des histoires de serpents et de jungles, peut-être inventées dans son intérêt. Durant cinq ans la « famille de 3 personnes » se servit de Cholila comme base sans rencontrer le moindre obstacle. Ils construisirent une maison de briques et un magasin (à présent tenu par un négociant arabe) et y placèrent « un autre Nord-Américain ».

Les gens du lieu pensaient avoir affaire à des citoyens paisibles. A Cholila, j'ai rencontré les petits-enfants de leur voisine, la señora Blanca de Gérez, qui, à sa mort voici trois ans, laissa la note suivante :

> Ils n'étaient pas très liants, mais tout ce qu'ils firent était irréprochable. Ils dormaient souvent chez nous. Ryan était plus sociable que Place et prenait part aux fêtes du village. Lors de la première visite du gouverneur Lezana, Place joua de la samba sur sa guitare et Ryan dansa avec la fille de don Ventura Solis. Personne ne les soupçonnait d'être des criminels.

L'agence Pinkerton écrivit au chef de la police à Buenos Aires : « Il ne s'écoulera pas longtemps avant que ces hommes ne commettent quelque vol épouvantable en République Argentine. » Elle ne se trompait pas. Outre que les fonds commençaient singulièrement à baisser, « la famille de 3 personnes » ne pouvait se passer de pratiquer l'art du hold-up sans lequel la vie devenait d'un mortel ennui. Peut-être l'arrivée de leur ami Harvey Logan les aiguillonna-t-elle ? En 1903 il avait réussi à s'évader de la prison de Knoxville au Tennessee, après avoir tout simplement étranglé son geôlier avec le fil de fer qu'il tenait caché dans sa chaussure. Il fit son apparition en Patagonie sous le nom d'Andrew Duffy, pseudonyme qu'il avait déjà utilisé au Montana.

En 1905 la Wild Bunch ainsi reconstituée reprit le cours interrompu de ses méfaits et attaqua une banque dans le sud de la province de Santa Cruz. Ils rééditèrent leur exploit à la *Banco de la Nación* à Villa Mercedes dans la province de San Luis pendant l'été 1907. Il semble que ce soit Harvey Logan qui abattit le directeur de la banque d'une balle dans la tête. Etta participait au hold-up, habillée en homme – fait indirectement confirmé par Blanca de Gérez : « La señora se coupait les cheveux très court et portait une perruque. »

En décembre 1907 ils vendirent précipitamment Cholila à un syndicat bovin et s'égaillèrent dans la cordillère. Aucun de leurs voisins ne les revit jamais. J'ai entendu un grand nombre d'hypothèses sur ce départ hâtif. Mais on pense le plus fréquemment qu'Etta s'ennuyait, souffrait d'une appendicite qui la rendait maussade et tenait absolument à se faire opérer à Denver. Il y a une autre possibilité : le mot « appendicite » aurait désigné par euphémisme un bébé dont le père aurait été un jeune Anglais, John Gardner, qui faisait de l'élevage en Patagonie pour raisons de santé. L'histoire dit qu'Harvey Logan pour lui éviter une rencontre avec le Kid dut le renvoyer vers ses terres familiales en Irlande.

Il semble qu'en 1924 Etta habitait Denver. (Il se peut qu'elle ait eu pour fille, et rivale dans le crime, une certaine Betty Weaver qui inscrivit à son palmarès quinze spectaculaires attaques de banque avant d'être arrêtée et condamnée à la prison à Belleplaine au Kansas en 1932.) Dans la vallée d'Ashley dans l'Utah j'ai rencontré un vieil homme qui se balançait dans un fauteuil à bascule sur sa terrasse et qui se souvenait de Butch Cassidy en 1908. Mais s'ils sont effectivement retournés aux États-Unis cet été-là le rythme paraît difficilement tenable, car en décembre de la même année on retrouve les deux hors-la-loi en Bolivie, travaillant dans la mine d'étain de Concordia pour le compte d'un nommé Siebert.

Le récit classique de leur mort à San Vicente en Bolivie en décembre 1909, qui fit suite au vol de la paie des mineurs, parut pour la première fois dans *Elk's Magazine* en 1930 sous la plume du poète de l'Ouest américain, Arthur Chapman. Un scénario idéal pour le cinéma : le capitaine de cavalerie courageux abattu alors qu'il tentait d'arrêter les gringos ; la cour aux murs de torchis couverte de cadavres de mulets ; la lutte désespérée contre des ennemis innombrables ; le Kid blessé le premier puis achevé d'une balle dans la tête par Butch qui, ayant maintenant tué un homme, se réserve pour lui-même la dernière cartouche. L'épisode se termine sur l'image des soldats boliviens découvrant sur un des corps la montre d'Etta de chez Tiffany's.

Personne ne sait d'où Chapman a tiré cette histoire : Butch Cassidy aurait pu l'inventer lui-même. Son but, après tout, était de « mourir » en Amérique du Sud pour réapparaître sous un autre nom. Passionné de l'histoire du Far West, le défunt président René Barrientos, le tueur de Che Guevara, mena une enquête sur le massacre de San Vicente. Pour résoudre le mystère il mit une équipe de chercheurs au travail, cuisina personnellement les villageois, exhuma les corps du cimetière, consulta les archives de l'armée et de la police et en conclut que l'histoire avait été fabriquée de toutes pièces.

L'agence Pinkerton n'y a pas cru non plus. Elle a sa propre version, fondée sur des preuves particulièrement maigres, selon laquelle la « famille de 3 personnes » mourut ensemble au cours d'une fusillade avec la police uruguayenne en 1911. Trois années plus tard l'agence tint pour certaine la mort de Butch Cassidy – ce qui, s'il était vivant, correspondait exactement à ses vœux...

« Balivernes ! » dirent ses amis lorsqu'ils entendirent ces histoires en provenance d'Amérique du Sud. Butch n'était pas homme à tomber dans une fusillade. Et, à partir de 1915, des centaines de personnes le virent – ou crurent le voir – faisant le coup de feu avec Pancho Villa au Mexique ; cherchant de l'or en Alaska en compagnie de Wyatt Earp ; visitant l'Ouest américain à bord d'une Ford modèle T ; rendant visite à d'anciennes petites amies (qui se souviennent qu'il avait pas mal grossi) ; ou faisant son apparition au cours d'un Wild West Show à San Francisco.

Je suis allé voir le témoin vedette, la propre sœur de Butch Cassidy, Mrs Lula Parker Betenson, une femme de quelque quatre-vingt-dix ans, au regard franc et énergique, qui a consacré sa vie entière au Parti démocrate. Elle n'émet pas le moindre doute : son frère est revenu et a mangé du gâteau aux myrtilles avec sa famille à Circleville durant l'automne 1925. Elle pense qu'il est mort d'une pneumonie dans l'État de Washington vers la fin des années 1930. Une autre version place sa mort dans une ville de l'Est, alors qu'il était devenu ingénieur des chemins de fer en retraite avec deux filles mariées.

23

Non loin de Cholila une voie ferrée étroite conduisait à Esquel. Dans la gare en miniature le préposé à la vente des billets avait une tête de buveur solitaire. Sur le mur du bureau était épinglée la photo d'un jeune homme de la petite bourgeoisie, aux traits mous et aux cheveux bien lissés, recherché pour le meurtre d'un cadre de l'usine Fiat. Les employés de la compagnie de chemin de fer portaient des uniformes gris pâle avec des galons dorés. Sur le quai se dressait un autel dédié à la Vierge de Luján, protectrice des voyageurs.

La locomotive – haute cheminée et roues peintes en rouge – avait été fabriquée en Allemagne voici près de quatre-vingts ans. En première classe, le capitonnage imprégné d'odeur de nourriture emplissait la voiture de relents de pique-nique. La seconde classe était propre et reluisante avec ses sièges de lattes, peints en vert feuille, et un poêle à bois au centre.

Un homme faisait chauffer sa bouilloire à maté. Une vieille dame parlait à son géranium favori, et deux alpinistes de Buenos Aires se tenaient assis au milieu d'un tas de matériel. Ils étaient intelligents, intolérants, gagnaient des salaires de misère et disaient pis que pendre des États-Unis. Les autres passagers étaient des Indiens Araucans.

Deux coups de sifflet, une secousse et le train

s'ébranla. En bondissant des autruches s'écartèrent de la voie à notre approche, leur panache de plumes ondoyant comme de la fumée. Les montagnes grises vibraient dans la brume de chaleur. Parfois à l'horizon un camion soulevait un nuage de poussière.

Un Indien qui toisait les montagnards s'approcha pour leur chercher querelle. Il était très ivre. Je me reculai sur mon siège et regardai se dérouler sous mes yeux un condensé de l'histoire de l'Amérique du Sud. Le garçon de Buenos Aires encaissa les insultes pendant une demi-heure, puis se leva, explosa et du doigt intima à l'Indien l'ordre de rejoindre sa place.

L'Indien baissa la tête et dit : « *Si, señor. Si, señor.* »

Les campements indiens s'étalaient tout au long de la voie de chemin de fer selon le principe qu'ainsi un ivrogne pouvait toujours rentrer chez lui. Arrivé à destination l'Indien sortit du train en trébuchant, sa bouteille de genièvre toujours serrée contre lui. Autour des cabanes des tessons de bouteille renvoyaient les rayons d'un soleil voilé. Un garçon vêtu d'un blouson jaune descendait aussi et aida l'ivrogne à marcher. Un chien, couché au seuil d'une porte, se précipita et lui lécha le visage.

24

Au sud de la cordillère des Andes on peut entendre des histoires de *bandoleros norteamericanos*. J'ai tiré celle-ci du second volume des *Memorias de un Carrero Patagónico* (« Mémoires d'un charretier patagonien ») d'Asencio Abeijón :

En janvier 1908 [c'est-à-dire un mois après que Butch Cassidy eut vendu Cholila], un homme qui traversait à cheval la pampa de Castillo croisa quatre cavaliers conduisant un groupe de chevaux au tempérament fougueux. Il y avait là trois gringos et un péon chilien. Ils portaient des Winchester à crosse de bois. L'un d'eux était une femme habillée en homme. Le voyageur n'y attacha pas d'importance. Tous les gringos s'habillent de façon bizarre.

Le même soir trois cavaliers s'arrêtèrent à l'hôtel de Cruz Abeijón à La Mata. Aucune femme ne les accompagnait. Il y avait deux *Norteamericanos* et un Chilien. Ils déclarèrent qu'ils cherchaient des terres. Le plus petit, du nom de Bob Evans, était un homme jovial et disert, parlant un excellent espagnol. Il joua avec les enfants d'Abeijón. L'autre, grand, blond et taciturne avait une mine qui n'annonçait rien de bon. Il s'appelait Willie Wilson.

Après le petit déjeuner les gringos demandèrent à Abeijón le nom du meilleur hôtel de Comodoro Rivadavia. Ils laissèrent au Chilien le soin des chevaux et firent les trois lieues qui les séparaient encore de la ville. Comodoro, en ces jours d'avant le boom du pétrole, n'était guère qu'une minuscule agglomération coincée entre la falaise et la mer. Le long de sa rue unique on trouvait l'église salésienne, l'hôtel Vascongada et la Casa Lahusen, un magasin qui vendait de tout et faisait également office de banque. Les Américains trinquèrent avec les notables du lieu tout en poursuivant leur enquête sur les terres à vendre. Ils restèrent une semaine. Un matin un policier les vit tirer des coups de feu sur la plage : « Un peu d'entraînement pour ne pas perdre la main », expliquèrent-ils plaisamment au commissaire don Pedro Barros qui examina leurs Winchester et les leur rendit avec un sourire.

Les Américains retournèrent à La Mata. Bob Evans distribua des caramels aux enfants d'Abeijón. Le lendemain matin ils s'en allèrent de nouveau, cette fois avec les chevaux et le péon. Abeijón s'aperçut que le fil de son téléphone avait été coupé.

A une heure de l'après-midi, le 3 février, il soufflait un vent chaud et la population de Comodoro prenait son déjeuner. Wilson et Evans se débarrassèrent des chevaux qu'ils convoyaient en les attachant à un poteau et s'avancèrent jusqu'à la Casa Lahusen. Evans se posta près de la porte principale. Wilson et le péon firent le tour vers l'entrée des marchandises. Ils mirent pied à terre et le Chilien garda les deux chevaux. Un passant entendit les deux hommes se disputer, puis vit le péon sautiller sur place et se jeter derrière son cheval. Wilson lui tira dans la main. La balle remonta le long du bras, lui traversa l'épaule et il tomba à la renverse au milieu des ballots de laine.

Le commissaire Barros entendit le coup de feu et trouva Wilson plié en deux une main sur la poitrine. « Ce salaud m'a tiré dessus », dit-il. Barros lui demanda de se rendre au poste de police pour s'expliquer. Wilson répondit « Non », et dégaina son revolver avec une lueur diabolique dans les yeux. Evans cria : « Arrête, ne fais pas l'idiot ! » et lança son cheval entre les deux hommes, repoussant violemment Barros qui à son tour s'affala parmi les ballots de laine.

Les deux Américains détachèrent leurs autres chevaux et quittèrent le village. Toute la scène n'avait pas duré cinq minutes. Barros courut au poste de police et vida frénétiquement le chargeur d'une mitraillette. Quatre policiers à cheval se lancèrent à leur poursuite mais finirent par abandonner. Cette nuit-là, un Basque les entendit chanter autour de leur feu de camp en s'accompagnant à l'accordéon.

A Comodoro, le péon se retrouva derrière les verrous ; à la dernière minute il avait réclamé à Wilson une part plus importante du butin escompté.

Depuis Esquel je continuai ma route vers le sud pour y suivre un second récit des méfaits de Wilson et Evans.

25

L'ancienne piste qui mène à Arroyo Pescado traversait un maquis épineux et se dirigeait vers la ligne verte où le fleuve sort des collines pour se perdre dans une lagune couverte de roseaux. Dans un flamboiement orange et noir un groupe de flamants prit son envol ; leurs pattes laissèrent un sillage blanc à la surface des eaux bleues. Près de la rive, un coin de sol rocheux était jonché de vieilles bouteilles et de boîtes de conserve. Tout ce qu'il restait du magasin de la très galloise *Companía Mercantil de Chubut*.

L'après-midi du 29 décembre 1909 le directeur, un ancien athlète de Bala du nom de Llwyd ApIwan, quitta sa boutique pour aller prendre le thé chez lui. Il avait les deux bras bandés jusqu'au coude car il avait dû combattre à mains nues un inexplicable feu de nuit. Quelques minutes plus tard son employé, Bobby Roberts, dévot fanatique et faible d'esprit, vint le prévenir que Wilson et Evans désiraient acheter des petits clous. Clients réguliers, ils étaient bien connus dans la cordillère comme charretiers et excellents tireurs.

ApIwan revint sur ses pas et trouva Evans tenant en respect Bobby Roberts qui pleurait bruyamment. Sous la menace d'un revolver, Wilson l'emmena dans le bureau et lui ordonna d'ouvrir le coffre-fort.

« Il n'y a rien dedans », lui dit ApIwan.

Mais Wilson savait à quoi s'en tenir. La compagnie attendait un chargement de souverains d'or en règlement de la dernière tonte de laine. ApIwan ouvrit le coffre et montra quelques billets de banque argentins.

« Ils appartiennent aux Indiens, dit-il. Vous n'avez pas de chance. Les souverains ne sont pas encore arrivés. »

Wilson accepta de ne pas prendre l'argent des Indiens et appela Evans. Alors qu'il sortait du bureau à reculons, son éperon se prit dans un tapis indien ; il trébucha et le Gallois se jeta sur lui. Malgré ses mains bandées il réussit à s'emparer du revolver et tenta de faire feu. Mais l'arme ne possédait pas de détente. Wilson l'avait ôtée et tirait avec le chien. S'emparant alors du revolver miniature qui pendait à son cou, il atteignit ApIwan en plein cœur.

Les hors-la-loi s'enfuirent vers leur campement de Río Pico. Suivant l'histoire à la trace, je coupai à travers le maquis pour rejoindre la grand-route. Le chauffeur d'un camion de laine s'arrêta et me prit à bord. Il portait une chemise noire décorée de roses brodées et écoutait la cinquième symphonie de Beethoven sur son magnétophone. Le paysage était vide. Les collines se doraient et s'empourpraient dans le soleil couchant. Au pied d'un poteau télégraphique apparut une silhouette solitaire.

26

Il avait les cheveux blonds et allait vers le sud. Une mèche rebelle lui tombait sans cesse dans le visage et il la rejetait en arrière d'un coup de tête. La mollesse de son corps lui donnait un aspect efféminé. Il évitait de sourire pour cacher une denture jaunie. Il était mineur de fond, disait-il, et cherchait du travail dans une mine.

Il avait déchiré une page dans un vieil exemplaire de la *Enciclopedia Nacional*. Elle portait une carte montrant les différentes mines d'Argentine. A Río Pico figurait une mine d'or.

Il avait été l'un des tout premiers hippies du quartier de Haight-Ashbury à San Francisco. Une fois la faim l'avait poussé à ramasser sur le trottoir de Haight Street une tablette de chocolat à moitié mangée. Cet incident s'était imprimé dans sa mémoire et il le raconta plusieurs fois.

A San Francisco il se drogua à l'héroïne, mais parvint à se désintoxiquer lorsqu'il trouva son premier travail dans une mine. On s'y sentait proche des éléments, disait-il. Les mines lui apportaient un sentiment de sécurité. Il travailla dans une mine d'Arizona, eut une maison à lui et gagna un bon salaire, jusqu'au jour où on lui demanda de payer des impôts. Ces satanés impôts. Il déclara alors : « J'en ai marre. Je fiche le camp en Amérique du Sud chercher une autre mine. »

Nous aidâmes le chauffeur à changer une roue et il nous offrit à boire à Gobernador Costa. Je me renseignai auprès d'un commerçant gallois sur la mine de Río Pico. Il me répondit qu'elle était fermée depuis cinquante ans. La plus proche était une mine de kaolin à Apeleg.

« Qu'est-ce que le kaolin ?

— De l'argile à porcelaine blanche.

— Blanche ? Quoi ? Vous avez dit blanche ? Blanche ? *Cheesus !* Une mine blanche ! Où est-ce que vous avez dit qu'elle était ?

— Apeleg.

— Où est Apeleg ?

— A cent kilomètres au sud, dit le Gallois. Après ça il y a une mine de charbon à Río Turbio, mais c'est du charbon tendre et le travail est malsain. N'allez pas travailler là-bas. »

Le mineur n'avait pas d'argent et on lui avait volé son passeport. Je lui offris à dîner. Au matin, disait-il, il filerait vers le sud. Pas de problème. Ça irait tout seul. Il fallait simplement trouver une mine. Rien d'autre.

27

L'hôtel de Río Pico d'un bleu turquoise pâle, était tenu par une famille juive dépourvue de la plus élémentaire notion de profit. Les chambres se pressaient en désordre autour d'une cour circulaire. Au milieu des plates-bandes de lis orangés, bordées de culs de bouteilles, s'élevait une citerne. La propriétaire, une femme courageuse et triste, aux lourdes paupières, portait avec la passion d'une mère juive le deuil de son fils aîné. Joueur de saxophone, il était parti pour Comodoro Rivadavia où il mourut d'un cancer de l'estomac. Elle se cura les dents avec une épine et se mit à rire de la futilité de l'existence.

Son second fils, Carlos Rubén, avait un teint olivâtre et le regard vif d'un sémite. Il brûlait de connaître le monde où il disparaîtrait bientôt. Les filles de la propriétaire allaient et venaient en patins de feutre dans les chambres nues et astiquées. Elle leur demanda de placer une serviette de toilette et un géranium rose dans ma chambre.

Le lendemain matin le règlement de l'addition fut l'occasion d'une scène insolite :

« Combien vous dois-je pour la chambre ?

— Rien. Si vous n'y aviez pas dormi, elle serait restée inoccupée.

— Combien pour le dîner ?

— Rien. Comment pouvions-nous savoir que vous veniez ? Nous avions fait la cuisine pour nous.

— Alors combien pour le vin ?

— Nous offrons toujours le vin à nos visiteurs.

— Et le maté ?

— Personne ne paye jamais le maté ici.

— Qu'est-ce que je peux payer alors ? Il ne reste plus que le pain et le café.

— Je ne peux pas vous compter le pain, mais le café au lait est une boisson de gringo et je vous le fais payer. »

Le soleil était haut sur l'horizon. Les cheminées crachaient verticalement la fumée de leur feu de bois. Río Pico fut jadis la colonie allemande de Nueva Alemania ; et les maisons avaient conservé un aspect germanique. Des fleurs de sureau se frottaient contre les murs de planches. Le long du café stationnait un camion de débardage, prêt à partir pour les montagnes.

28

Dernier village avant la frontière, Las Pampas se trouvait à environ trente kilomètres de Río Pico. Au nord, des éboulis blancs comme des ossements et les neiges éclatantes du volcan éteint El Cono dominaient l'agglomération. Dans la vallée, le fleuve roulait ses eaux vertes sur des pierres blanches. Chaque maison de bois avait son carré de pommes de terre, défendu contre le bétail par des pieux et des arbustes épineux.

Les deux seules familles de Las Pampas, les Patrocinio et les Solís, s'accusaient mutuellement de vol de bétail, mais se rejoignaient dans leur haine commune de la compagnie d'État d'exploitation forestière.

Nous étions dimanche. Dieu avait apporté un fils au Patrocinio qui tenait le café et il fêtait l'événement en donnant un asado. Des cavaliers arrivaient depuis deux jours. Les chevaux étaient attachés dans l'écurie, leurs lassos et boleadoras glissés sous les sangles. Les hommes, étendus dans le trèfle blanc, buvaient du vin dans des gourdes de peau et se chauffaient près du feu. Dans la vallée le soleil dissipait des lambeaux de brume laiteuse.

Rolf Mayer, un gaucho au sang mêlé – allemand et indien – découpait la viande. Maigre et silencieux avec d'énormes mains écarlates, il était entièrement vêtu de couleur chocolat et n'ôtait jamais son chapeau. Il avait un couteau fait à partir d'une baïonnette avec un pommeau d'ivoire jaunissant. Il posait chaque mouton sur des tréteaux et commençait à décoller la peau jusqu'à ce que l'animal dépouillé apparaisse, pattes en l'air, rose et luisant sur l'intérieur blanc de sa propre toison. Puis il glissait la pointe de son couteau là où la peau du ventre se tend et le sang chaud lui jaillissait sur les mains. Il aimait ce moment-là. On pouvait voir qu'il aimait cela à sa façon de baisser les paupières, d'avancer sa lèvre inférieure et d'aspirer l'air à travers les dents. Il tirait alors les entrailles, en prélevait le foie et les rognons et jetait le reste aux chiens.

Il transporta les cinq moutons jusqu'au feu et crucifia chacun sur une croix de fer plantée en biais devant la flamme.

L'après-midi des rafales de vent et de neige s'abattirent sur la cordillère. Tandis qu'un rêveur aux cheveux blond filasse entretenait le feu, les hommes jouèrent à la taba. La taba est l'astragale de la vache. Il faut l'envoyer à une distance de dix pas dans un cercle de boue ou de sable. Si elle tombe du côté concave, c'est suerte (chance) et le joueur gagne sur le côté rond, c'est culo (cul) et on perd ; si l'os tombe sur le côté c'est nul Un bon joueur sait exactement quel effet il faut donner à la taba pour que l'os tombe sur suerte. Bien entendu il existe de nombreuses plaisanteries sur culo. Je fus culo très souvent et perdis beaucoup d'argent.

Une fois la nuit tombée, Patrocinio joua de l'accordéon et le rêveur chanta d'une voix nasillarde. Les filles portaient des robes de cretonne et les garçons tenaient leurs partenaires loin d'eux.

29

Un homme appelé Florentino Solís offrit de m'accompagner à cheval en montagne. Son visage rougeoyant était uniformément hâlé, mais lorsqu'il enlevait son chapeau une ligne bien tranchée marquait la fin du rouge et le début du blanc. C'était un vagabond, sans femme ni maison, ne possédant que deux beaux poneys criollos, leurs selles et un chien.

Pourtant quelques bœufs portant sa marque erraient dans les terrains en friche le long de la frontière, mais habituellement il les laissait vivre à leur guise sans se soucier d'eux. Venu échanger une vache contre des vivres il était resté pour l'*asado*. Mal à l'aise en société, il ne buvait pas, mais restait assis seul, près de la rivière, à se curer les dents avec des brins d'herbe.

Le matin était froid. Des cumulus s'amoncelaient sur les sommets. Solís enfila son pantalon de cuir de mouton et enfourcha son cheval pie. Patrocinio me prêta un hongre noir et nous traversâmes la rivière à gué. Les poneys s'enfoncèrent dans l'eau jusqu'au ventre mais leurs sabots tinrent bon. Pendant une heure nous remontâmes une vallée escarpée en suivant un sentier qui franchissait en zigzaguant une chaîne de rochers rouges, puis plongeait au cœur d'une futaie. Deux heures plus tard nous parvenions au pied d'une falaise verticale. Solís me montra un tas de troncs pourrissants et me dit : « C'était la prison de Ramos Otero ».

Ramos Luis Otero était un jeune homme tourmenté, fils d'une famille de propriétaires terriens. Il s'habillait de vêtements de qualité en haillons et adorait récurer les gamelles. Il haïssait les femmes. Il détestait l'atmosphère salonnière de Buenos Aires, et exerçait en Patagonie le métier de défricheur de forêts. Une année il travailla dans une équipe de topographes du gouvernement, mais quand son identité fut découverte, il acheta l'estancia Pampa Chica, à Corcovado, à mi-chemin entre plaine et montagne.

Dans la dernière semaine de mars 1911, Otero et son péon, Quintanilla, conduisaient un chariot et deux chevaux vers l'estancia. En traversant le Cañadón del Tiro ils croisèrent deux cavaliers. L'un d'eux, en souriant, fit signe à Otero de le suivre. L'autre empoigna les rênes en passant. Les cavaliers étaient nord-américains.

Ils détachèrent les chevaux et forcèrent Otero et son péon à les accompagner dans les montagnes. En arrivant à la falaise les Américains abattirent quelques arbres et construisirent une cage en liant des troncs entre eux à l'aide de lanières de cuir. Otero prit particulièrement en aversion le grand blond répondant au nom de Wilson, qui laissait tout le gros travail à son compagnon.

Claquemurés dans leur prison, Otero ruminait des projets de suicide et Quintanilla devenait jaune de peur. Leurs geôliers les laissaient sortir deux fois par jour pour se nourrir et accomplir leurs besoins naturels. La bande comprenait sept membres, tous gringos, Américains ou Anglais. Après deux semaines de détention un des gardiens laissa accidentellement tomber une allumette. Otero la ramassa, alluma un feu sur le sol et utilisa les tisons pour brûler les lanières. Le soir venu, il repoussa un des troncs sur le côté et les deux hommes s'échappèrent.

Une fois libre, Otero se livra aux dénonciations les plus hystériques. Il accusa ses frères, venus de Buenos

Aires avec la rançon, d'avoir organisé l'enlèvement pour le contraindre à quitter la Patagonie. Ce n'était pas un jeune homme très équilibré. Même la police ne crut pas à son histoire jusqu'au jour où il les conduisit à la falaise. L'événement connut alors un retentissement national.

Le ministre de l'Intérieur ordonna une chasse à l'homme pour débarrasser la cordillère de tous les hors-la-loi. En décembre 1911 Wilson et Evans descendirent à Río Pico pour acheter des provisions chez deux frères allemands du nom de Hahn. Les Hahn, fondateurs de la colonie, avertirent leurs amis américains que la police frontalière patrouillait dans le secteur. Wilson avait une main infectée et enflée. Une cartouche avait explosé alors qu'il la rechargeait. Doña Guillermina Hahn pansa la blessure et ils retournèrent se mettre à l'abri dans les montagnes.

Mais Evans avait eu des relations avec la femme d'un des Solís. Cet homme connaissait le repaire des bandits et y mena la patrouille. Là, sous un arbre, Evans prenait son déjeuner. Wilson, terrassé par la fièvre, était allongé sous la tente. Caché derrière un arbre, l'officier, un certain lieutenant Blanco, cria « Arriba las manós ! ». Evans tira, tuant un soldat et en blessant un autre, le 2e classe Pedro Peñas (qui donna une interview à Rawson, près de Buenos Aires, en 1970 à l'âge de cent quatre ans). Les forces de l'ordre ripostèrent et abattirent Evans. Wilson fit irruption hors de la tente et courut, pieds nus, dans la forêt, mais les soldats eurent tôt fait de l'allonger près de son camarade. Sur les corps on trouva deux montres en or et la photographie de *« una mujer hermosísima »* (témoignage de Pedro Peñas).

Alors que nous retournions au petit trot vers Las

Pampas et que je me baissais pour éviter les basses branches du chemin, ma sangle de selle se cassa net et le cheval me projeta sur les rochers en contrebas. Je levai les yeux et vis à travers les branchages le masque triste de Solís s'éclairer d'un sourire.

« Des pieds ! raconta-t-il plus tard à Patrocinio. La seule chose que je voyais, c'étaient les pieds du gringo. »

Je m'étais ouvert la main jusqu'à l'os et nous dûmes aller à Río Pico où l'on put soigner ma blessure.

30

La doctoresse entra en poussant une porte à va-et-vient. Elle avait quelque chose aux jambes. Je remarquai aussi ses petites mains blanches et sa crinière d'un blond grisonnant. C'est en anglais qu'elle m'adressa ses grognements mais je savais qu'elle était russe. Elle se déplaçait avec cette lente fluidité qui évite aux femmes russes ayant pris du poids de perdre leur grâce. Elle plissait les yeux comme si elle essayait de ne pas voir.

Dans sa chambre elle avait disposé des coussins et des tapis rouges et, sur les murs, deux paysages russes peints maladroitement par un compagnon d'exil d'après de vagues souvenirs : des pins noirs près d'une rivière orange ; et une lumière vacillante jouant à travers des bouleaux et sur les planches blanches d'une datcha.

Elle dépensait le moindre peso économisé à commander des livres à la Y.M.C.A. Press, rue de la Montagne Sainte-Geneviève à Paris. Mandelstam, Tsvetaieva, Pasternak, Goumiliov, Akhmatova, Soljenitsyne – les noms roulaient dans sa bouche avec l'insistance d'une litanie. Elle suivait à partir des réimpressions de samizdat les péripéties de la dissidence soviétique. Avidement elle recherchait les nouvelles des derniers exilés. Qu'était-il arrivé à Siniavski à Paris ? Que deviendrait Soljenitsyne à l'Ouest ?

Sa sœur était institutrice en Ukraine. La doctoresse lui écrivait souvent, mais depuis des années elle n'en avait pas reçu un mot.

Je lui dis que la Patagonie me rappelait la Russie. Vraiment Río Pico ne ressemblait-il pas un peu à l'Oural ? Elle fronça les sourcils. Río Pico ne lui rappelait pas la Russie. Pas à elle. En Argentine il n'y avait rien – des bœufs et des moutons, des hommes-bœufs et des hommes-moutons. Et rien non plus en Europe occidentale.

« Une décadence totale, dit-elle. L'Ouest mérite d'être anéanti. Prenez l'Angleterre par exemple. On y tolère l'homosexualité. Dégoûtant ! Une chose que je sens... Une chose que je tiens pour certaine... c'est que l'avenir de la civilisation est entre les mains des Slaves. »

Au cours de la conversation j'émis quelques légères réserves au sujet de Soljenitsyne.

« Qu'en savez-vous ? » répliqua-t-elle. J'avais proféré des paroles hérétiques. Chaque mot de Soljenitsyne était la vérité, l'absolue et aveuglante vérité.

Je lui demandai les raisons de sa présence en Argentine.

« J'étais infirmière durant la guerre, je fus faite prisonnière par les nazis. A la fin de la guerre je me trouvais en Allemagne de l'Ouest. Je me suis mariée à un Polonais. Il avait de la famille ici. »

Elle haussa les épaules et me laissa deviner la suite.

Je me souvins alors d'une histoire que m'avait contée une jeune fille italienne de mes amis qui habitait à la fin de la guerre une villa près de Padoue. Une nuit elle entendit des cris de femmes dans le village voisin. Ces hurlements déchirants la marquèrent à jamais et, pendant des années, elle se réveilla la nuit en les entendant. Longtemps après elle interrogea sa mère sur ces cris et celle-ci lui répondit : « C'étaient des infirmières russes, celles que Churchill et Roosevelt ont renvoyées à Staline. On les entassait dans des camions et elles savaient qu'elles retournaient chez elles pour y mourir. »

La matière plastique rose de la prothèse brillait à travers les bas de la doctoresse. Ses deux jambes étaient coupées à la hauteur du genou. L'amputation lui avait peut-être sauvé la vie.

« Vous qui avez été en Russie, me demanda-t-elle, est-ce qu'on me laisserait rentrer ? Les communistes ne me gênent pas. Je ferais n'importe quoi pour retourner là-bas.

— Les choses ont changé, répondis-je, maintenant il y a la détente. »

Elle voulait croire que c'était vrai. Alors, d'un ton triste elle me dit en retenant ses larmes : « La détente est pour les Américains, pas pour nous. Non. Ce ne serait pas raisonnable que je parte. »

A un peu plus d'un kilomètre du village vivait une autre exilée.

31

Elle m'attendait, visage blanc derrière une fenêtre poussiéreuse. Elle souriait, sa bouche peinte déployée comme un drapeau rouge pris dans une brise soudaine. Elle se teignait les cheveux en auburn foncé. Ses jambes étaient une Mésopotamie de veines variqueuses. Il lui restait des lambeaux d'une beauté extraordinaire.

Elle avait préparé de la pâtisserie et la pâte grise lui collait aux mains. Ses ongles rouge sang étaient fendus et ébréchés.

« J'aime bien la cuisine, me dit-elle. C'est une des seules choses que je peux faire maintenant. »

Elle parlait français avec lenteur et hésitation. Son visage s'éclairait lorsqu'elle se rappelait la langue de son enfance. Elle prit une photographie en couleur de sa ville et commença à énumérer les noms des quais, des rues, des parcs, des fontaines et des avenues. Ensemble nous avons ainsi déambulé dans la Genève d'avant-guerre.

Il y a bien longtemps, elle avait chanté dans des opérettes et des cafés-concerts. Elle vint en Argentine, la terre des bonnes fortunes et du tango, au début des années 1930. Elle me montra des partitions de sa chanson, *Novia Pálida* (la mariée pâle). Le tempo était celui d'une valse lente. Sur la couverture verte on voyait une photo, prise en 1932, qui la montre accoudée sur le bastingage d'un navire, vêtue d'un costume de marin au large col blanc, un sourire embarrassé aux lèvres.

A un tournant difficile de sa vie, elle épousa un Suédois au visage lunaire. Ils mirent en commun leurs deux échecs et se laissèrent dériver jusqu'au bout du monde. Échoués là par hasard, ils construisirent une parfaite réplique des maisons de Malmö où il avait vu le jour, fenêtres astucieuses et linteaux peints en rouge à l'oxyde de fer.

Le Suédois était mort depuis quinze ans et elle n'avait jamais quitté Río Pico. Leur fils était chauffeur routier. Il portait des chemises à carreaux et un foulard rouge autour du cou, mais lorsqu'il se détendait, son visage s'affaissait et prenait le masque de la tristesse nordique.

Ses deux pièces communiquaient. Des tentures de plastique divisaient l'espace. Elle les avait peintes en trompe-l'œil pour leur donner l'apparence de rideaux de théâtre de velours cramoisi, retenus par des glands d'or.

« Je peux encore peindre un peu », dit-elle.

Elle avait couvert de fresques chaque centimètre carré de mur, tantôt à la peinture, tantôt au pastel.

Un soleil jaune roulait sur la pampa et dans la pièce. Il jouait sur des voiles de yachts un jour d'été, sur des cafés où pendaient des lanternes japonaises; sur le château de Chillon, des chalets de montagne et l'île des Peupliers.

Elle avait sculpté de petits visages d'anges en bois, leur avait peint des joues rosées et les avait placés en corniche au-dessus des rideaux. Sur un mur était suspendue une petite peinture à l'huile, un paysage ensoleillé que barrait un ravin noir. Au fond s'accumulaient des crânes et des ossements et, au-dessus, un pont branlant enjambait le gouffre. Au milieu du pont se tenait une petite fille, au regard effrayé, sa chevelure rousse flottant dans le vent. Elle chancelait prête à basculer dans le vide, mais un ange doré lui tendait la main.

« J'aime bien ce tableau, dit-elle. C'est mon ange gardien, celui qui m'a toujours protégée. »

Une partition de *Novia Pálida* restait ouverte sur le pupitre du piano. Des intervalles noirs bâillaient là où l'ivoire avait sauté. Je remarquai alors qu'elle ne s'était pas peint tous les ongles. Certains étaient rouges. D'autres laissés en blanc. Peut-être n'avait-elle pas eu assez de vernis pour terminer les deux mains.

Je quittai la soprano et partis rendre visite aux Allemands.

32

Le vent apportait des senteurs de pluie dans la vallée, des senteurs de terre mouillée et de plantes aromatiques. La vieille femme rentra sa lessive et alla chercher des chaises de rotin sur la terrasse. Le vieil homme, Anton Hahn, enfila des bottes, un imperméable et partit dans le jardin vérifier le bon fonctionnement de toutes les prises d'eau. Le péon sortit de la grange une bouteille vide à la main et la femme la lui remplit de *chicha* de pomme. Il était déjà soûl. Deux bœufs roux, attelés à un chariot, s'appuyaient l'un contre l'autre pour affronter la tempête.

Le vieil homme fit le tour de son potager et de son jardin d'agrément planté de fleurs annuelles. S'étant assuré qu'elles profiteraient pleinement de la pluie, il rentra dans la maison. Hormis son toit métallique, rien ne la distinguait des maisons d'un village d'Allemagne du Sud, le colombage comblé de plâtre blanc, les volets gris, la petite porte et la barrière à claire-voie, les planchers lessivés, les lambris peints, le lustre en bois de cerf et les lithographies de la vallée du Rhin.

Anton Hahn ôta sa casquette de tweed et l'accrocha à un andouiller. Il enleva ses bottes et mit des chaussons à semelle de corde. Il avait la tête plate sur le dessus, le visage ridé et sanguin. Une petite fille à queue de cheval fit son apparition dans la cuisine.

« Voulez-vous votre pipe, *Onkel* ?

— *Bitte.* » Et elle apporta une grosse pipe d'écume et la bourra avec le tabac d'un pot bleu et blanc.

Le vieil homme se versa une chope de *chicha.* Alors que la pluie se mettait à tambouriner sur le toit, il parla de la Colonia Nueva Alemania. Ses oncles s'étaient installés ici en 1905 et il les avait rejoints après la Grande Guerre.

« Que pouvais-je faire ? Tout allait mal dans la mère patrie. Avant la guerre il n'y avait jamais assez de fils dans une famille. L'un était soldat, un autre charpentier, et deux restaient à la ferme. Mais après 1918 l'Allemagne se remplit de réfugiés fuyant les bolcheviks. Même les villages étaient pleins. »

Son frère vivait sur la ferme familiale aux confins de la Bavière et du Wurtemberg. Ils échangeaient des lettres une fois par mois mais ne s'étaient plus rencontrés depuis 1923.

« La guerre a été la plus grosse erreur de toute l'histoire », dit Anton Hahn. La guerre l'obsédait. « Deux peuples de race supérieure se détruisant l'un l'autre. Ensemble l'Angleterre et l'Allemagne auraient pu régner sur le monde. A présent même la Patagonie retourne aux *indigenas*. Quel gâchis ! »

Il continua à se lamenter sur le déclin de l'Ouest, et laissa tomber le nom de Louis II.

« Louis le fou ?

— Le roi ? Fou ? Vous traitez le roi de fou ? Chez moi ? Non ! »

Il me fallait rattraper cela au plus vite.

« Certains le disent fou, mais, bien entendu, c'était un grand génie », dis-je.

Il en fallait plus pour calmer Anton Hahn. Il se leva et brandit sa chope.

« Vous allez vous joindre à moi », dit-il.

Je me levai.

« Au roi ! Au dernier génie de l'Europe ! Avec lui a disparu la grandeur de ma race ! »

Le vieil homme m'offrit à dîner, mais je refusai, ayant mangé deux heures auparavant chez la soprano.

« Vous ne quitterez pas ma maison avant d'avoir partagé notre repas. Après vous pourrez aller où bon vous semble. »

Je mangeai donc du jambon et des cornichons, des œufs couleur de soleil et bus de la *chicha* de pomme qui me monta à la tête. Puis j'interrogeai mon hôte sur Wilson et Evans.

« C'étaient des gentlemen, dit-il, des amis de ma famille. Mon oncle les a enterrés. Ma cousine connaît l'histoire. »

Grande et mince, la vieille femme avait une peau jaunissante qui retombait en plis sur son visage. Ses cheveux blancs formaient une frange au-dessus de ses sourcils.

« Oui. Je me souviens de Wilson et d'Evans. J'avais quatre ans à l'époque. »

C'était un des premiers jours d'été, chaud et sans un souffle de vent. Quatre-vingts hommes de la police frontalière avaient poursuivi les hors-la-loi dans toute la cordillère. La police elle-même était composée de criminels, des Paraguayens pour la plupart ; il vous fallait être blanc ou chrétien pour y entrer. Tout le monde à Río Pico aimait bien les Américains. La mère, doña Guillermina, avait pansé la main de Wilson, ici même dans la cuisine. Ils auraient pu aisément passer au Chili. Comment auraient-ils pu deviner que l'Indien les trahirait ?

« Je me souviens du jour où l'on a apporté les corps, dit-elle. Les *Fronterizas* les ont transportés dans un char à bœufs. Ils étaient là près du portail. Ils avaient gonflé à la chaleur et l'odeur était terrible. Ma mère m'envoya dans ma chambre pour que je ne voie pas ça. Puis l'officier coupa les têtes et monta les escaliers, ici, en les tenant par les cheveux. Et il demanda à ma mère de l'alcool pour les conserver. C'est que, voyez-vous, cette *Agencia* à New York offrait cinq mille dollars par tête. Ils voulaient envoyer les têtes là-bas et empocher l'argent. Ça a mis mon père dans une colère terrible. Il se fit remettre les têtes et les corps et il les enterra. »

L'orage s'achevait. Des colonnes d'eau grise déferlaient à l'autre bout de la vallée. Dans le verger le long des pommiers des lupins bleus s'alignaient. Partout où il y avait des Allemands on trouvait des lupins bleus.

Près du corral une grossière croix dépassait d'un petit tertre. Les tiges cambrées d'un rosier des pampas jaillissaient de terre comme si elles avaient été fertilisées par le corps couché au-dessous. J'observai un busard gris qui planait et plongeait, la prairie qui s'étendait devant moi et les nuages qui s'empourpraient.

Le vieil homme sortit et se plaça derrière moi.

« Qui pourrait jeter une bombe atomique sur la Patagonie ? » dit-il.

33

Qui étaient Wilson et Evans ?

On ne peut rien affirmer dans les ténèbres de l'histoire des hors-la-loi, mais voici certains éléments

Le 29 janvier 1910 le commissaire de police Milton Roberts envoya une lettre à l'agence Pinkerton à New York donnant la description des meurtriers de Llwyd ApIwan. Evans avait environ trente-cinq ans. Taille : 1,70 m. Trapu. Couleur des cheveux : roux, mais probablement teints. Wilson était plus jeune, à peu près vingt-cinq ans. Taille d'environ 1,80 m. Silhouette mince. Blond. Teint hâlé. Nez court et droit. Marche avec le pied droit tourné vers l'extérieur. (Souvenez-vous également que c'était Wilson, le fin tireur, et non Evans.)

Roberts ajoutait que Wilson avait été l'un des complices de Duffy (Harvey Logan), en Patagonie et au Montana où ils avaient attaqué un train. Il ne peut s'agir en l'occurrence que du hold-up du train de Wagner du 3 juin 1901. La bande comprenait : Harvey Logan, Butch Cassidy, Harry Longabaugh, Ben Kilpatrick dit « le grand Texan ». O. C. Hanks et Jim Thornhill s'occupaient des chevaux.

Dans sa lettre Roberts tient pour établi qu'Evans, Wilson, Ryan et Place étaient quatre individus distincts. Mais ses descriptions correspondent exactement à celle de Cassidy et du Kid, sauf en ce qui concerne l'âge. Ce qui n'est pas un problème insurmontable. Le policier gallois n'a jamais vu les hors-la-loi en face. De plus j'ai trouvé qu'en Patagonie on sous-estimait généralement l'âge des gens de dix à quinze ans.

Cependant l'existence de la tombe de Río Pico ne cadre pas avec le témoignage de Lula Betenson sur le retour de son frère, à moins que l'on admette la version suivante : selon un bruit qui a couru, Butch Cassidy aurait raconté à des amis de l'Utah que le Sundance Kid avait été abattu en Amérique du Sud, mais que lui s'était enfui et avait accompli un voyage à la Huckleberry Finn en compagnie d'un garçon indien. J'ai reçu récemment une lettre du señor Francisco Juàrez de Buenos Aires, qui semble consolider cette hypothèse. Après ma visite il s'est rendu à Río Pico où on lui a dit qu'Evans avait réussi à échapper aux *fronterizas*, et que l'homme enterré aux côtés de Wilson était un Anglais, qui faisait partie de la bande.

34

Je quittai Río Pico et gagnai une ferme écossaise. On pouvait lire sur la porte d'entrée « Estancia Loch Inver – 1,444 kilomètre ». La porte était bien entretenue. Sur le poteau on avait placé un fleuron en forme de chardon, l'emblème écossais.

Au bout des 1 444 mètres j'arrivai devant une maison de tôle ondulée, aux pignons jumeaux et au toit à forte pente, bâtie dans un style qui aurait mieux convenu au granite. Traits anguleux, cheveux blancs et sourcils noirs, un gros homme d'Écossais se tenait sur le perron. Il avait rassemblé des moutons toute la journée. Trois mille animaux paissaient dans leur enclos. Il attendait les tondeurs dans la matinée.

« Mais on ne peut pas leur faire confiance quand ils disent qu'ils vont venir. On ne peut même rien leur dire non plus. Si on leur fait remarquer qu'ils ont fait du mauvais boulot, ils font leur paquet et s'en vont. Si vous leur faites la moindre observation ils vous mettent les bêtes en lambeaux. *Aye*, c'est une boucherie, pas une tonte qu'ils font. »

Son père avait été métayer sur l'île de Lewis qu'il quitta lorsque les grosses exploitations ovines prirent de l'ampleur. La famille prospéra, acheta des terres, apprit un peu d'espagnol, mais ils restèrent Écossais, au fond d'eux-mêmes.

A l'occasion des bals calédoniens il portait le kilt et jouait de la cornemuse. Il possédait un pibrock envoyé d'Écosse et un autre qu'il avait fabriqué au cours des longs hivers patagoniens. Dans la maison il y avait des gravures d'Écosse, des photographies de la famille royale britannique et un portrait de Winston Churchill par Karsh.

« Et vous savez qui c'est, *don't ye* ? »

Sous le portrait de la reine on avait respectueusement placé une boîte de caramels de chez Mackintosh.

Sa femme avait totalement perdu l'ouïe à la suite d'une collision entre sa voiture et un train. N'ayant pas appris à lire sur les lèvres, il fallait lui griffonner les questions sur un bloc-notes. C'était son second mari et ils étaient mariés depuis vingt ans. Elle restait attachée aux raffinements de la vie anglaise. Elle aimait se servir de son porte-toast en argent. Elle aimait le linge fin, les étoffes d'indienne et le cuivre poli. Elle n'aimait pas la Patagonie. Elle détestait l'hiver et regrettait de ne pas avoir de fleurs.

« J'ai terriblement de mal à obtenir quoi que ce soit. Les lupins viennent bien, mais mes œillets ne résistent pas aux gelées, et pour l'essentiel je dois me contenter de fleurs annuelles – des godétias, des clarkias, des pieds-d'alouette et des soucis – mais on ne sait jamais si elles vont bien venir. Cette année les pois de senteur sont un vrai désastre, et je les aime tellement. Ils font de si jolis bouquets. Les fleurs embellissent la maison, je trouve.

— *Aagh!* marmonna-t-il. Je me fous de ces satanées fleurs.

— Que dis-tu, chéri ? Il est surchargé de travail, vous savez. Et malade du cœur avec ça ! Il ne devrait pas être sur son cheval à longueur de journée. Ce devrait être à moi de rassembler les moutons. Il déteste les chevaux. Lorsque j'habitais à Buenos Aires j'aimais beaucoup faire du cheval.

— Bah ! Elle n'y connaît foutrement rien. Elle a fait du cheval autour d'une estancia de luxe et s'imagine qu'elle pourrait rassembler des moutons.

— Que dis-tu, chéri ?

— Il y a un point pourtant où elle a raison. Je n'ai jamais aimé le cheval. Mais on ne trouve plus personne pour monter maintenant. C'était un beau pays avant. On les payait et ils travaillaient. Maintenant j'ai le garçon et il peut partir d'un moment à l'autre. J'ai bien le vieux péon, mais il a quatre-vingt-trois ans et je dois le sangler sur son cheval. »

L'Écossais vivait dans la vallée depuis quarante ans. Il avait la réputation d'être près de ses sous. Une année, alors que le prix de la laine était en hausse, sa femme et lui allèrent en Écosse. Ils descendirent dans les hôtels de luxe et restèrent une semaine à Lewis. Là il se familiarisa avec les choses dont sa mère lui parlait jadis – les mouettes, les harenguiers, la bruyère, la tourbe – et il ressentit l'appel du pays.

A présent il voulait quitter la Patagonie et prendre sa retraite à Lewis. Elle aussi désirait partir, mais pas forcément à Lewis. Elle était en meilleure santé que lui. Mais il ne savait pas comment s'en sortir. Le cours de la laine s'effondrait et les péronistes convoitaient les terres.

Le matin suivant, à l'extérieur de la maison, nous regardions la rangée de poteaux télégraphiques en guettant l'arrivée du camion de tondeurs. Là où l'on aurait attendu une pelouse, au centre d'une aire de terre battue était posée une cage grillagée.

« Et qu'est-ce que vous gardez là ? demandai-je.

— *Aagh!* Ce bougre-là est mort et ce n'est pas faute de soins. »

Recroquevillé au fond de la cage se desséchait le squelette d'un chardon.

35

En descendant sur Comodoro Rivadavia je traversai un désert de pierres noires et arrivai à Sarmiento, un autre assemblage poussiéreux de bâtiments métalliques posés sur une bande de terre arable entre le turquoise étincelant du lac Musters et le vert limoneux du lac Colhué-Huapi.

Je sortis du village pour voir la forêt pétrifiée. Des éoliennes tournoyaient follement. Un héron d'un bleu acier était étendu, paralysé, sous un câble électrique. Un filet de sang courait le long de son bec. La langue manquait. Des troncs d'araucarias fossiles étaient cassés net, comme sciés.

De nombreux Boers habitaient aux alentours de Sarmiento. Ils se réunissaient à l'hôtel Orroz pour le déjeuner. Ils s'appelaient Venter, Visser, Vorster, Kruger, Norval, Eloff, Botha et de Bruyn – tous descendants directs des Afrikaners purs et durs qui émigrèrent en Patagonie en 1903, écœurés par l'Union Jack. Ils vivaient dans la crainte du Seigneur, fêtaient le jour de Dingaan et prêtaient serment sur la Bible réformée hollandaise. Ils se mariaient entre eux et leurs filles devaient filer à la cuisine si un Latin entrait dans la maison. Beaucoup d'entre eux retournèrent en Afrique du Sud lorsque le docteur Malan arriva au pouvoir.

La ville tenait son citoyen le plus illustre en la personne du Lituanien Casimir Slapelič. C'est lui qui, cinquante ans auparavant, avait découvert sur la barranca le dinosaure exposé au musée de La Plata. A quatre-vingts ans passés, édenté et chauve, il était l'un des plus vieux pilotes du monde. Chaque matin il enfilait sa combinaison de vol de toile blanche, se rendait tout doucement à l'Aéro-Club dans sa Moskva et se précipitait, lui et son antique monoplan, au-devant des tempêtes. Le risque ne faisait qu'aiguiser son appétit de vivre.

Le vent lui avait poli le nez et donné une coloration lilas pâle. Je le trouvai à table enfournant du bortsch à la louche. Il avait égayé sa chambre à la manière baltique, de rideaux à fleurs, de géraniums, de ses diplômes d'acrobatie aérienne et d'une photo dédicacée de Neil Armstrong. Tous ses livres étaient écrits en lituanien, l'aristocrate des langues indo-européennes, et concernaient des projets d'indépendance pour son pays.

Après la mort de sa femme il avait adopté un couple d'Indiens, par gentillesse et pour lui tenir compagnie. La jeune femme, assise contre le mur blanc, allaitait son enfant, en dévorant les visiteurs de ses yeux brillants comme du mica.

Casimir Slapelič était un prodige. Une fois il avait essayé d'être un homme-oiseau. Maintenant il aurait aimé aller sur la lune.

« Je vous emmènerai dans mon avion, me dit-il.

— Peut-être, répondis-je.

— Nous survolerons le désert coloré. »

Le vent soufflait presque en ouragan. Je remarquai qu'au volant de la Moskva ses jambes, qui formaient des arcs de cercle parfaits, contrôlaient mal les pédales.

« Nous ferions mieux de ne pas prendre l'avion, dis-je.

— Alors, allons chez ma sœur. Elle possède une collection de pointes de flèches indiennes. »

Nous arrivâmes devant une villa de béton et traversâmes la cour jusqu'à la porte de derrière. Un phallus blanc se dressait parmi les soucis.

« Un tibia de dinosaure », dit Casimir Slapelič.

Le visage de sa sœur avait l'apparence du cuir que donne le grand âge. Elle faisait partie d'un cercle très fermé de dames de Sarmiento, les archéologues. A proprement parler elles n'étaient pas archéologues, mais collectionnaient les objets anciens. Elles écumaient les cavernes, les sites d'abattage et les rivages des lacs à la recherche des vestiges laissés par les anciens chasseurs. Chacune avait son réseau de péons qui lui ramenaient ce qu'ils trouvaient dans la campagne. Les « professionnels » les maudissaient et les traitaient de pillardes.

Cet après-midi-là, l'exilée balte recevait une Galloise. La visiteuse regardait son indigne concurrente déballer ses trésors enveloppés dans du papier de soie, mais l'envie qu'on lisait dans ses yeux démentait ses remarques condescendantes.

La sœur de Casimir Slapelič savait comment aiguiser la jalousie de sa rivale. Elle étalait des cartes couvertes de velours noir où étaient présentées des pointes de flèches, brillantes comme des bijoux, et arrangées de telle façon qu'on aurait dit des poissons tropicaux. Ses doigts allaient et venaient sur leurs surfaces à facettes. Il y avait des couteaux plats en silex rose et vert, des pierres de *boleadoras* ; une idole bleue, et quelques flèches empennées de plumes d'aigle.

« Mais ma collection est plus importante, lança la Galloise.

— Plus importante, mais moins belle, répondit la Lituanienne.

— Je vendrai la mienne à la présidente et elle ira au Muséum national.

— Si elle l'achète », répliqua l'autre.

Casimir Slapelič en avait assez. Nous sortîmes dans le jardin.

« Des choses d'hommes morts, dit-il. Je n'aime pas ça.

— Moi non plus.

— Qu'allons-nous voir maintenant ?

— Les Boers.

— Les Boers sont d'abord difficile, mais nous allons essayer. »

Nous allâmes dans le quartier est de la ville où les Boers avaient leurs villas. Slapelič frappa à un portail et toute la famille sortit dans la cour, regarda l'Anglais avec des yeux fixes et ne dit pas un mot. Il essaya ailleurs et la porte se referma en claquant. Il découvrit le mari gallois d'une femme boer qui voulut bien parler mais savait peu de chose. Puis il trouva une Boer bien en chair accoudée sur la clôture rouge de son jardin, le regard farouche. Elle aussi acceptait de parler, mais pour de l'argent et en présence de son avocat.

« Pas très accueillants, dis-je.
— Ce sont des Boers », répondit Casimir Slapelič.

36

A Comodoro Rivadavia je rendis visite au père Manuel Palacios, le génie encyclopédique du Sud. Il habitait au collège salésien, caserne de béton blottie entre la falaise et la mer. La tempête soulevait des nuages de poussière sur lesquels les torchères des derricks jetaient de sinistres lueurs orange.

A l'abri sous le porche de la chapelle, un prêtre bavardait avec deux garçons. Ses boucles grises formaient des volutes du plus charmant effet. Des bourrasques entrouvraient sa soutane laissant apparaître des jambes d'une blancheur de porcelaine.

« Où puis-je trouver le père Palacios ? »

Son front sans rides se plissa. Il avait l'air ennuyé.

« On ne peut pas le voir.

— Il habite bien ici ?

— Oui, mais il ne reçoit pas de visiteurs. Il travaille. Nuit et jour il travaille. D'ailleurs il a subi une opération et il est en convalescence. Le cancer, murmura-t-il. Il lui reste si peu de temps. »

Il brossa à grands traits la carrière de l'érudit patagonien. Le père Palacios était docteur en théologie, en théorie anthropologique et en archéologie. Il était spécialiste de biologie marine, zoologiste, ingénieur, physicien, géologue, agronome, mathématicien, généticien et taxidermiste. Il parlait quatre langues européennes et six idiomes indiens. Il rédigeait alors une histoire générale de l'ordre salésien et un traité des prophéties bibliques sur le Nouveau Monde.

« Mais que faire de tous ces écrits ? dit le père avec un petit rire embarrassé. Quelle responsabilité placée sur nos épaules ! Comment protéger ce trésor ? Comment le publier ? »

Il fit claquer sa langue.

« Pourquoi désirez-vous le voir ?

— Je crois savoir que c'est un grand connaisseur des Indiens.

— Grand connaisseur ? Il est Indien lui-même ! Bon, je vais vous conduire près de lui, mais je ne peux pas vous promettre qu'il vous recevra. »

Aucunement dérangé par la tempête de poussière qui l'environnait, l'érudit était assis au centre d'un bosquet de tamaris, plongé dans un manuel américain de technologie. Il portait un béret bleu et un costume gris avachi. Les plis de son cou émergeaient d'un col de celluloïd. Il m'offrit le tabouret où reposaient ses pieds et me pria de m'asseoir. D'un geste il indiqua à son collègue une chaise arrachée trop tard aux flammes, et consulta une montre d'argent.

« J'ai une demi-heure à vous consacrer au cours de laquelle je vais vous présenter succinctement la préhistoire de la Patagonie. »

Le père Palacios me submergea de renseignements : des statistiques, des datations au radiocarbone, des migrations d'hommes et d'animaux, des régressions marines, des soulèvements andins ou des récentes découvertes archéologiques. Pourvu d'une mémoire « photographique », il pouvait décrire en détail chaque fresque indienne : « ... dans la seconde forêt pétrifiée il y a une représentation de mylodon unique en son genre... à Río

Pinturas vous trouverez un troupeau de paléolamas, les hommes portent des étuis péniens... une seconde peinture rupestre représente la pose des pièges telle que l'a décrite Pigafetta... à Lago Posadas il y a un combat à mort entre un macrauchenia et un smilodon... »

Consciencieusement je prenais des notes. Le père, la soutane claquant dans le vent, se tenait debout à côté des débris calcinés de la chaise.

« *Qué inteligencia!* dit-il. *Oh Padre! Qué sabiduría!* »

Le père Palacios esquissa un sourire et poursuivit. Je remarquai, cependant, qu'il ne me parlait plus. Les yeux au ciel il adressait son monologue aux nuages qui baissaient sur l'horizon.

« Ô Patagonie ! s'exclama-t-il. Tu ne livres pas tes secrets aux imbéciles. Des spécialistes viennent de Buenos Aires, ou même d'Amérique du Nord. Que savent-ils ? On ne peut que s'émerveiller de leur incompétence. Pas un paléontologue n'a encore exhumé les ossements de la licorne.

— La licorne ?

— Précisément, la licorne. La licorne patagonienne était contemporaine de la mégafaune disparue de la fin du pléistocène. Les dernières licornes furent tuées par l'homme au cinquième ou sixième millénaire avant Jésus-Christ. A Lago Posadas on peut voir des peintures de licorne. L'une tient sa corne toute droite comme dans le Psaume 92 : « Et tu élèveras ma corne comme une corne de licorne. » L'autre s'apprête à empaler un chasseur et frappe du pied le sol de la pampa, comme il est écrit dans le Livre de Job. (Dans Job 39,21 c'est le cheval qui « piaffe de joie dans le vallon », tandis que dans les versets 9-10 la licorne est jugée inapte à tirer la charrue.)

La conférence se transforma en un voyage de rêve. Les indigènes des îles Marquises abordaient en pirogues dans les fjords du Chili méridional, escaladaient les Andes, s'installaient sur les rives du lac Musters et se mêlaient à la population autochtone ; le père Palacios décrivit alors une sculpture qu'il avait personnellement découverte en Terre de Feu, une femme sans tête, grandeur nature et barbouillée d'ocre rouge.

« *Oh Dios ! Qué conocimientos !*

— Et vous avez des photos ? demandai-je.

— Bien sûr, j'ai des photos, dit-il en souriant de nouveau, mais elles ne sont pas destinées à la publication. Et maintenant permettez-moi de vous poser une question. Sur quel continent l'espèce humaine est-elle apparue ?

— En Afrique.

— Faux ! Complètement faux ! Ici en Patagonie, au tertiaire, des êtres sensibles ont été les témoins de la formation des Andes. Un ancêtre de l'homme vivait en Terre de Feu avant l'australopithèque africain. Et en outre, ajouta-t-il négligemment, le dernier a été aperçu en 1928.

— *Genio !* »

Le père Palacios retraça alors l'histoire du Yoshil (qu'il a depuis publiée dans une revue savante).

Le Yoshil (un nom indien) était – et est encore peut-être – un protohominidé sans queue, à la chevelure lichéneuse d'un vert jaunâtre. D'une taille d'environ quatre-vingts centimètres, il marchait sur deux pieds et vivait sur le territoire des Haush. Il allait toujours armé d'une pierre ou d'une courte massue. Pendant la journée il restait dans les arbres *ñire (Nothofagus antarctica)* mais la nuit il venait volontiers se chauffer devant le feu des chasseurs solitaires. Le Yoshil était probablement végétarien et se nourrissait de fruits sauvages, de champignons et de ces vers blancs dont le pic de Magellan fait ses délices.

Le premier témoignage moderne sur le Yoshil émane d'un chasseur haush du nom de Yioi-molke, qui en aperçut un alors qu'il chassait le cormoran à Caleta Yrigoyen en 1886 ; c'est le chasseur Pai-men qui, le dernier, le signala en 1928. Mais la rencontre la plus dramatique fut celle que fit l'Indien Paka, informateur du père Palacios, à l'époque de la Grande Guerre.

Paka campait seul dans la forêt lorsqu'un Yoshil fit son apparition près du feu. Connaissant la dangereuse réputation de l'animal, il avança la main pour se saisir de son arc, mais le Yoshil s'enfuit d'un bond. Paka persuadé qu'il serait massacré s'il cédait au sommeil, se coucha l'arme à portée de main. Le Yoshil s'approcha. Il tira et entendit un hurlement de douleur. Le matin il trouva le corps non loin de là. Horrifié, il vit que l'animal avait les mêmes traits que son frère, mort récemment. Il creusa une tombe, sans savoir exactement s'il enterrait un Yoshil, ou s'il ensevelissait de nouveau son frère.

« J'ai décidé, conclut le père Palacios, de nommer la créature *Fuegopithecus pakensis*, le nom, bien entendu, est provisoire. Il se peut que le Yoshil appartienne à la même espèce que l'autre protohominidé patagonien, *Homunculus harringtoni,* du Chubut. Seule l'étude d'éléments de squelettes permettra de résoudre cette question.

— *Dios ! Qué ciencia !*

— Et maintenant ; je pense que nous avons terminé notre tour d'horizon », dit-il en se replongeant dans son livre.

Je pris congé, sidéré par l'inspiration de l'autodidacte.

« Un génie, me dit dans un souffle mon compagnon, alors que nous traversions les tamaris pour rejoindre les bâtiments du collège.

— Dites-moi, est-ce que je me trompe ou le collège est-il fermé ?

— Fermé, dit-il. Fermé. Divers problèmes. »

Les murs étaient couverts de poings écarlates et de déclarations d'un quelconque front prolétarien.

« Les garçons, dit-il en secouant la tête. Les garçons. »

La cloche de la chapelle rendit un son fêlé.

« Et maintenant je dois aller à la messe, annonça-t-il. Dites-moi, mon frère, quelle est votre religion ?

— Je suis protestant.

— Une route différente, soupira-t-il. Même divinité. *Adiós, Hermano.* »

37

A présent deux raisons me poussaient à retourner dans la cordillère : voir l'ancien élevage de moutons de Charley Milward à Valle Huemeules et trouver la licorne du père Palacios. Je pris un bus jusqu'à Perito Moreno où j'arrivai en pleine tempête de poussière. Le restaurant était tenu par un Arabe qui servait des lentilles et des radis et conservait une branche de menthe sur le bar pour se rappeler un pays qu'il n'avait jamais vu. Je l'interrogeai sur la circulation vers le nord. Il hocha la tête.

« Quelques camions chiliens, peut-être, mais très très peu. »

Près de deux cents kilomètres me séparaient de Valle Huemeules mais je me décidai à risquer ma chance. A la sortie de la ville quelqu'un avait écrit à la peinture bleue sur un poste de police abandonné « Perón = Gorille. » Près de là s'entassaient des bouteilles de genièvre, monument à la mémoire d'un camionneur décédé ; ses collègues y jetaient une bouteille chaque fois qu'ils passaient. Je marchai deux heures, cinq heures, dix heures, et pas de camion. Mon carnet rend compte de l'humeur du moment.

Marché toute la journée et le jour suivant. Route droite, grise, poussiéreuse, et sans circulation. Vent implacable s'opposant à la progression. Parfois vous entendiez un camion, vous étiez sûr que c'était un camion, mais ce n'était que le vent. Ou un craquement de boîte de vitesses mais ce n'était également que le vent. Parfois le vent faisait un bruit de camion vide franchissant un pont en cahotant. Même si un camion était arrivé par-derrière, vous ne l'auriez pas entendu. Et même si vous aviez été face au vent, le vent aurait noyé le son du moteur. Le seul bruit que vous entendiez était le cri du guanaco. Un bruit comme un bébé qui essaie de pleurer et d'éternuer en même temps. D'abord vous le voyiez à cent mètres : un mâle solitaire, plus gros et plus gracieux qu'un lama, avec une robe orangée et une queue blanche relevée. Les guanacos sont des animaux farouches, vous avait-on dit, mais celui-ci était fou de vous. Et quand vous ne pouviez plus marcher et que vous vous allongiez dans votre sac de couchage, il était là à renifler, en gardant toujours la même distance. Le lendemain matin il était tout près, mais il ne pouvait supporter la surprise de vous voir sortir de votre peau. Et c'était la fin d'une amitié. Vous le regardiez s'enfuir bondissant au-dessus des épineux comme un galion qui a le vent en poupe.

Le jour suivant chaleur plus forte et vent plus violent

que jamais. Les rafales torrides vous rejetaient en arrière, vous aspiraient les jambes, vous comprimaient les épaules. La route qui commençait et finissait dans un mirage gris. Vous croyiez voir un fantôme de poussière derrière vous et, bien que vous sachiez qu'il ne fallait plus compter sur l'arrivée d'un camion, vous pensiez que c'était un camion. Ou bien apparaissaient de petites taches noires qui se rapprochaient. Vous vous arrêtiez, vous vous asseyiez et vous attendiez, mais les petites taches s'éloignaient de part et d'autre de la route et vous vous rendiez compte alors que c'étaient des moutons.

Finalement un camion chilien passa dans l'après-midi du second jour. Le chauffeur était un costaud à l'abord jovial dont les pieds sentaient le fromage. Il aimait bien Pinochet et semblait satisfait de la situation générale de son pays.

Il m'amena à Lago Blanco. Les eaux du lac étaient d'un triste blanc crème. Au-delà s'étendait un cirque de prairies vert émeraude cerné par une ligne de montagnes bleues. C'était Valle Huemeules.

Charley Milward était encore là en 1919. La tenancière du café se souvenait de ses moustaches. *« Los enormes bigotes »*, dit-elle en imitant sa façon de boitiller la canne à la main. Le policier du lieu prenait son genièvre du soir et elle lui ordonna de me conduire à l'estancia. Il accepta avec soumission, mais, pour se donner une contenance, alla chez lui chercher son revolver.

L'estancia Valle Huemeules était peinte en rouge et blanc et portait la marque d'une centralisation efficace. Elle était dirigée par la famille Menéndez-Behety, potentats de l'élevage ovin dans le Sud, qui, avec un négociant en laines français, avait racheté la propriété de Charley après la Première Guerre mondiale. Le régisseur, un Allemand, se méfia de moi dès le premier regard. Je pense qu'il me soupçonnait d'avoir des droits sur les terres, mais il m'autorisa tout de même à dormir dans les locaux des péons.

La tonte battait son plein. Le hangar de tonte comportait vingt travées et autant de tondeurs, des Chilenos secs et nerveux, le torse nu, les pantalons lustrés et noircis par le suint de la laine. Un arbre de transmission, mû par une machine à vapeur, courait le long de la galerie. On n'entendait que vrombissement de pistons, claquements de courroies, cliquetis de tondeuses et bêlements de moutons. Lorsque les hommes avaient attaché les pattes, toute résistance quittait les animaux qui restaient allongés comme des poids morts jusqu'à ce que la torture soit finie. Puis, nus et tailladés de coupures rouges, ils faisaient des bonds désordonnés, comme s'ils franchissaient des barrières imaginaires pour tenter de se libérer.

La journée s'acheva sur un violent coucher de soleil rouge et pourpre. La cloche du dîner retentit et les hommes abandonnèrent leurs tondeuses pour courir à la cuisine. Le vieux cuistot avait un doux sourire. Il me coupa une moitié de gigot d'agneau.

« Je ne peux pas manger tout ça.

— Si. Vous pouvez. »

Il posa ses mains sur son estomac. C'en était fini pour lui.

« J'ai le cancer, dit-il. C'est mon dernier été. »

La nuit venue les gauchos s'étendirent contre leur selle et s'étirèrent avec l'aisance de carnivores repus. Les apprentis chargèrent de bûches de peupliers le poêle métallique sur lequel chauffaient deux bouilloires à maté.

Un homme présida au rituel. Il remplit à ras bord des

calebasses brunes d'un liquide vert et mousseux. Les hommes caressèrent leur récipient et aspirèrent la boisson amère en parlant du maté comme d'autres parlaient des femmes.

Ils me donnèrent une paillasse où je me recroquevillai en cherchant le sommeil. Les hommes jouèrent aux dés et la conversation se porta sur les couteaux. Ils dégainèrent leurs poignards et comparèrent leurs qualités en les faisant tambouriner sur la table. Seule une lampe-tempête éclairait la scène et les ombres des lames clignotaient sur le mur blanc au-dessus de ma tête. Un Chilien émit quelques suggestions comiques sur ce que son couteau pourrait faire à un gringo. Il était très ivre.

« Le gringo ferait mieux de dormir dans ma chambre », dit un autre.

38

Un Boer me ramena vers le sud. Nous traversâmes Perito Moreno avant d'atteindre Arroyo Feo, où commencent les *badlands* volcaniques. Il était vétérinaire et jugeait sévèrement les autres Boers.

Une frange de falaises blanches et plissées dansait à l'horizon. Des terres croûteuses de couleur magenta tachetaient la surface du sol. Je passai la nuit avec une équipe de cantonniers dont les caravanes étaient rassemblées au centre d'un cercle de bulldozers jaunes. Les hommes mangeaient des beignets huileux et m'invitèrent à partager leur repas. Un portrait de Perón ricanait au-dessus de l'assemblée.

Parmi eux il y avait un Écossais aux cheveux roux et au physique de lanceur de tronc[1]. De son regard bleu clair où se mêlaient la curiosité et la souffrance, il me dévisagea, cherchant à retrouver des affinités de race, un fond commun. Il s'appelait Robbie Ross.

Les autres étaient des Latins ou des métis indiens.

« C'est un Anglais, dit l'un d'eux.

— Un Écossais, rectifiai-je.

— *Sí, soy Escocés,* dit Robbie Ross. Il ne parlait pas un mot d'anglais. *Mi patria es la Inglaterra misma.* »

Pour lui l'Angleterre et l'Écosse se confondaient dans un indivisible flou. Il accomplissait tous les travaux pénibles et était sans cesse en butte aux sarcasmes des autres.

« *Es borracho,* dit l'homme. C'est un ivrogne. »

De toute évidence les hommes ne s'attendaient pas à ce que Robbie Ross réagisse. De toute évidence ils l'avaient déjà traité d'ivrogne avant. Mais il crispa les poings sur la table en regardant blanchir ses articulations. Il pâlit. Ses lèvres tremblèrent. Il s'élança à la gorge de l'homme et tenta de l'entraîner hors de la roulotte.

Les autres le maîtrisèrent et il se mit à pleurer. La nuit je l'entendis pleurer encore. Le matin il n'osait même plus regarder un autre Anglais.

1. Sport traditionnel d'Écosse *(throwing the caber). (N.d.T.)*

39

Un vieux camion Mercedes rouge pénétra dans le campement à huit heures et le chauffeur s'arrêta pour prendre un café. Il se dirigeait vers Lago Posadas avec un chargement de briques et me prit à son bord. Paco Ruiz avait dix-huit ans. C'était un joli garçon aux solides dents blanches et aux candides yeux bruns. Sa barbe et son béret l'aidaient à parfaire une allure à la Che Guevara. Il commençait à présenter un ventre de buveur de bière et n'aimait pas marcher.

Son employé de banque de père avait économisé sou par sou pour lui acheter ce camion. Paco aimait son camion qu'il avait appelé Rosaura. Il le nettoyait, le bichonnait et avait décoré la cabine avec des dentelles. Au-dessus du tableau de bord il avait fixé une statuette de la Vierge de Luján, un Saint-Christophe et un pingouin en plastique qui hochait la tête à chaque cahot de la route. Des photographies de nus étaient épinglées au plafond de la cabine, mais d'une certaine façon les filles étaient des abstractions et Rosaura une vraie femme.

Rosaura et lui parcouraient les routes depuis trois mois. Quand elle serait usée il pourrait s'acheter une nouvelle Rosaura et ils repartiraient ensemble pour toujours. Paco Ruiz était très idéaliste. Il ne tenait pas à s'enrichir et était content qu'on le considérât comme un *tipo gaucho*. Les autres routiers l'aidaient et lui apprenaient à jurer. Son expression favorite était *concha de cotorra* qui signifie « con de perroquet ».

Paco avait surchargé Rosaura ; avec son embrayage qui décrochait et ses pneus rapiécés, il lui fallait descendre les côtes en première. Nous étions à mi-chemin d'un petit canyon lorsque, d'une pichenette, il passa la vitesse supérieure. Nous dévalâmes la pente dans un grondement de tonnerre. Un fort sifflement se fit entendre.

« *Puta madre !* Crevé ! »

Le pneu intérieur gauche avait éclaté. Paco gara Rosaura sur le gravier du bord de la route, en penchant le véhicule de façon à déporter le poids de la charge sur les roues de droite. Il détacha la roue de secours et jeta le cric à terre. Mais ce n'était pas le bon cric. Il avait prêté le sien – cela était typique – à un ami qui transportait une charge plus lourde. Certes ce petit cric soulevait la roue très haut mais pas assez haut quand même.

Paco creusa alors un trou sous le pneu et fit glisser les roues. Mais alors qu'il dégageait la roue intérieure, le pied du cric s'enfonça dans la chaussée. Rosaura dérapa sur le côté, ce qui déplaça le chargement de briques.

« *Qué macana !* Quel bordel ! »

Pendant sept heures nous attendîmes un camion puis, las d'attendre, nous essayâmes de nouveau. Paco s'allongea sous l'essieu et actionna le cric, cette fois-ci en bloquant la base avec des pierres. Recouvert d'une chape de graisse et de poussière, le visage congestionné, il perdait peu à peu son sang-froid. Il creusa un trou plus gros sous l'essieu, souleva le châssis le plus haut possible et réussit même à remettre les deux roues en place. Mais elles étaient de biais et il ne put serrer les écrous. Il se mit à flanquer des coups de pied dans la roue en criant : « *Puta... puta... puta... puta... putana... puta... puta... puta...* »

Je partis à pied chercher du secours à la plus proche estancia. Le propriétaire était un Malagueño nonagénaire et édenté. Il n'avait pas de cric et je revins sur mes pas en coupant à travers le maquis grisâtre. Je voyais au loin la ligne de la route et la cabine rouge de Rosaura, mais en m'approchant, je m'aperçus que le camion s'était renversé plus encore. Et pas de traces de Paco. Je me mis à courir, persuadé qu'il était resté coincé dessous, et le trouvai assis, loin de la route, pâle, effrayé et geignant. La douleur envahissait son tibia contusionné. Il avait essayé une nouvelle fois et le cric en dérapant de l'essieu lui avait éraflé la jambe. Maintenant nous étions vraiment dans le pétrin. Il ne faut jamais battre la femme qu'on aime.

40

Paco et moi reçûmes l'aide des cantonniers et arrivâmes à Lago Posadas avec un jour de retard. Nous fûmes accueillis chez un Castillan monarchiste, aimable et triste, qui avait quitté Burgos lorsque le roi quitta Madrid, préférant vivre dans une république qui ne soit pas celle de son pays.

« La licorne, dit-il. La célèbre licorne. Je connais l'endroit. Nous l'appelons Cerro de los Indios. » Et au-delà des tamaris qui recouvraient le lit du fleuve, il me montra de la main un dôme de rocher rougeâtre au débouché d'une vallée. Dans le bleu délavé du ciel deux points noirs traçaient de grands cercles. Des condors.

« Il y a beaucoup de condors, dit-il, et aussi des pumas. »

Le Cerro de los Indios était un bloc de basalte, tacheté de rouge et de vert, lisse comme du bronze patiné et fracturé en dalles géométriques. Les Indiens avaient choisi l'endroit avec un sens infaillible du sacré. Du pied de la roche j'embrassai du regard la ligne turquoise des lacs Posadas et Pueyrredón qui, dans un couloir de falaises pourpres, s'étendaient jusqu'au Chili. Sous chaque surplomb les chasseurs avaient peint des animaux à l'ocre rouge. Ils s'étaient également représentés, minuscules figures filiformes sautant de tous côtés avec énergie. On attribuait à ces peintures une ancienneté d'environ dix mille ans.

Seule sur son mur rocheux, la licorne du père Palacios élevait sa corne comme il est écrit dans le Livre des Psaumes. Elle avait un cou épais et un corps fuselé.

« Pas très ancien, pensai-je. Ce doit être un taureau vu de profil. »

Mais si c'était ancien, vraiment ancien, alors ce devait être une licorne.

Au-dessous, on avait installé une chapelle votive avec des offrandes – une boîte de lait Nestlé, une figurine en plâtre représentant une jeune fille au lit, un clou trempé dans de la peinture grise, et quelques cierges consumés.

41

La femme de l'Espagnol me prépara des côtelettes froides à emporter et je partis à pied vers le nord à travers un pays coupé de ravins et de mesas où s'étalaient pêle-mêle les teintes les plus inattendues. A un endroit les roches étaient alternativement d'un coloris lilas, vert acide et rose. Un ravin, d'un jaune étincelant, se hérissait d'ossements d'animaux disparus. Il aboutissait dans le lit d'un lac asséché, bordé de rochers pourpres, où des crânes de vaches dépassaient de la croûte craquelée d'une boue orange.

Ces couleurs si peu naturelles me donnèrent mal à la tête mais je me ragaillardis en voyant un arbre vert – un peuplier d'Italie, signe de ponctuation de l'homme.

Près d'une bâtisse de torchis un vieux couple rabougri prenait le soleil. La femme avait couvert de collages les murs de sa chambre. L'environnement avait enflammé son imagination. La pièce maîtresse était une tête de geisha japonaise en plâtre peint, nimbée comme une madone par les cuisses poilues des footballeurs argentins. Au-dessus il y avait une colombe de céramique, emblème du Saint-Esprit, convertie en oiseau de paradis grâce à l'adjonction de rubans de plastique bleu et de plumes d'autruche teintes. Elle avait placé la photo d'un renard patagonien à côté d'un portrait au fusain du général Rosas.

La femme me passa sa calebasse de maté. Elle remplit ma gourde d'une eau à laquelle les crottes de mouton avaient donné un goût douceâtre, et m'indiqua un sentier pour franchir les montagnes.

Dans la rougeur de brique du coucher de soleil j'atteignis une maison. Un Allemand vivait là en compagnie d'un jeune Indien étique. Assis tous les deux cérémonieusement à table, sur des chaises métalliques de salon de thé, ils s'acharnaient avec deux couteaux identiques sur un gigot d'agneau carbonisé. Ils n'échangèrent pas un mot, ni entre eux ni avec moi. Silencieusement l'Allemand me tendit une assiette en fer-blanc. Silencieusement, après le repas, il me conduisit à la grange et me montra du doigt une pile de peaux de moutons.

Le matin le temps se couvrit et des nuages de pluie arrivèrent du Chili. L'Allemand étendit son bras et me montra une brèche dans la rangée de falaises noires. D'un revers du poignet il m'indiqua la présence d'une vallée de l'autre côté. Je le saluai et il leva au ciel son énorme main brunâtre, en écartant les doigts.

Je suivis des traces de chevaux qui traversaient une herbe jaune, raide comme du chaume. A un endroit, le sol était jonché d'écailles blanches, restes d'une carapace de tatou. La piste tortueuse escaladait la mesa pour redescendre dans une cuvette brune encombrée d'arbres morts. A l'autre extrémité une ferme se cachait au milieu des peupliers.

Le patron sortait avec ses péons. C'était un homme jeune, grand, vêtu d'un poncho rayé, monté sur un cheval noir et luisant dont le harnachement d'argent cliquetait.

« Les femmes sont à la cuisine, me cria-t-il. Dites-leur de vous faire du café. »

Sa femme et sa mère étaient assises dans la cuisine aux carreaux blancs. Elles m'offrirent du café, du gâteau au chocolat, du fromage de brebis et de la gelée de pommes parfumée. Elles restaient dans cette cuisine toute l'année, sauf pendant les dix jours où elles partaient s'approvisionner à Comodoro. Je les remerciai et fis encore treize kilomètres à pied. Vers le milieu de la journée j'aperçus en contrebas les toits rouge vif de l'estancia Paso Roballos.

En face, la *meseta* du Lago Buenos Aires s'élevait en pente douce vers l'ouest. Se dressant au-dessus d'une rivière d'un vert de jade, ses parois formaient un rempart abrupt de six cents mètres, entassement de strates volcaniques zébré de rose et de vert comme une bannière de chevalier. Là où la meseta s'arrêtait, quatre montagnes, quatre sommets s'empilaient les uns sur les autres : d'abord une bosse pourpre, puis une colonne orange, un faisceau d'aiguilles roses et, au faîte, le cône gris cendré d'un volcan éteint, couronné de neige.

La rivière se jetait dans les eaux turquoise d'un lac, le Lago Ghio. Dominant des rives d'une blancheur aveuglante, les falaises présentaient des parois tantôt uniformément blanches, tantôt rayées horizontalement de strates brunes. Le long de la rive nord une bande herbeuse séparait les eaux de saphir bleu des lagons des eaux opalines du lac. Des milliers de cygnes à col noir piquetaient la surface. Les hauts fonds étaient roses de flamants.

Paso Roballos avait vraiment l'aspect d'un Eldorado et c'en était peut-être un.

42

Vers 1650 deux marins espagnols, déserteurs et assassins, titubant de fatigue, sortirent des forêts en face de l'île de Chiloé. Ils venaient de remonter le flanc oriental des Andes depuis le détroit de Magellan. Peut-être pour détourner l'attention du gouverneur de leurs crimes, ils rapportèrent l'existence d'une ville aux palais couverts d'argent, dont les habitants avaient la peau blanche, parlaient espagnol et descendaient des survivants de la colonie de Pedro Sarmiento sur le détroit de Magellan.

Cette histoire raviva l'intérêt porté à la « Cité enchantée des Césars », Trapalanda, un autre Eldorado caché au sud des Andes, dont le nom rappelle celui de Francisco César, le pilote de Sébastien Cabot. En 1528 ce dernier quitta le Río de la Plata, s'aventura dans le haut pays, escalada les Andes et découvrit une civilisation où l'or était d'un usage courant. Autour de sa relation de voyage se forgea une légende qui excita les espoirs et la convoitise des hommes jusqu'au XIXe siècle.

Plusieurs expéditions se lancèrent à la recherche de cette cité. Dans cette quête de nombreux aventuriers solitaires disparurent. Un texte du XVIIIe siècle la plaçait au sud du 45e degré de latitude (Paso Roballos est au 47e), et la décrivait comme une forteresse de montagne, située sous un volcan et perchée au-dessus d'un lac magnifique. Il y coulait une rivière, le Río Diamante, où abondaient l'or et les pierres précieuses. Il fallait deux jours pour traverser la cité qui ne comptait qu'une seule entrée défendue par un pont-levis. Les bâtiments étaient en pierre de taille, les portes serties de bijoux ; les charrues étaient d'argent, et le mobilier de la plus humble demeure d'argent et d'or. On n'y connaissait pas la maladie ; les vieilles personnes mouraient comme si le sommeil s'emparait d'elles. Les hommes portaient des tricornes, des manteaux bleus et des capes jaunes (dans la mythologie indienne, les couleurs de l'Être suprême). Ils cultivaient du piment et des radis aux feuilles si grosses qu'on pouvait y attacher un cheval.

Peu de voyageurs ont pu voir cette cité. De même aucun avis ne concorde sur son emplacement véritable : on a suggéré, entre autres, l'île de Patmos, les forêts de la Guyane, le désert de Gobi ou la face nord du mont Meru, qui sont tous des lieux désolés. Les noms de la cité varient également : Uttarakuru, Avalon, la Nouvelle Jérusalem, les îles des Bienheureux. Ceux qui l'ont vue ont atteint leur destination après de terribles souffrances. Au XVIIe siècle deux assassins espagnols ont prouvé qu'il n'était pas nécessaire d'être Ézéchiel pour confondre une paroi rocheuse avec le paradis.

43

Le tenancier de l'estancia Paso Roballos était originaire de l'île de Ténériffe dans l'archipel des Canaries. Dans la cuisine badigeonnée de rose où il me reçut, une pendule noire carillonnait les heures tandis que sa femme avalait d'un air indifférent des cuillerées de confiture de rhubarbe. La maison n'était que couloirs et pièces inoccupées. Dans le salon, un canapé couvrait le sol de ses paillettes dorées. Une optimiste installation de plomberie, vieille d'un demi-siècle, s'était affaissée et laissait s'exhaler des relents d'ammoniaque.

En proie au mal du pays et rêvant d'une vitalité perdue, le vieillard énuméra les fleurs, les arbres, les méthodes agricoles et les danses de ses montagnes baignées de mer et de soleil.

La grêle frappait avec violence les groseilliers du jardin.

Le gendre du couple était gendarme, son occupation consistait à surveiller la frontière et à mettre en prison les contrebandiers qui passaient des moutons en fraude. Il avait un splendide corps d'athlète, mais son front en accordéon trahissait la lassitude d'une vie d'immobilité et d'ambition rentrée.

Il s'étourdissait d'histoires de migrations et de conquêtes. Il parlait des Vikings dans la jungle brésilienne. Un professeur, dit-il, avait mis au jour des inscriptions runiques. Les Martiens avaient atterri au Pérou et appris aux Incas les arts de la civilisation. Comment pouvait-on expliquer autrement leur intelligence supérieure ?

Un jour il rendrait sa femme à son beau-père. Dans la *camioneta* de la police il remonterait vers le nord, franchirait le Paraná, traverserait le Brésil et Panama, le Nicaragua et le Mexique, et les *chicas* de l'Amérique du Nord lui tomberaient dans les bras.

Il souriait amèrement au mirage d'un rêve impossible.

« Pourquoi allez-vous à pied ? demanda le vieillard. Vous ne savez pas monter à cheval ? Les gens par ici n'aiment pas les marcheurs. Ils pensent que ce sont des fous.

— Je sais monter à cheval, répondis-je, mais je préfère aller à pied. Mes jambes sont plus sûres.

— J'ai connu une fois un Italien qui disait ça. »

Il s'appelait Garibaldi. Lui aussi détestait les chevaux et les maisons. Il était habillé d'un poncho araucanien et ne portait pas de sac. Il allait jusqu'en Bolivie, puis reprenait sa trajectoire vers le sud jusqu'au détroit. Il pouvait couvrir plus de soixante kilomètres dans la journée et ne travaillait que lorsqu'il avait besoin de chaussures.

« Voilà six ans que je ne l'ai pas vu, dit le vieil homme. Je suppose que les condors l'ont eu. »

Le lendemain matin, après le petit déjeuner, il me montra une plate-forme haut perchée dans la montagne.

« C'est de là que viennent les fossiles. »

La Galloise de Sarmiento y avait trouvé des ossements de mylodon et une mandibule de macrauchenia. J'y grimpai, et derrière un rocher à l'abri des rafales de neige fondue, mangeai une boîte de sardines rances. Un ancien fond marin avait été soulevé là. Des huîtres fossiles, humides, luisantes et vieilles de millions d'années en jonchaient le sol.

Je restai assis et rêvai de poisson. Je rêvai aux portugaises et aux homards du Maine, aux bars et au *bluefish*. Je rêvai même à la morue, tant mon estomac se rebellait contre mon régime d'agneau trop gras et de vieilles sardines.

En trébuchant, frappé de plein fouet par les bourrasques, je trouvai quelques couteaux d'obsidienne ainsi que la cuirasse d'un glyptodon, le *Propalaeohoplophorus* d'Ameghino. Je me félicitai de cette découverte d'importance : jamais aucun objet préhistorique n'avait été trouvé associé au glyptodon. Mais, plus tard à New York, M. Junius Bird m'assura que le glyptodon était déjà fossile bien avant l'arrivée des hommes sur le continent américain.

De Paso Roballos je marchai vers l'est – ou plutôt je courus pour échapper à la tempête – mon sac à dos empli d'une lourde charge d'ossements et de pierres. Sur les bords de la piste, des gauchos rentrant chez eux avaient jeté des bouteilles de Champagne vides. Sur les étiquettes on pouvait lire le nom des marques : Duc de Saint-Simon, Castel Chandon, et Comte de Valmont.

Je revins sur la côte et arrivai à Puerto Deseado dans les premiers jours de février.

44

La ville de Puerto Deseado est remarquable par son collège salésien, qui associe tous les styles architecturaux depuis le monastère de Saint-Gall jusqu'au parking à étages ; par une *Gruta* de Lourdes ; et par sa gare de chemin de fer qui a pris la forme et les proportions d'une grosse maison campagnarde d'Écosse.

Je séjournai à la Estación de Biología Marina avec un groupe de chercheurs qui fouillaient la boue avec enthousiasme en quête de vers de sable et se chamaillaient à propos du nom latin des algues. L'ornithologiste du centre, un jeune homme à l'allure sévère, étudiait les migrations du manchot de Magellan. Nous eûmes jusqu'à une heure avancée de la nuit une discussion passionnée : avions-nous, nous aussi, des voyages programmés dans notre système nerveux central ? C'était, semblait-il, la seule façon d'expliquer notre besoin insensé de mouvement.

Le lendemain matin nous allâmes en barque voir une colonie de manchots sur une île au milieu du fleuve. Voici, à peu près, ce que m'a dit l'ornithologiste :

Le manchot de Magellan hiberne dans l'Atlantique Sud au large des côtes du Brésil. Le 10 novembre très précisément, les pêcheurs de Puerto Deseado peuvent voir l'avant-garde remonter le cours du fleuve. Les oiseaux font halte sur les îles et attendent le gros de la troupe qui arrive le 24 du même mois. Ils se mettent aussitôt à regarnir leurs terriers. Ils en décorent l'entrée avec des galets brillants pour lesquels ils ont un goût très vif.

Les manchots sont monogames, fidèles jusqu'à la

mort. Chaque couple occupe une portion minuscule de territoire et en chasse les intrus. La femelle couve de un à trois œufs. Il n'y a pas de répartition sexuelle du travail : mâle et femelle vont pêcher et s'occupent du petit à tour de rôle. La colonie se disperse à l'arrivée des frimas dans la première semaine d'avril.

Les jeunes étaient sortis de l'œuf et avaient atteint une taille supérieure à celle de leurs parents. Nous les observâmes se dandiner avec maladresse jusqu'à la rive et tomber lourdement dans l'eau. Au XVIIe siècle, l'explorateur Sir John Narborough qui vint au même endroit les décrivit « se tenant bien droit tous ensemble, comme de petits enfants en tablier blanc ».

Les albatros et les manchots sont les derniers oiseaux que je voudrais tuer.

45

Le 30 octobre 1593 le *Desire*, navire de 120 tonneaux, qui retournait en se traînant vers l'Angleterre, jeta l'ancre dans le fleuve à Port Desire. C'était là sa quatrième visite depuis que Thomas Cavendish, sept ans auparavant, avait baptisé le lieu du nom de ce même bateau, son vaisseau amiral.

Le capitaine était à présent John Davis, un homme du Devon, le plus habile navigateur de sa génération. Il avait derrière lui trois voyages dans l'océan Arctique à la recherche du passage du nord-ouest. Devant lui, l'attendaient deux livres de navigation et six coups d'épée mortels portés par un pirate japonais.

Davis participait au second voyage de Cavendish « à destination de la mer du Sud ». La flotte avait quitté Plymouth le 26 août 1591, le capitaine-général ayant pris le commandement du galion *Leicester*; les autres navires étaient le *Roebuck*, le *Desire*, le *Daintie* et le *Black Pinnace* (la « pinasse noire »), ce dernier ainsi baptisé parce qu'il avait transporté la dépouille mortelle de Sir Philip Sidney, le gentilhomme-poète élisabéthain.

Bouffi d'orgueil par une réussite précoce, Cavendish méprisait ses officiers et ses hommes. Sur la côte du Brésil, il s'arrêta pour piller la ville de Santos. Un coup de vent dispersa les navires loin de la côte patagonienne, mais ils se rassemblèrent, comme prévu, à Port Desire.

La flotte entra dans le détroit de Magellan alors que l'hiver austral avait déjà commencé. En se mouchant un marin vit tomber son nez gelé. Au-delà du cap Froward (le cap « indocile »), ils se heurtèrent aux vents du nord-ouest et cherchèrent refuge dans une petite baie où les rafales passaient en hurlant au-dessus de la tête des mâts. A contrecœur Cavendish consentit à se ravitailler au Brésil et à revenir le printemps suivant.

Dans la nuit du 20 mai, au large de Port Desire, le capitaine-général vira de bord sans prévenir. A l'aube le *Desire* et le *Black Pinnace* se retrouvèrent seuls sur la mer. Davis gagna le port, pensant que son commandant l'y rejoindrait mais Cavendish fit route vers le Brésil et, de là, vers Sainte-Hélène. Un jour il se coucha dans sa cabine et mourut, peut-être d'apoplexie, en maudissant Davis pour sa désertion, « ce scélérat qui a causé ma mort ».

Davis détestait son chef mais n'était pas un traître. Une fois le plus dur de l'hiver passé, il repartit vers le sud à la recherche du capitaine-général. Les vents poussèrent les deux navires au milieu d'un archipel ignoré, connu de nos jours sous le nom d'îles Falkland – ou Malouines.

Cette fois ils franchirent le détroit de Magellan et débouchèrent dans le Pacifique. Au cours d'une tempête au large du cap Pilar, le *Desire* perdit le *Pinnace* qui sombra corps et biens. Davis tenait seul la barre, priant pour que la fin fût prompte, lorsque le soleil transperça les nuages. Il fit le point, détermina sa position et put ainsi regagner les eaux plus calmes du détroit.

Il retourna à Port Desire ; en route son équipage, souffrant du scorbut, se mutina ; les poux s'incrustaient dans les chairs, « des grappes de poux gros comme des pois, et certains gros comme des fèves ». Arrivé au port, il répara le navire du mieux qu'il put. Les hommes se nourrirent d'œufs, de mouettes, de bébés phoques, de cochléaria (ou herbe à scorbut) et de poissons appelés *pejerrey*. Ce régime les remit rapidement sur pied.

Quinze kilomètres plus au sud, dans l'île des Pingouins, les marins tuèrent à coups de massue vingt mille manchots. Ne se connaissant pas d'ennemis naturels, ceux-ci n'étaient nullement effrayés par leurs meurtriers. John Davis ordonna qu'on les fît sécher et saler et qu'on en embarquât quatorze mille dans les cales.

Le 11 novembre un groupe de guerriers Tehuelche attaquèrent, « jetant de la poussière en l'air, bondissant et courant comme des bêtes féroces, le visage couvert d'un masque de chien, à moins qu'en vérité leur visage ne soit une tête de chien ». Neuf hommes périrent dans l'escarmouche, et parmi eux les meneurs de la mutinerie, Parker et Smith. On vit dans leur mort une juste sentence de Dieu.

Le *Desire* largua les amarres le soir du 22 décembre et mit le cap vers le Brésil où le capitaine espérait faire provision de farine de manioc. Le 30 janvier le navire prit son mouillage dans l'île de Plasencia, au large de Rio de Janeiro. Les matelots firent des razzias de fruits et de légumes dans les jardins des Indiens.

Six jours plus tard, les tonneliers descendirent à terre avec d'autres marins pour chercher des cercles à tonneaux. La journée étant chaude, les hommes se baignèrent, sans la protection d'aucune sentinelle, lorsqu'une multitude d'Indiens et de Portugais fondit sur eux. Le capitaine envoya une chaloupe à terre. Le détachement trouva les treize cadavres allongés en rang, le visage tourné vers le ciel, une croix posée à leurs côtés.

John Davis vit plusieurs pinasses sortir du port de Rio de Janeiro. Il piqua vers la haute mer. Il n'avait guère d'autre solution. Il disposait de huit barils d'eau, mais elle était croupie.

Dans les parages de l'équateur, les manchots prirent leur revanche. Il s'y développa un « ver répugnant » d'environ deux centimètres de long. Les vers dévorèrent tout, sauf le fer, vêtements, literie, chaussures, chapeaux, amarrages de cuir, et chair humaine vivante. Les vers rongèrent les flancs du navire de part en part et faillirent l'envoyer par le fond. Plus les marins tuaient de vers, plus ils se multipliaient.

Près du tropique du Cancer, le scorbut s'abattit de nouveau sur l'équipage. Leurs chevilles, leur poitrine et leurs parties enflèrent si horriblement qu'« ils ne pouvaient ni se tenir debout, ni s'allonger, ni se mouvoir ».

Le chagrin rendit le capitaine taciturne. De nouveau il pria pour demander une prompte délivrance. Il conjura ses hommes d'être patients, de rendre grâce à Dieu et d'accepter son châtiment. Mais les matelots devenaient fous de rage ; le navire retentissait des gémissements et des malédictions des mourants. Seuls parmi les soixante-seize hommes qui avaient quitté Plymouth, Davis et un mousse étaient en bonne santé. A la fin, il n'y eut plus que cinq hommes capables de se déplacer et de manœuvrer le navire.

Ainsi, perdue sur les mers, huniers et civadières en lambeaux, la vieille carcasse pourrie dériva, plutôt qu'elle ne navigua, jusqu'au port irlandais de Berehaven dans la baie de Bantry où elle parvint le 11 juin 1593. L'odeur écœura la population de ce tranquille village de pêcheurs.

De retour dans le Devon, John Davis trouva sa femme filant le parfait amour avec un joli cœur. Il passa les deux années suivantes devant sa table de travail et rédigea les livres qui firent sa réputation : *la Description hydrographique du Monde*, où il prouve que l'Amérique est une île ; et *les Secrets d'un marin*, manuel de navigation dans lequel il explique l'utilisation d'un instrument de son invention pour mesurer la hauteur des corps célestes.

Il fut bientôt repris par la soif des voyages. Il accompagna le comte d'Essex aux Açores ; puis se rendit dans les Indes Orientales, comme pilote des Zélandais. Il mourut à bord du navire anglais *Tyger*, dans le détroit de Malacca, le 29 décembre 1606. Il avait trop fait confiance à des pirates japonais et commit l'erreur de les inviter à partager son repas.

Le Voyage de John Davis dans les Mers du Sud parut dans l'édition d'Hakluyt en 1600. Deux siècles s'écoulèrent avant qu'un autre homme du Devon, Samuel Taylor Coleridge, n'écrive les 625 vers de son poème, *Le Dit du Vieux Marin*. Ses répétitions martelées et son récit de crime, d'errement et d'expiation, en firent une œuvre fort controversée.

John Davis et *le Vieux Marin* présentent plusieurs points communs : un voyage dans l'hémisphère austral, le meurtre d'un oiseau (ou d'oiseaux), les calamités qui en découlent, la dérive à travers les tropiques, le navire qui se pourrit, les malédictions proférées par les agonisants. Les vers 236-239 font particulièrement écho à ce voyage élisabéthain :

Tous ces hommes si beaux !
Et tous étendus morts :
Et ces millions d'êtres visqueux
Qui continuaient à vivre et moi vivant comme eux.

Dans *la Route de Xanadu*, l'érudit américain John Livingston Lowes fait remonter la victime du Vieux Marin à un « inconsolable albatros noir » tué par un certain Hatley, second à bord du bâtiment corsaire du capitaine George Shelvocke au XVIIIe siècle. Wordsworth possédait un exemplaire de cette relation de voyage et la montra à Coleridge lorsque les deux hommes tentèrent d'écrire le poème ensemble.

Coleridge lui-même était un « vagabond de la nuit », un étranger dans son propre pays natal, un instable errant d'un meublé à l'autre, incapable de se fixer quelque part, un cas grave de ce que Baudelaire appelait « la grande maladie de l'horreur du domicile ». Ainsi s'explique son identification aux autres vagabonds déchus : Caïn, le Juif errant, ou les navigateurs du XVIe siècle, fous d'horizon. Car le Vieux Marin n'était autre que lui-même.

Lowes a bien montré comment les récits de voyage édités par Hakluyt et Purchas avaient alimenté l'imagination de Coleridge. « Le gigantesque grondement de la glace » dont John Davis fut témoin, lors de son premier voyage au Groenland, réapparaît au vers 61 : « Elle [la glace] craquait, criait, et grondait et hurlait. » Mais, apparemment, Lowes n'a pas supposé que le voyage de Davis au détroit de Magellan avait pu fournir à Coleridge l'ossature de son poème.

46

Je traversai trois villes ennuyeuses, San Julián, Santa Cruz et Río Gallegos.

Plus on descend dans le sud, plus l'herbe devient verte, les élevages de moutons riches et les Britanniques nombreux. Ce sont les fils et petits-fils des hommes qui ont défriché et clôturé les terres dans les années 1890. Beaucoup d'entre eux étaient des goémoniers venant des Falkland, qui débarquèrent sans autre bagage que le souvenir de leur expulsion des Highlands par les capitalistes terriens et n'avaient nulle part ailleurs où aller. Ils gagnèrent beaucoup d'argent au début du siècle grâce au boom du mouton, car les inépuisables réserves de main-d'œuvre bon marché permirent à la laine patagonienne d'éclipser tous ses concurrents.

Aujourd'hui leurs fermes sont au bord de la faillite, mais toujours repeintes à neuf. L'on peut encore y voir, bien à l'abri derrière des brise-vent, des parterres herbacés, des tourniquets arroseurs sur les pelouses, des cages à fruits, des serres, des sandwiches au concombre, des collections reliées de *Country Life* et, peut-être, l'archidiacre en visite.

L'élevage du mouton en Patagonie débuta en 1877 lorsqu'un négociant anglais de Punta Arenas, Henry Reynard, fit venir un troupeau des Falkland dans l'île Elizabeth sur le détroit de Magellan. Les bêtes s'y multiplièrent de façon prodigieuse et d'autres marchands suivirent l'exemple ainsi tracé. Les plus entreprenants furent un impitoyable Asturien, José Menéndez, et son aimable gendre, le juif Moritz Braun. Rivaux d'abord, ils s'associèrent plus tard pour bâtir un empire d'estancias, de mines de charbon, d'abattoirs, de magasins à succursales, de navires de commerce, et une entreprise de récupération d'épaves.

Menéndez mourut en 1918, en laissant une partie de ses millions à Alphonse XIII d'Espagne, et fut enterré à Punta Arenas dans une copie en réduction du mausolée de Victor Emmanuel. Les familles Braun et Menéndez n'en continuèrent pas moins à exercer leur domination par l'intermédiaire de leur société, *La Anónima* comme on l'appelait couramment. Ils firent venir leurs troupeaux d'étalons de Nouvelle-Zélande, leurs bergers et leurs chiens des îles Hébrides, et leurs chefs d'exploitation de l'armée du Royaume-Uni. Ces derniers imposèrent à l'opération la tenue et la rigueur qui sont de règle sur un terrain de manœuvres. Le résultat fut que la province de Santa Cruz ressembla à un poste avancé de l'Empire britannique, administré par des fonctionnaires parlant espagnol.

Presque tous les péons étaient des immigrés. Ils venaient – et viennent encore – de la verdoyante et magnifique île de Chiloé où l'air est doux, les conditions de vie primitives et les fermes surpeuplées ; où il y a toujours du poisson à manger et pas grand-chose à faire ; les femmes sont fières et énergiques ; les hommes sont indolents et perdent au jeu tout ce qu'ils gagnent.

Les Chilotes dorment dans des dortoirs spartiates, ont les fesses meurtries par la selle des chevaux et combattent le froid avec un régime de viande et de maté jusqu'à ce que l'âge ou le cancer de l'estomac les abattent. En général ils travaillent sans enthousiasme. Souvent, la nuit, je les entendais maugréer contre leurs patrons : « *Es hombre despótico* », disaient-ils. Mais si on mentionnait le nom d'Archie Tuffnell, ils hésitaient : « Bon, Mister Tuffnell est une exception. »

47

« Ainsi vous voulez voir Mister Tuffnell, me dit le patron du café. Ce n'est pas facile. D'abord il faut suivre une route qui est à peine une route, puis une piste qui n'est même pas une piste. »

C'était un gros homme en costume rayé et gilet croisé. Des breloques et des clés bringuebalaient à l'extrémité d'une épaisse chaîne d'or. Ses cheveux gominés comme ceux d'un danseur de tango lançaient des reflets d'un noir de jais, mais le blanc apparaissait à la racine et il avait l'air malade et chétif. Jadis ç'avait été un grand coureur de jupons et sa femme venait juste de le récupérer.

Il dessina un plan sur une serviette de papier : « Vous verrez la maison dans les arbres près d'un lac », dit-il en me souhaitant bonne chance.

Je trouvai l'endroit à la nuit. Le clair de lune jetait

une faible lueur sur les coquilles nacrées des huîtres fossiles. Quelques canards nageaient sur le lac, silhouettes noires sur des ondes d'argent. Je suivis un rai de lumière dorée qui filtrait à travers un bosquet de peupliers. Un chien aboya. La porte s'ouvrit et le chien s'esquiva furtivement, un morceau de viande rouge dans la gueule. La femme me montra une maison dans les saules.

« Le vieux vit là-bas », dit-elle.

Un digne octogénaire, se tenant très droit, me dévisagea à travers des lunettes cerclées d'acier et grimaça un sourire. Son visage rose brillait et il portait un short kaki. Je m'excusai d'arriver à cette heure tardive et lui exposai les raisons de ma visite.

« Avez-vous connu le capitaine Milward ?

— Le Vieux Mill ? Bien sûr que j'ai connu le vieux Mill. Consul de Sa Majesté à Punta Arenas de Chile. Un vieux type colérique. Je ne me rappelle pas grand-chose de lui. Une femme jeune. Un peu forte, mais une belle femme. Venez, entrez. Je vais vous faire chauffer quelque chose... Vous êtes arrivé à trouver cet endroit tout seul ? »

Archie Tuffnell aimait la Patagonie et l'appelait la « Vieille Pat ». Il aimait la solitude, les oiseaux, l'espace, le climat sec et sain. Il avait dirigé pendant quarante ans une exploitation ovine pour le compte d'une grosse société anglaise. Quand il lui fallut partir à la retraite, il n'avait pas pu supporter l'idée de s'enfermer en Angleterre et avait acheté sa propre ferme, prenant avec lui 2 500 moutons et « Gómez mon homme ».

Archie avait fait don de sa maison à la famille Gómez et vivait seul dans un bâtiment préfabriqué. Son aménagement intérieur était une leçon d'ascétisme : une douche, un lit étroit, un bureau et deux tabourets pliants, mais pas de chaise.

« Je ne veux pas me prélasser dans un fauteuil. Pas à mon âge. Je pourrais très bien ne jamais me relever. »

Il avait deux gravures de chasse dans sa chambre et un coin consacré aux photographies. C'étaient des clichés sépia de gentlemen et de ladies pleins d'assurance, posant devant des serres ou en tenue de nemrods.

Il était moins intelligent que sage. Célibataire égocentrique, il évitait les complications et ne causait de tort à personne. Ses valeurs étaient celles d'une autre époque, mais il n'ignorait pas que le monde avait changé et savait comment être en avance d'un pas sur le changement pour ne pas avoir à changer lui-même. Il suivait des règles très simples : garder de l'argent liquide. Ne jamais attendre la hausse des prix. Ne jamais faire étalage de sa fortune devant les ouvriers.

« Ce sont des gens fiers, disait-il. Il faut vous tenir à distance ou alors ils pensent que vous cherchez à les flatter. J'y arrive en parlant exprès un mauvais espagnol. Et il faut absolument que vous fassiez ce qu'eux sont obligés de faire. Ils se moquent pas mal de ce que vous avez sur votre compte en banque tant que vous mangez ce qu'ils mangent. »

« Gómez mon homme » et Archie étaient inséparables. Toute la matinée ils traînèrent de-ci de-là dans le jardin, désherbant les épinards ou repiquant des plants de tomates. La señora Gómez prépara le déjeuner et, dans les heures chaudes de la journée, le vieil homme fit un somme, tandis que je m'assis dans la cuisine bleue pour écouter Gómez parler de son maître.

« Quel miracle, dit-il. Si intelligent ! Si généreux ! Si humain ! Je lui dois tout. »

A la place d'honneur, là où dans certains foyers on

voit un portrait de Perón, de Jésus-Christ ou du général San Martín, rayonnait une photographie de Mister Tuffnell d'un format peu commun.

48

Debout face à la mer à San Julián, j'essayai de me représenter un repas d'apparat dans la cabine de Francis Drake ; les assiettes d'argent lisérées d'or, les airs de viole et de trompette, l'amiral plébéien et son invité de marque, le mutin Thomas Doughty. J'empruntai ensuite une barque, qui prenait l'eau, pour aller à la pointe du Gibet. Je ratissai le rivage à la recherche de la « grande pierre à meuler », placée sur la tombe de Doughty, et sur laquelle son nom fut gravé en latin « afin qu'il soit mieux compris par tous ceux qui viendraient après nous ». Drake l'avait fait décapiter le long du gibet où, cinquante-huit hivers auparavant, Magellan avait pendu ses mutins, Quesada et Mendoza. Le bois se conserve bien en Patagonie. Les tonneliers du *Pelican* scièrent la potence et en firent des chopes que l'équipage garda en souvenir.

A l'hôtel en prenant leur déjeuner, des fermiers projetaient de barrer la route principale pour protester contre la décision du gouvernement d'Isabel Perón de maintenir les cours de la laine à un prix très inférieur à sa valeur sur le marché international. L'hôtel lui-même était construit en faux style Tudor, avec des poutres noires clouées sur des plaques de tôle ondulée. Le style s'accordait bien à tout ce qui rattachait San Julián au XVIe siècle.

49

Dans son *Histoire véridique de la conquête de la Nouvelle-Espagne*, qu'a traduite en français José Maria de Heredia, Bernal Díaz del Castillo relate comment, à la vue des villes du Mexique couvertes de joyaux, les conquistadores se demandèrent s'ils n'avaient pas pris pied dans le *Roman d'Amadis de Gaule*, ou dans l'étoffe d'un rêve. On cite parfois ces pages de Díaz pour appuyer l'idée que l'histoire aspire à être l'image symétrique du mythe. C'est aussi le cas de l'arrivée de Magellan à San Julián en 1520.

Depuis le navire ils virent sur le rivage un géant nu qui « dansait et sautait et chantait et, tout en chantant, se lançait du sable et de la poussière sur la tête ». A l'approche des hommes blancs, il leva un doigt interrogateur, pour savoir s'ils venaient du ciel. Conduit devant le capitaine-général il couvrit sa nudité d'un manteau en peau de guanaco.

Le géant était un Indien Tehuelche et son peuple une race de chasseurs à la peau cuivrée, dont la taille, la force et la voix assourdissante faisaient contraste avec leur tempérament docile (il se peut que Swift ait trouvé en eux le modèle de ses géants frustes mais aimables de Brobdingnag). Pigafetta, le chroniqueur de Magellan, rapporte qu'ils couraient plus vite que les chevaux, garnissaient de pointes de silex les extrémités de leurs flèches, mangeaient de la viande crue, dormaient sous des tentes et vivaient en nomades « comme les Bohémiens ».

Selon la suite de l'histoire, Magellan aurait dit : « Ah ! Patagon ! » c'est-à-dire « Grand-Pied » à cause de la taille des mocassins de l'Indien. Cette origine du mot « patagonie » est généralement acceptée sans autre interrogation. Mais bien que *pata* soit un « pied » en espagnol, le suffixe – *gon* ne signifie rien. Par ailleurs le grec παταγos veut dire « rugissement » ou « grincement de dents », et puisque Pigafetta décrit les Patagoniens « rugissant comme des taureaux », on peut imaginer la présence, parmi l'équipage de Magellan, d'un marin grec qui aurait, par exemple, fui son pays envahi par les Turcs.

J'ai compulsé les rôles d'équipage mais n'y ai pas trouvé trace de marin grec. Le professeur Gonzáles Díaz de Buenos Aires attira alors mon attention sur *Primaleon de Grèce*, un roman de chevalerie, aussi invraisemblable qu'*Amadis de Gaule*, et qui connut le même engouement. Il fut publié en Castille en 1512, sept ans avant le départ de Magellan. J'ai consulté la traduction anglaise de 1596 et, à la fin du Livre II, ai découvert des raisons de croire que Magellan en avait un exemplaire dans sa cabine.

Le chevalier Primaleon se rend dans une île éloignée et y rencontre un peuple cruel et déshérité, qui mange de la viande crue et porte des peaux de bêtes. A l'intérieur des terres vit un monstre appelé le Grand Patagon, avec une tête de chien (« head of a Dogge ») et des pieds de cerf, mais doué d'entendement humain et amoureux des femmes. Le chef des insulaires persuade Primaleon de les débarrasser de ce fléau. Il part à cheval, abat le Patagon d'un seul coup d'épée et le ligote avec la laisse de ses deux lions apprivoisés. Le Patagon colore l'herbe de son sang, rugit « de façon si épouvantable qu'il aurait terrifié le cœur le plus vigoureux », mais se rétablit et lèche sa plaie « avec son immense et large langue ».

Primaleon décide alors d'emmener la créature en Polonia où elle ira enrichir la collection de curiosités du roi. Au cours de la traversée le Patagon courbe l'échine devant son nouveau maître, et dès son arrivée la reine Gridonia se précipite pour l'examiner. « Ce n'est qu'un diable, s'écrie-t-elle. Il n'obtiendra de moi aucune marque de tendresse. » Mais sa fille, la princesse Zephira, caresse le monstre, lui chante des chansons et lui apprend sa langue, tandis qu'il « se réjouit de contempler une belle dame » et la suit « aussi gentiment que s'il eût été un épagneul ».

Au cours de son hivernage à San Julián, Magellan décida également d'enlever deux géants pour en faire don à Charles Quint et à la reine impératrice. Il leur plaça dans les mains de nombreux colifichets. Ses matelots leur rivèrent des fers autour des chevilles, tandis que lui leur assurait qu'il ne s'agissait là que d'une autre sorte d'ornement. Dès qu'ils se virent pris au piège, les géants rugirent « comme des taureaux et implorèrent leur grand diable Setebos de leur venir en aide ». L'un d'eux s'échappa mais Magellan fit transporter l'autre à bord et le baptisa Paul.

L'histoire peut aspirer à la symétrie mais y parvient rarement : le géant Paul mourut du scorbut dans le Pacifique et son corps alla nourrir les requins ; le corps de Magellan repose face contre terre dans les hauts fonds de Mactan, abattu par l'épée d'un Philippin.

Quatre-vingt-dix ans passeront avant la première représentation de *la Tempête* à Whitehall le 1er novembre 1611. Les sources de la pièce ont fait l'objet de vives discussions, mais on sait que Shakespeare lut le récit de l'ignoble traîtrise de San Julián dans le compte rendu de voyage de Pigafetta :

Caliban.
Il faut obéir : Son art est de telle puissance
Qu'il dominerait le dieu de ma mère, Setebos,
Et ferait de lui son vassal[1].

Shakespeare a mis dans la bouche de Caliban toute l'amertume du Nouveau Monde. (« Elle est à moi par Sycorax ma mère, cette île que vous me prenez. ») Il comprit comment la langue de l'homme blanc était une arme de guerre (« La peste rouge vous emporte pour m'avoir appris votre langage ! ») ; comment les Indiens s'aplatissaient devant le premier imbécile venu qui leur promettait la liberté (« Je baiserai ton pied... » « Laissez-moi baiser votre soulier... » « Ban, ban, Ca-caliban a un maître nouveau : cherche un nouveau suivant ») ; et il a lu Pigafetta plus attentivement qu'on ne le remarque habituellement :

Caliban. – N'es-tu pas tombé du ciel ?
Stephano. – De la lune, je t'assure. J'étais homme dans la lune, au temps jadis.

et :

Stephano. – Si je puis le guérir [Caliban] et le garder apprivoisé, et rentrer à Naples avec lui, c'est un présent digne du plus grand empereur qui ait jamais chaussé souliers de maroquin.

La question se pose ainsi : Shakespeare connaissait-il le livre qui a déclenché les événements de San Julián ?

Je pense que oui. Les deux monstres sont à moitié humains. Le Grand Patagon a été « engendré par une bête dans les bois » ; Caliban est un « esclave veni-

1. Toutes les citations de *la Tempête* sont tirées de la traduction de Jean-Jacques Mayoux, parue en 1949 chez Aubier-Montaigne.

meux, engendré par le diable même ». Les deux ont appris une langue étrangère. Les deux aiment une princesse blanche (même si Caliban tenta de violer Miranda). Et les deux présentent une importante caractéristique commune : le Patagon a une tête de chien, tandis que Trinculo dit de Caliban : « Il me fera mourir de rire, ce monstre avec sa tête de chiot. »

On retrouve l'origine des « têtes de chien » dans les masques de combat, tels ceux portés par les cavaliers de Gengis Khân, ou par les Tehuelche lorsqu'ils attaquèrent John Davis à Puerto Deseado. Shakespeare a pu les tirer des livres de Hakluyt. Mais, dans un cas comme dans l'autre, Caliban peut valablement se réclamer d'une ascendance patagonienne.

50

Au Club britannique de Río Gallegos la peinture crème s'écaillait et l'on ne parlait pas un mot d'anglais. Les deux cheminées jumelles du vieil abattoir de la Corporation Swift dressaient leurs silhouettes noires audessus de la cour de la prison.

Sur le trottoir battu par les vents, un groupe d'éleveurs britanniques était rassemblé devant la Banque de Londres et d'Amérique du Sud. Ils venaient de discuter avec le directeur de l'effondrement des cours de la laine. Une famille était en faillite. Le fils, qui attendait dans une Land Rover, déclara : « Je m'en moque. Ça veut dire que je n'aurai pas à partir en pension. » Mais un homme vêtu d'un costume de tweed élimé sautillait sur place en criant : « Salauds de Latins ! Dégonflés ! *Damn'em ! Damn'em !* »

Cette agence avait été jadis la Banque de Londres et de Tarapacá. J'entrai et interrogeai le caissier sur certains Américains du Nord.

« Vous voulez parler de la bande de Boots Cassidy, » dit-il.

Ils passèrent ici en janvier 1905. Ils allèrent à Punta Arenas où ils rencontrèrent un marin en retraite irascible, le capitaine Milward. Invités au Club britannique, ils montrèrent à des jeunots comme Archie Tuffnell, comment réussir quelques jolis coups au billard à trous. Ils séjournèrent de l'autre côté de la frontière argentine, dans une estancia anglaise. Ils divertirent les gens du lieu en s'habillant comme de vrais bandits du Far West et entrèrent à cheval dans Río Gallegos en tirant des coups de feu en l'air.

« *Aquí vienen los gringos locos*, s'écria la population en riant. Voilà ces fous de gringos qui arrivent ! »

Comme d'habitude ils dirent qu'ils cherchaient à acquérir des terres. Ils entrèrent dans la banque pour discuter d'un prêt avec le directeur, Mr Bishop. Il les invita à déjeuner et ils acceptèrent. Ils l'attachèrent, lui et ses employés, fourrèrent dans un sac 20 000 pesos et 280 livres sterling, et sortirent de la ville.

« Voilà ces fous de gringos qui s'en vont ! »

Etta gardait les chevaux. On me dit qu'elle s'attarda à bavarder avec un cercle d'admirateurs, jusqu'au moment où ses hommes eurent achevé leur besogne. Elle sortit alors le revolver à crosse de nacre qu'elle portait accroché à un ruban de velours derrière son cou et détruisit les isolateurs de verre de la ligne téléphonique, coupant ainsi les communications avec le seul poste de police qui s'interposait entre eux et la sécurité de la cordillère.

En descendant la grand-rue de Río Gallegos, je m'aperçus que la librairie vendait un livre récent, *los Vengadores de la Patagonia Trágica*, écrit par un historien de gauche, Osvaldo Bayer. Il traitait de la révolte anarchiste contre les propriétaires d'estancia en 1920-1921. J'achetai les trois volumes à Buenos Aires et les lus, fasciné : cette révolution en miniature semblait expliquer le mécanisme de toute révolution.

Je demandai à Archie Tuffnell ce qu'il en pensait. Il me répondit en fronçant les sourcils :

« Une sale affaire. Une bande d'agitateurs bolcheviques est venue et a semé le désordre. Ce fut une première chose. Puis l'armée est arrivée et ce fut encore autre chose. Ils ont tué des hommes bien. Ils ont tué des hommes bien, honnêtes, sérieux. Ils ont même tué des amis à moi. Ça a vraiment été une sale affaire du début jusqu'à la fin. »

Le leader de la révolte s'appelait Antonio Soto.

51

Les gens du Sud se souviennent encore de ce grand Galicien efflanqué et roux, aux joues couvertes d'un léger duvet. Il avait les yeux bleus et le léger strabisme qui accompagnent ordinairement le flou et le fanatisme celtiques. Il portait alors une culotte serrée par des bandes molletières et une casquette négligemment posée sur le côté. Debout dans la rue boueuse, face aux rafales de vent qui s'acharnaient sur ses drapeaux rouges, il lançait des slogans empruntés à Proudhon et à Bakounine, où la propriété était le vol et la destruction une passion créatrice.

Quelques immigrés espagnols se rappellent même son incarnation précédente. Il servait alors de souffleur à quelques acteurs ambulants qui venaient du nord et jouèrent Calderon et Lope de Vega dans l'auditorium dénudé du Circulo Español. Il occupait parfois un petit rôle décoratif et se tenait contre les murs blanchis à la chaux d'un village de l'Estrémadure, devant la toile de fond du décor dont la peinture s'écaillait.

D'autres se souviennent de son retour à Río Gallegos, douze ans après les pelotons d'exécution. Il jouait toujours à l'orateur anarchiste et portait une chemise ouverte jusqu'au nombril. Mais cette fois il avait un vrai corps d'ouvrier à exposer, balafré par des brûlures reçues dans une mine de salpêtre au Chili. Il descendit à l'hôtel Miramar et harangua les familles de ceux qui reposaient, depuis ces mêmes douze années, sous des croix de bois décolorées. Ce fut sa dernière tournée et il parla devant des salles vides. Seuls quelques Espagnols opinant du chef l'écoutèrent jusqu'au bout, avant que le gouverneur ne l'expulse.

La plupart de ceux qui ont connu Antonio Soto se remémorent un grand corps aux muscles avachis et une expression qui allait de la férocité au désespoir tranquille. Il vivait alors à Punta Arenas où il tenait un petit restaurant. Si les clients se plaignaient du service, il disait : « Ici c'est un restaurant anarchiste. Servez-vous vous-même. » Attablé avec d'autres exilés espagnols, il faisait revivre l'Espagne à travers le mince filet qui s'écoulait de son *porrón*[1], et évoquait sans fin les noms de ceux qu'il fallait honorer et de ceux qu'il fallait haïr.

1. Carafe à bec pour boire à la régalade.

Il réservait ses malédictions les plus sonnantes pour ce garçon qu'il avait aperçu une fois dans les rues de son port natal, El Ferrol, ce garçon suffisant dont la carrière fut l'inverse de la sienne et qui s'appelait Francisco Bahamonde Franco.

Soto était le fils posthume d'un matelot de la navale qui se noya au cours de la guerre de Cuba. A l'âge de dix ans il se prit de querelle avec son beau-père et alla vivre chez ses tantes célibataires au Ferrol. Pieux et puritain, il portait les bannières pendant les processions religieuses. A dix-sept ans il lut dans Tolstoï une condamnation du service militaire et s'esquiva à Buenos Aires pour échapper au sien. Il y fut entraîné vers le théâtre et les coulisses du mouvement anarchiste. Il y avait de nombreux anarchistes à Buenos Aires et Buenos Aires n'est qu'un vaste théâtre.

Il s'engagea dans la compagnie espagnole de Serrano-Mendóza et en 1919 s'embarqua pour une tournée dans les ports de Patagonie. Son arrivée à Río Gallegos coïncida avec l'effondrement des cours de la laine et des salaires, avec l'apparition de nouveaux impôts et de nouvelles tensions entre les éleveurs anglo-saxons et leur personnel. Isolés au bout du monde, les Britanniques observaient la révolution rouge et se comparaient à des aristocrates russes abandonnés dans la steppe. C'est à cette époque que leur hebdomadaire, le *Magellan Times*, publia une photographie où l'on voyait, à l'intérieur d'une maison de campagne, le propriétaire ramper devant un homme musclé, le torse nu barré de cartouchières. La légende disait : « Une exaction nocturne des maximalistes sur le domaine de Kislodovsk. 5 000 roubles ou la vie ! »

A Río Gallegos le mentor de Soto fut un avocat espagnol, José María Borrero, dandy de quarante ans au visage gonflé par l'alcool, dont la poche de veston s'ornait d'une rangée de stylos. Borrero, après avoir obtenu un doctorat en théologie à Saint-Jacques de Compostelle, s'était retrouvé en Magellanie, à la tête d'une feuille bihebdomadaire, la *Verdad*, qui s'en prenait en franc-tireur à la ploutocratie britannique. Son langage électrisait ses compatriotes qui se mirent à imiter son style : « Dans cette société de Judas et de polichinelles, seul Borrero a su conserver la rare intégrité de l'Homme... parmi ces pachydermes gazouillants avec leurs dents qui claquent et leurs consciences castrées. »

Borrero submergea Soto de son éducation supérieure, de ses propos séditieux et de son amour. Le journaliste et un compagnon radical, le juge Viñas (un homme uniquement motivé par des vengeances personnelles) le mirent au courant de la condition des immigrés chiliens et de l'iniquité des *latifundistas* étrangers. Ils lui désignèrent en particulier deux hommes : le gouverneur en exercice, l'anglophile E. Correa Falcón, et son commissaire de police, un Écossais mal embouché du nom de Ritchie. Soto passa aisément du théâtre à la politique. Il trouva un emploi de docker et, en l'espace de quelques semaines, se fit élire secrétaire général du Syndicat des ouvriers.

Une nouvelle vie s'ouvrait devant lui. Sur les Chilotes sa voix eut pour effet de débloquer les ressentiments accumulés pendant des siècles. Sa jeunesse ou son innocence messianique les poussèrent à des actes de sacrifice, puis à la violence. Peut-être virent-ils en lui le sauveur blanc annoncé dans leur folklore ?

Il les invita à cesser le travail et ils obéirent ; ils le suivirent même en masse dans sa manifestation pour célébrer le onzième anniversaire de l'exécution de

Francisco Ferrer à Monjuich, Barcelone. (Soto déclara que ses Chilotes honoraient l'éducateur catalan comme les catholiques honorent la Pucelle d'Orléans et les musulmans Mahomet.) Concevant toute la vie comme une sordide lutte économique, il ne faisait aucune concession aux classes possédantes. Par le chantage il extorquait des fonds aux hôteliers, aux négociants et aux éleveurs. Il les obligeait à ramper, pour prix de la levée du boycott, et lorsqu'ils acceptaient ses conditions, il se contentait de rehausser le niveau de ses exigences et de ses insultes.

Les tentatives pour le réduire au silence échouèrent : on ne put même pas le garder en prison, car sa faction était trop puissante. Une nuit, un couteau brilla dans une rue déserte mais la lame heurta la montre de son gilet et le tueur à gages s'enfuit. Cet attentat manqué ne fit que l'affermir dans sa mission. Il lança un appel à la grève générale pour abattre les tenants du pouvoir à Santa Cruz, sans remarquer que la base qui le soutenait s'était rétrécie. Les syndicalistes locaux replâtrèrent la brèche ouverte par leur querelle avec les patrons et se gaussèrent de Soto et de son irréalisme sauvage. Il répliqua en les traitant de maquereaux tout justes bons pour le bordel « La Chocolatería ».

Coupé des modérés, Soto entreprit sa propre révolution. Il comptait parmi ses alliés quelques propagandistes de l'action violente qui s'appelaient eux-mêmes le Conseil rouge. Les meneurs étaient italiens : un déserteur toscan, un Piémontais qui avait jadis moulé des bergères en porcelaine dans une usine de Dresde. Avec une troupe de cinq cents rudes cavaliers, le Conseil rouge s'abattait sur les estancias, s'emparait des armes, de la nourriture, des chevaux et de la boisson, délivrait les Chilotes de leurs inhibitions, laissait derrière lui des amas de métal tordu, et s'évanouissait de nouveau dans la steppe.

Ritchie envoya une patrouille pour mener une enquête, mais elle tomba dans une embuscade. Deux policiers et un chauffeur furent tués. Un lieutenant nommé Jorge Pérez Millàn Témperley, garçon de la haute société qui avait un faible pour l'uniforme, reçut une balle dans ses parties génitales. Lorsque les bandits le contraignirent à les suivre à cheval, la douleur fit à jamais vaciller sa raison.

Le 28 janvier 1921, le 10e régiment de cavalerie argentine s'embarqua à Buenos Aires avec ordre du président Yrigoyen de pacifier la province. Le commandement fut confié au lieutenant-colonel Héctor Benigno Varela, soldat minuscule au patriotisme sans limite, produit de la discipline prussienne, qui aimait que ses hommes soient des hommes. Dans un premier temps Varela déplut fortement aux gros propriétaires étrangers, car son programme de pacification consistait à pardonner à tous les grévistes qui remettaient leurs armes. Mais lorsque Soto sortit de sa retraite pour annoncer une totale victoire sur la propriété privée, l'armée et l'État, le colonel s'aperçut qu'il s'était rendu ridicule et déclara : « S'ils recommencent, je reviendrai et je les fusillerai. »

Les pessimistes avaient raison. Tout le long de la côte, cet hiver-là, les grévistes manifestèrent, pillèrent, incendièrent, firent des piquets de grève et empêchèrent les fonctionnaires de monter à bord des vapeurs. Et lorsque le printemps arriva, Soto mettait sur pied sa seconde campagne, avec trois nouveaux lieutenants (le Conseil rouge était tombé dans une embuscade) : Albino Argüelles, fonctionnaire socialiste ; Ramón Outerelo, ancien serveur bakouniniste ; et un gaucho surnommé

Facón Grande à cause de la taille de son couteau. Soto, continuant à croire que le gouvernement était neutre, donna l'ordre à chaque commandant de s'emparer d'une section de territoire, d'y faire des razzias et de prendre des otages. Il rêvait secrètement d'une révolution qui déborderait les limites de la Patagonie et engloberait tout le pays. Mais, doté d'un tempérament froid et austère, il n'était pas très intelligent. La nuit il se retirait pour dormir seul. Les Chilotes, qui exigeaient d'un chef qu'il partageât les moindres instants de leur existence, commencèrent à perdre leur confiance en lui.

Cette fois-ci l'absence du docteur Borrero se fit sentir. Celui-ci entretenait une liaison avec la fille d'un estanciero et avait profité de l'effondrement du prix des terrains pour s'acheter une exploitation. On apprit alors, à cette occasion, qu'il émargeait sur les feuilles de paye de *la Anónima*, la société des Braun et des Menéndez. Les anarchistes en remarquant sa défection n'eurent que du mépris pour les « dégénérés qui furent jadis socialistes, buvant dans les cafés aux frais des travailleurs, et qui, aujourd'hui, tels de véritables tartuffes, réclament à grands cris l'assassinat de leurs anciens camarades ».

Le président Yrigoyen fit appel à Varela une seconde fois et l'autorisa à utiliser des « mesures extrêmes » pour mater les grévistes. Le colonel débarqua à Punta Loyola le 11 novembre 1921 et commença par réquisitionner des chevaux. Il interpréta les instructions qu'il avait reçues comme la permission tacite de se livrer à un bain de sang, mais, le Congrès ayant aboli la peine de mort, ses officiers et lui durent présenter les Chilotes comme des « forces militaires, parfaitement armées et ravitaillées en munitions, ennemies du pays dans lequel elles vivent ». Ils prétendirent que le Chili soutenait la grève, et la capture d'un anarchiste russe, porteur d'un carnet empli de caractères cyrilliques, fit apparaître dans toute sa clarté l'influence de Moscou.

Les grévistes se dispersèrent sans livrer un seul combat. Mal équipés, ils ne pouvaient même pas utiliser les armes dont ils disposaient. L'armée envoya des rapports faisant état de batailles et d'arsenaux saisis. Le *Magellan Times* pour une fois rapporta la vérité : « Plusieurs bandes de rebelles, voyant leur cause perdue, se sont rendues et les mauvais éléments ont été fusillés. »

En cinq occasions distinctes, les soldats obtinrent la reddition des grévistes après leur avoir promis la vie sauve. Les cinq fois, la capitulation fut suivie d'exécutions. Ils fusillèrent Outerelo et Argüelles. Varela tua Facón Grande dans la gare de Jaramillo, deux jours après avoir déclaré que celui-ci avait trouvé la mort au cours d'un engagement. Ils fusillèrent des centaines d'hommes au bord des tombes qu'ils avaient eux-mêmes creusées ; ils en fusillèrent d'autres dont ils entassèrent les corps sur des feux de *mata negra* et l'odeur de chair et de bois résineux brûlés se répandit dans les pampas.

Le rêve de Soto s'acheva à l'estancia La Anita, établissement pilote de la famille Menéndez. Il détenait des otages dans la maison verte et blanche où, depuis la serre de style art nouveau, on voit le glacier Moreno glisser à travers des sombres forêts pour se jeter dans un lac gris. Ses hommes se trouvaient dans le hangar de tonte mais commencèrent à partir par groupes au bruit de la colonne qui montait dans la vallée.

Soto envoya deux hommes auprès du capitaine Viñas Ibarra pour en venir à un accommodement. « Accommodement, hurla-t-il, accommodement pour quoi ? » Et il expédia les deux messagers dans l'autre monde s'accommoder avec Jésus-Christ. Il ne voulait cependant pas exposer ses hommes au feu et dépêcha un officier subalterne pour négocier. Le 7 décembre, les rebelles le virent s'avancer prudemment dans leur direction : un cheval alezan, un homme en kaki, un drapeau blanc et une paire de grosses lunettes jaunes miroitant dans le soleil. Ses conditions : reddition totale et vies sauves. Les hommes devaient s'aligner le lendemain matin dans la cour.

Le noyau des durs, dirigé par deux Allemands, voulait empiler les balles de laine, transformer le hangar en camp retranché et combattre jusqu'au dernier. Soto déclara qu'il préférait tenter la fuite, que lui n'avait nulle envie de servir de nourriture aux chiens, qu'il poursuivrait la lutte dans les montagnes ou à l'étranger. Les Chilotes ne voulaient pas se battre. Ils préféraient faire confiance à la parole d'un officier argentin plutôt qu'à des promesses vagues.

La décision des Chilotes laissa Soto libre d'agir à sa guise. Cette nuit-là, lui et certains des chefs prirent les meilleurs fusils et les meilleurs chevaux, sortirent, franchirent la sierra et redescendirent sur Puerto Natales. Les carabiniers chiliens, qui s'étaient engagés à boucler la frontière, ne firent rien pour les arrêter.

Le lendemain matin, dans leurs vêtements tissés à la main, imprégnés d'odeurs de mouton, de cheval et d'urine, leurs chapeaux de feutre bien bas, les Chilotes attendirent les soldats sur trois rangs. A trois pas devant eux, leurs fusils et munitions s'entassaient pêle-mêle avec leurs selles, lassos et couteaux.

Ils étaient persuadés qu'ils allaient retourner chez eux, qu'on allait les expulser et qu'on les renverrait au Chili. Mais les soldats les regroupèrent dans le hangar de tonte et lorsqu'on fusilla les deux Allemands ils surent ce qui allait arriver. Dans le hangar, cette seconde nuit ils étaient environ trois cents, couchés dans les parcs à moutons, sous la lumière tremblotante des bougies qui dansait sur les poutres du plafond. Quelques-uns jouaient aux cartes. Il n'y avait rien à manger.

La porte s'ouvrit à sept heures. Solennel, un sergent distribua des pioches à un groupe de corvée. Les hommes restés dans le hangar entendirent le bruit des pas qui s'éloignaient, puis le tintement de l'acier sur la pierre.

« Ils creusent des tombes », dirent-ils.

La porte s'ouvrit de nouveau à onze heures. La troupe ceinturait la cour. Les anciens otages regardaient la scène. Un certain Harry Bond déclara qu'il voulait un cadavre pour chacun des trente-sept chevaux qu'on lui avait volés. Les soldats sortirent les hommes en groupes pour les conduire devant la justice. Celle-ci consistait à savoir si un éleveur voulait reprendre son employé ou non. C'était exactement comme si on triait des moutons.

Les Chilotes restaient immobiles, blancs comme linge, la bouche tombante et les yeux dilatés. On emmenait derrière un mamelon, au-delà de la baignoire à moutons, ceux qui étaient refusés. Les hommes dans la cour entendaient les détonations et voyaient les urubus venir de la barranca en ondulant dans le vent du matin.

Environ cent vingt hommes moururent à La Anita. Selon un de leurs bourreaux, « ils allèrent au-devant de la mort avec une passivité qui était vraiment étonnante ».

Les résultats transportèrent de joie toute la communauté britannique, à quelques exceptions près. Le colonel qu'ils avaient soupçonné de poltronnerie s'était racheté au-delà de toute attente. Le *Magellan Times* fit l'éloge de son « splendide courage, parcourant la ligne de feu comme à la parade... Les Patagoniens devraient tirer leur chapeau devant le 10e régiment argentin de cavalerie, ces gentlemen si valeureux ». Lors d'un déjeuner à Río Gallegos, le président local de la Ligue patriotique argentine parla de « la douce émotion de ces moments » et de son bonheur d'être débarrassé du fléau. Varela répondit qu'il n'avait fait qu'accomplir son devoir de soldat et les vingt Britanniques présents, dont le vocabulaire espagnol était des plus restreints, se mirent à chanter d'une seule voix : « *For he's a jolly good fellow...* »

En permission à San Julián, les soldats se dirigèrent vers le bordel « la Catalana », mais les filles, toutes âgées de plus de trente ans, les accueillirent aux cris de « Assassins ! Cochons ! Nous n'irons pas avec des tueurs ! ». Elles furent traînées en prison pour avoir insulté des hommes en uniforme, et donc le drapeau de la nation. Parmi les filles se trouvait Miss Maud Foster, « ressortissante anglaise de bonne famille, résidant depuis dix ans dans le pays ». *Requiescat !*

A son retour à Buenos Aires, ce ne fut pas une réception de héros qui attendait Varela mais des graffiti disant « FUSILLEZ LE CANNIBALE DU SUD ». Le Congrès était en pleine effervescence ; non pas qu'on tenait particulièrement à Soto et à ses Chiliens, mais Varela avait commis l'erreur de tuer un fonctionnaire socialiste en la personne d'Albino Argüelles. La question n'était point tant de juger Varela pour ce qu'il avait fait que de viser celui qui lui avait donné les ordres. Les attaques se concentrèrent sur Yrigoyen, qui, embarrassé, nomma Varela directeur d'une école de cavalerie, dans l'espoir que l'affaire s'apaiserait peu à peu.

Le 27 janvier 1923 le colonel Varela fut abattu, au coin de Fitzroy et de Santa Fé, par Kurt Wilkens, un anarchiste tolstoïen du Schleswig-Holstein. Un mois plus tard, le 26 février, Wilkens fut tué dans la prison des Encausaderos par son gardien, Jorge Pérez Millán Témperley (personne n'a jamais su comment cet officier à l'esprit dérangé, ancienne victime des rebelles de Patagonie, était arrivé là). Et le lundi 9 février 1925, Témperley fut tué à son tour, dans un hôpital de Buenos Aires pour déments criminels, par un nain yougoslave du nom de Lukič.

L'homme qui fournit le pistolet à Lukič est un cas intéressant : Boris Vladimirovič, Russe de haute naissance, biologiste et artiste, avait vécu en Suisse et connu – ou prétendait avoir connu – Lénine. La révolution de 1905 le poussa à l'ivrognerie. Il eut une attaque cardiaque et émigra en Argentine pour commencer une nouvelle vie. Il fut bientôt repris par ses vieux démons et dévalisa un bureau de change pour alimenter la caisse de la propagande anarchiste. Un homme fut tué et Vladimirovič écopa de vingt-cinq ans à Ushuaia, la prison du bout du monde. Il y chanta à tue-tête les chansons de sa terre natale et, pour obtenir le calme, le gouverneur le fit transférer dans la capitale.

Le dimanche 8 février, deux amis russes lui apportèrent un revolver dans un panier de fruits. L'affaire fut difficile à prouver. Il n'y eut pas de procès, mais Boris Vladimirovič disparut pour toujours dans la Maison des Morts.

Borrero mourut de tuberculose à Santiago del Estero en 1930 après un combat au pistolet avec un journaliste, dans lequel un de ses fils fut tué.

Antonio Soto mourut d'une thrombose cérébrale le 11 mai 1963. Depuis la révolution il avait vécu au Chili, exerçant les professions de mineur, camionneur, projectionniste de cinéma, marchand de fruits, ouvrier agricole et restaurateur. On m'a dit qu'en 1945 il travailla dans la fonderie d'une certaine Mrs Charles Amherst Milward.

52

A Río Gallegos je descendis dans un hôtel bon marché, peint d'un vert toxique, qui accueillait des immigrants de l'île de Chiloé. Les hommes jouèrent aux dominos jusque tard dans la nuit. A mes questions sur la révolution de 1920, ils me marmonnèrent quelques réponses vagues ; ils avaient dans l'esprit une autre révolution, plus récente celle-là. Je les interrogeai ensuite sur la secte des sorciers connue sous le nom de la *Brujería*. D'après les quelques rares informations que je possédais, j'avais le sentiment que cela pourrait expliquer leur comportement en 1920.

« La *Brujería*, dirent-ils en souriant, ce n'est qu'une légende. » Mais un vieillard se rembrunit soudain et se tut à la seule évocation de ce mot.

La secte de la *Brujería* n'a qu'une seule mission, nuire aux gens du commun. Personne ne sait exactement où se trouve son quartier général. Mais il existe au moins deux antennes de son Comité central, l'une à Buenos Aires, l'autre à Santiago du Chili. Impossible de dire laquelle a préséance sur l'autre, ou bien si les deux doivent en référer à une autorité supérieure. Des comités régionaux sont dispersés à travers les provinces et obéissent, sans aucun doute possible, à des ordres venus de plus haut. Les membres subalternes sont tenus dans l'ignorance des noms des plus hauts dignitaires.

Dans l'île de Chiloé le Comité est connu sous le nom de Conseil de la Caverne. La caverne s'ouvre dans les forêts au sud de Quicavi, quelque part sous la terre. Tous ceux qui la visitent sont ensuite frappés d'amnésie temporaire. Ceux qui savent lire et écrire perdent l'usage de leurs mains et la possibilité de tracer la moindre lettre.

Les novices de la secte doivent se soumettre à un endoctrinement de six ans. Puisque seul le Comité central a connaissance de la totalité du programme d'études, les « écoles » de l'île en sont réduites à tenter leurs propres expériences. Quand l'instructeur estime que son élève est apte à être admis, le Conseil de la Caverne se réunit et lui fait subir une série d'épreuves.

Le candidat doit rester immergé quarante jours et quarante nuits sous une cascade de la rivière Thraiguén pour se laver des effets de son baptême chrétien. (Durant cette période on ne l'autorise à prendre qu'une légère collation.) Il doit tuer son meilleur ami pour montrer qu'il s'est débarrassé de toute trace de sentiment et signer un document avec le sang de ses propres veines. Il lui faudra ensuite exhumer le cadavre d'un chrétien récemment enterré et en écorcher la poitrine. Avec la peau grattée et séchée il devra se confectionner un « gilet de voleur ». De la graisse humaine restant sur la peau émanera une douce phosphorescence qui l'éclairera dans ses expéditions nocturnes.

Les membres à part entière ont le pouvoir de s'approprier le bien d'autrui, de se changer en animaux, d'influencer les pensées et les rêves, d'ouvrir les portes, de rendre les hommes fous, de dévier le cours des fleuves et de propager des maladies, particulièrement des virus nouveaux résistant à tous les traitements connus. Dans certains cas ils ne laissent qu'une scarification légère sur leur victime et l'autorisent à racheter sa vie en présentant au Conseil de la Caverne une conque emplie de son propre sang. Celui qui s'avise de se moquer de la secte est aussitôt endormi et tonsuré. Ses cheveux ne repousseront que lorsqu'il aura signé une confession.

L'équipement technique dont dispose la secte comprend le *Challanco*, cristal au travers duquel le Comité central peut inspecter les plus infimes détails de la vie d'un homme. Personne n'a encore réussi à en fournir une description exacte. Pour certains, c'est une coupe de verre ; pour d'autres, un grand miroir circulaire qui émet et reçoit des rayonnements pénétrants. On l'appelle le LIVRE ou la CARTE. Outre qu'il sert à espionner tous les membres de la hiérarchie, on pense qu'il contient un exemplaire indéchiffrable du dogme de la secte.

Seuls les hommes peuvent devenir membres, mais la secte utilise des femmes pour transmettre les messages urgents, les *Voladoras*. Habituellement un membre de confiance choisit la plus belle fille de sa famille et la contraint à assumer ce rôle. Après cela il ne lui est plus possible de retourner à la vie normale. La première étape de son initiation consiste également en un bain de quarante jours. Une nuit on lui demande de rencontrer son instructeur dans la clairière d'une forêt. La seule chose qu'elle y voit est un plat de cuivre étincelant. L'instructeur lui intime ses ordres mais n'apparaît jamais. Il lui demande de se dénuder et de rester debout sur la pointe des pieds, les bras en l'air. Une gorgée d'un breuvage amer lui fait vomir ses intestins.

« Dans le plat ! hurle-t-il. Dans le plat ! »

Une fois libérée de ses viscères, elle devient si légère que des ailes d'oiseau lui viennent et qu'elle se met à voler au-dessus des habitations des hommes en poussant des cris perçants. A l'aube elle retourne vers le plat, réingurgite ses entrailles et retrouve sa forme humaine.

La secte possède son propre navire, le *Caleuche*. Il a comme avantages sur les autres bateaux de naviguer contre le vent et même de s'enfoncer sous la surface. Il est peint en blanc. Sa mâture est illuminée d'innombrables lumières de couleur et du pont parviennent les accents d'une musique enivrante. On pense qu'il transporte des marchandises pour les négociants les plus riches, tous agents du Comité central. Le *Caleuche* a un appétit insatiable d'équipages et enlève des marins de l'archipel. Tous ceux qui ont un rang inférieur à celui de capitaine sont immédiatement abandonnés sur un écueil isolé. Parfois on rencontre des marins fous, errant sur les plages, chantant les chansons du Comité central.

La créature la plus étrange qui soit associée à la secte est l'*Invunche* ou Gardien de la Caverne, être humain dénaturé par une monstrueuse opération scientifique. Quand la secte a besoin d'un nouvel *Invunche*, le Conseil de la Caverne ordonne à un membre de voler un enfant âgé de six mois à un an. Un résident permanent de la caverne, le « difformateur », se met aussitôt au travail. Il désarticule les bras et les jambes, les mains et les pieds. Ensuite commence une tâche délicate : modifier la position de la tête. Jour après jour, et pendant des heures d'affilée, il tord la tête à l'aide d'un tourniquet jusqu'à ce qu'elle ait effectué une rotation de 180 degrés, c'est-à-dire jusqu'à ce que l'enfant puisse regarder droit derrière lui dans l'axe de sa colonne vertébrale.

Reste ensuite une ultime opération, pour laquelle on fait appel à un autre spécialiste. Un soir de pleine lune, l'enfant est allongé sur un établi, maintenu par des lanières, la tête enfouie dans un sac. Le spécialiste pratique une large incision sous l'omoplate droite. Dans le trou, il introduit le bras droit de l'enfant et recoud la blessure avec des ligaments de cou de brebis. Dès la guérison de la plaie, l'*Invunche* est terminé.

Pendant tout le processus, l'enfant est nourri de lait humain. Après le sevrage, son régime est composé de chair humaine, d'abord celle d'enfants, puis bientôt celle d'adultes mâles. Lorsqu'il n'est pas possible d'en obtenir, du lait de chatte, de la viande de chevreau et de bouc sont utilisés comme substituts. Une fois installé comme Gardien de la Caverne, l'*Invunche* est laissé nu et il lui pousse une longue chevelure hirsute. Il ne parvient jamais à parler le langage des hommes ; cependant, au fil des ans, il acquiert peu à peu quelque connaissance du fonctionnement du Comité et peut instruire les novices en poussant des cris rauques et gutturaux.

Parfois le Comité central requiert la présence de l'*Invunche* pour des cérémonies d'une nature inconnue en un lieu mystérieux. Puisque la créature ne peut se déplacer, une équipe d'experts le transporte par air.

Il serait abusif de laisser à penser que les gens acceptent avec soumission les diktats de la secte. Secrètement ils ont déclaré la guerre au Comité central et ne cessent de perfectionner leur système d'information et de défense. Leur but est de surprendre les membres en train de perpétrer leurs méfaits. Si l'un d'eux est pris en flagrant délit, la croyance veut qu'il ne puisse survivre plus d'un an. Les gens espèrent qu'un jour leur dispositif d'écoute atteindra la perfection et qu'ils pourront alors pénétrer les plus hauts rangs du Comité central.

Personne ne se souvient du temps où le Comité central n'existait pas. Selon certains la secte était à l'état embryonnaire avant même que l'homme n'apparaisse.

Il est tout aussi plausible que l'homme ne soit devenu lui-même qu'à travers une féroce opposition à la secte. Nous savons de science certaine que le *Challanco* est l'œil du Mal. Peut-être le terme « Comité central » est-il synonyme de « Bête » ?

53

Je décidai de franchir le détroit de Magellan et d'aller en Terre de Feu. Sur la rive nord des premières passes, un phare rayé d'orange et de blanc se dressait au-dessus d'une plage de galets cristallins, tachetée de moules mauves et de l'écarlate de crabes brisés. Au bord de l'eau des huîtriers-pies introduisaient leur bec dans des amas d'algues rubis à la recherche de coquillages. A moins de trois kilomètres, la côte de la Tierra del Fuego barrait l'horizon d'une bande cendrée.

Devant le restaurant de tôle, une colonne de camions attendait que la marée remette à flot les deux chalands de débarquement qui assuraient la traversée. Trois Écossais vieillissants se tenaient à côté, les yeux d'un bleu layette veiné de rose. De leurs dents ne restaient que de petits chicots brunâtres. A l'intérieur, assise sur un banc, une grosse femme pulpeuse se peignait les cheveux tandis que son compagnon, un conducteur de camion, lui posait des tranches de mortadelle sur la langue.

La marée montante poussait des paquets de varech sur l'escarpement de la plage. Une forte brise soufflait de l'ouest. Dans un coin d'eau plus calme, un couple de canards vapeurs poursuivaient leur lancinant caquetage monogamique : *tuk-tuk... tuk-tuk... tuk-tuk...* Je lançai un galet dans leur direction sans parvenir à les soustraire à leur contemplation réciproque et à mettre en mouvement leurs ailes, dont ils se servent comme de pagaies.

Le détroit de Magellan est l'un de ces cas où la nature a imité l'art. Un cartographe de Nuremberg, Martin Behaïm, avait en effet dessiné le passage du sud-ouest avant que Magellan ne le découvrît. Pour parvenir à ce résultat remarquable, il était parti d'un postulat parfaitement raisonnable. En dépit de ses étrangetés, l'Amérique du Sud était une terre normale en comparaison du continent antarctique inconnu, l'Antichton des Pythagoriciens, marqué du seul mot BROUILLARDS sur les portulans médiévaux. Dans ce monde à l'envers, la neige tombait vers le haut, les arbres poussaient vers le bas, le soleil brillait noir et les Antipodiens à seize doigts dansaient jusqu'à l'extase. NOUS NE POUVONS PAS ALLER À EUX, disait-on, ILS NE PEUVENT PAS VENIR À NOUS. Manifestement un plan d'eau devait séparer ce pays chimérique du reste de la création.

Le 21 octobre 1520, le jour de la Sainte-Ursule et de ses onze mille vierges (naufragées), la flotte de Magellan doubla une pointe de terre que le capitaine baptisa Cabo Vírgenes. Devant eux s'ouvrait béante une baie, apparemment fermée. Dans la nuit un vent du nord-est se leva, entraînant le *Concepción* et le *San Antonio* dans le premier étranglement, la *Primera Angostura*, puis la *Segunda Angostura* et au-delà dans un large bras se dirigeant vers le sud-ouest. Dès qu'ils virent la houle de mer, ils devinèrent que cet itinéraire menait au nouvel océan. Ils rebroussèrent chemin pour apporter la nouvelle au vaisseau amiral. Hourras, canonnades et grand pavois.

Sur la rive septentrionale un groupe descendu à terre

trouva une baleine échouée et un charnier de deux cents cadavres dressés sur des pieux. Mais ils ne débarquèrent pas sur la rive méridionale.

Tierra del Fuego – la Terre de Feu. Les feux étaient ceux des Indiens fuégiens. Selon une des versions de l'origine de cette dénomination, Magellan n'ayant aperçu que de la fumée l'avait appelée Tierra del Humo, Terre de la Fumée, mais Charles Quint déclara qu'il n'y avait pas de fumée sans feu et changea le nom.

Les Fuégiens sont morts et tous les feux éteints. Seules les torchères des raffineries crachent leur panache de fumée dans le ciel crépusculaire.

La flotte hollandaise de Schouten et Le Maire ne doubla le cap Horn qu'en 1619 – et le baptisa tel, non point tant pour sa forme de corne[1] qu'en l'honneur de la ville de Hoorn sur le Zuiderzee. Avant cette date les cartographes représentaient la Terre de Feu comme l'extrémité septentrionale de l'Antichton et la peuplaient des monstres les plus représentatifs : les gorgones, les sirènes et le rock, ce condor démesuré qui transportait des éléphants.

Dante plaça la colline de son *Purgatoire* au centre de l'Antichton. Dans le Chant Vingt-Sixième de *l'Enfer*, Ulysse, emporté dans sa course insensée vers le sud, aperçoit une île montagneuse « brunie par la distance », au moment où les vagues se referment sur son navire – *infin che'l mar fu sopra noi richiuso* –, détruit par son désir passionné de dépasser les limites assignées à l'homme.

La Terre de Feu est alors la terre de Satan. Les flammes y vacillent comme des lucioles dans une nuit d'été et, dans les cercles de l'Enfer qui se resserrent, la glace

1. *Hoorn :* corne en néerlandais.

retient les ombres des traîtres comme des fétus pris dans du verre.

Voilà peut-être pourquoi ils n'y débarquèrent pas.

Dans sa lente reptation, la marée finit par atteindre les bacs. Le soleil plongea derrière les nuages en les ourlant d'or et s'enfonça au milieu du détroit. Un flot de lumière safran inonda le paysage. La mer devint glauque et les embruns se colorèrent de reflets verts et dorés.

> *J'ai découvert un passage du sud-ouest en atteignant*
> Per fretum febris, *par ces détroits, la mort.*

Stances de John Donne sur son lit de mort, son dernier souffle à travers écueils et hauts fonds, vers l'au-delà étincelant :

> *L'océan Pacifique est-il ma demeure ? Ou est-ce*
> *L'Orient avec ses trésors ? Est-ce Jérusalem,*
> *Anyan, et Magellan, et Gibraltar,*
> *Tous ces détroits, et rien que des détroits, sont les*
> *chemins vers ces lieux*
> *Que Japhet y ait habité, ou Cham, ou Sem.*

Pour Gongora le détroit de Magellan était une « charnière d'argent ».

Les mâchoires des bacs s'ouvrirent pour les camions, mais personne ne fut autorisé à embarquer avant d'avoir montré ses papiers à un officier chilien, jeune homme blond et fier, d'une taille peu commune et d'une civilité germanique d'un autre âge. Un galon rouge courait le long de son pantalon gris. Ses ongles roses et délicats effleurèrent mon passeport, marquant un temps d'arrêt sur un visa polonais avant de poursuivre.

Les moteurs projetaient une pellicule iridescente à la surface de l'eau. Les exhalaisons d'un camion de moutons attiraient des nuées d'oiseaux de mer – mouettes, pétrels géants et albatros à sourcils noirs – qui tournoyaient autour du bac, alors que la lourde embarcation avançait avec peine en affrontant de biais une mer courte et sèche. En prenant leur essor les albatros se déployaient dans le vent ; leurs énormes pattes palmées battaient l'eau dans une gerbe d'embruns jusqu'au moment où leurs ailes au profil tranchant parvenaient à les enlever dans les airs.

A la place de la croix, ce fut l'Albatros
Que désormais l'on vit à mon cou suspendu.

Nathaniel Hawthorne vit un jour dans un musée un albatros hurleur empaillé, d'une envergure de quatre mètres, et l'idée d'avoir suspendu un tel oiseau au cou du Vieux Marin lui apparut soudain comme une absurdité supplémentaire du poème. En réalité l'albatros de Coleridge était un oiseau beaucoup plus petit. Voici le texte, tiré du voyage du capitaine Shelvocke, qui fournit au poème sa feuille de route :

Le ciel était perpétuellement caché par de lointains nuages sombres [...] Dans un climat si rude il semble impossible qu'aucun être vivant puisse subsister et en vérité nous [...] ne vîmes aucun poisson d'aucune sorte, et aucun oiseau de mer, hormis un triste *Albitross* noir, qui planait au-dessus de nous comme s'il était perdu [...]. Au cours d'un de ses accès de mélancolie, Hatley (mon second capitaine), voyant que l'oiseau se maintenait toujours au-dessus de nos têtes, s'imagina, d'après sa couleur, qu'il portait malheur [...]. Après quelques tentatives infructueuses, il tua l'albatros, persuadé sans doute que nous pourrions ainsi profiter d'une bonne brise.

Il y a deux candidats possibles que j'ai vus tous deux en Terre de Feu : l'albatros fuligineux, oiseau timide, entièrement gris de suie que les marins anglais appellent « prophète » ou *stink-pot,* ou, moins probablement, l'albatros à sourcils noirs, le *mollymauk* ou « malamoc », animal peu farouche et attaché à la compagnie de l'homme.

A mi-chemin de la traversée du détroit, des formations en V de cormorans noir et blanc nous dépassèrent en un éclair. Une bande de dauphins noir et blanc dansaient dans les vagues d'or.

La veille j'avais croisé les religieuses du couvent de Santa María Auxiliadora visitant la colonie de manchots du Cabo Vírgenes. Un plein car de vierges. Onze mille vierges. Environ un million de manchots. Du noir et du blanc. Du noir et blanc. Une symphonie en noir et blanc.

54

Deux ingénieurs du pétrole m'amenèrent à Río Grande, l'unique ville de la côte orientale de l'île. Au temps jadis, le commerce britannique de viande y prospérait. A présent, elle était passée temporairement aux mains d'Israël.

Un groupe de jeunes bouchers kascher étaient venus de Tel-Aviv pour y accomplir les rites du Lévitique.

Leur habileté au couteau leur attira la sympathie des ouvriers, mais leur comportement scandalisa la direction de l'usine pour deux raisons : leurs méthodes patriarcales d'abattage retardaient la chaîne de fabrication ; après leur journée de travail, ils se baignaient nus dans le fleuve pour ôter le sang de leurs corps blancs et filiformes.

Sous une pluie battante je suivis le rivage jusqu'au collège des pères salésiens. D'abord mission (ou prison) pour les Indiens, il avait été transformé depuis leur disparition en école d'agriculture.

Les pères étaient des experts en taxidermie et des amateurs de pélargoniums. Un prêtre aux lunettes cerclées d'acier, responsable du musée, me demanda d'attendre pendant qu'il extrayait l'œil d'un jeune guanaco. Ses mains couvertes de sang formaient un vif contraste avec la blancheur exsangue de ses bras. Il venait de vernir une araignée de mer d'une taille exceptionnelle et une odeur d'acétate emplissait la pièce. Toute une volière d'oiseaux empaillés s'alignait le long des murs. Leurs gorges peintes en rouge poussaient à l'adresse de leur naturaliste de terribles cris silencieux.

Un jeune prêtre originaire de Vérone entra avec la clé. Le musée occupait l'ancienne église de la mission. Les Indiens de la Terre de Feu se divisaient entre les Ona et les Haush, qui chassaient à pied ; et les Alakaluf et les Yaghan (ou Yámana) qui chassaient en pirogue. Tous, nomades infatigables, ne possédaient que ce qu'ils pouvaient transporter. Leurs ossements et leurs objets quotidiens – arcs, carquois, harpons, paniers, manteaux de guanacos – se délabraient sur les rayonnages de verre à côté des signes matériels du progrès apporté par un Dieu qui leur apprit à renier leur croyance dans les esprits des mousses et des pierres et leur fit faire de la tapisserie au petit point, du crochet et des devoirs d'écolier (dont on avait exposé quelques exemplaires).

Le prêtre était un jeune homme placide aux paupières mi-closes. Il passait son temps à observer les baisses du baromètre et à mener des fouilles dans les camps ona à la recherche de vestiges préhistoriques. Il me conduisit vers quelques renflements verdâtres sur le rivage. Il en éventra un à coups de pelle et dégagea un mélange pourpre de moules, de cendres et d'os.

« Regardez, s'écria-t-il. La mandibule d'un chien ona. »

Le musée renfermait un représentant empaillé de cette ancienne race élancée, au museau pointu, à présent enfouie sous les gènes des chiens de berger des Highlands.

55

Un homme que j'avais rencontré à Río Grande m'envoya à ses cousins qui tenaient une exploitation près de la frontière chilienne.

L'estancia José Menéndez était située hors de la ville, sur une colline gris-vert. Sa peinture écaillée lui donnait l'aspect d'un bateau de croisière échoué au milieu des terres. Au-dessus de la porte du hangar de tonte, les mots JOSÉ MENÉNDEZ s'étalaient en lettres d'or, surmontés d'une superbe tête de bélier sculptée. De la cuisine des péons émanait une odeur de graisse de mouton.

Au-delà des bâtiments la piste serpentait dans la pampa, d'un pâturage à l'autre. Des parterres de mille-feuilles poussaient le long des clôtures. Dans la pénombre j'atteignis les logements des péons. Deux chiens de berger jappèrent, mais un vieux Chileno les chassa et me fit signe d'entrer. Au centre de la pièce nue et astiquée, un poêle rougeoyait. Une vieille femme étendait du linge sur un fil. Sur les murs il y avait de vieux portraits de Hitler et du général Rosas jaunis par la fumée résineuse. Le vieillard me fit asseoir sur sa chaise de toile et d'une voix sourde, répondit par oui et par non à mes questions.

La femme alla à la cuisine et en revint avec une assiette de ragoût. Elle la posa sur la table avec un couteau et une fourchette, lentement et avec application. Je la remerciai et elle se tourna vers le mur.

Un jeune gaucho en *bombachas*, portant une selle de cuir repoussé, fit son entrée. Il alla dans sa chambre et posa la selle sur un chevalet au pied du lit. Son dos s'encadrait dans l'embrasure de la porte et il commença à cirer sa selle. A présent on percevait deux sons, le grésillement du feu et le gaucho frottant le cuir.

Le vieil homme se leva et regarda par la fenêtre. Un cavalier gravissait au petit galop le talus herbeux de la route.

« Voilà Esteban », annonça le vieux à la femme.

L'homme attacha sa monture à la barrière et entra à grandes enjambées. La femme lui avait déjà posé son assiette. C'était un individu de haute stature au visage rubicond. Tout en mangeant, il parla de la baisse des cours de la laine, de la province de Corrientes où il était né, et de l'Allemagne qui avait vu naître son père.

« Vous êtes Anglais ? me demanda-t-il. Avant il y avait beaucoup d'Anglais ici. Propriétaires, directeurs, *capataces*. Des gens civilisés. Allemagne et Angleterre... Civilisation ! Le reste... *Barbaridad!* Cette estancia. Le régisseur, toujours un Anglais. Les Indiens tuent les moutons. Les Anglais tuent les Indiens. Ah ! »

Nous parlâmes ensuite d'un certain Alexander MacLennan qui fut régisseur de l'estancia en 1899 et était plus connu par son surnom, le Cochon Rouge.

56

Dans les années 1890, une version sommaire de la théorie de Darwin – dont l'idée avait germé en Patagonie – retourna en Patagonie et sembla encourager la chasse aux Indiens. Une formule, « la survivance des mieux adaptés », une Winchester et une cartouchière donnèrent à certains organismes européens l'illusion d'être supérieurs aux organismes indigènes, pourtant beaucoup mieux adaptés qu'eux.

Les Ona de la Terre de Feu chassaient les guanacos depuis que leur ancêtre Kaux avait divisé l'île en trente-neuf territoires, un pour chaque famille. Ces familles se querellaient, il est vrai, mais généralement pour des histoires de femmes, et ne songeaient guère à élargir leurs frontières.

Puis les Blancs arrivèrent avec un nouveau guanaco, le mouton, et une nouvelle délimitation, le fil de fer barbelé. Dans un premier temps les Indiens apprécièrent le goût de l'agneau rôti, mais apprirent bientôt à craindre cet autre guanaco, brun et plus grand, et son cavalier qui crachait une mort invisible.

Les vols de moutons commis par les Ona menacèrent les dividendes des compagnies (à Buenos Aires, l'explorateur Julius Popper parla de leurs « alarmantes tendances communistes »). On décida alors d'un commun accord de les rassembler et de les civiliser au sein des missions – où la désespérance de la captivité et les vêtements contaminés les firent mourir à petit feu. Mais Alexander MacLennan méprisait la torture lente : elle offensait ses instincts de chasseur.

Au cours de son adolescence il avait troqué l'Écosse et ses toits d'ardoise contre les horizons infinis de l'Empire britannique. Adulte, il se transforma en un gaillard solide au visage plat, rougi par le whisky et les tropiques, et aux cheveux d'un roux pâle. Ses yeux jetaient des éclairs tout à la fois bleus et verts. Il fut un des sergents de Kitchener à Omdourman au Soudan. Il y vit deux Nil, une tombe en forme de dôme, des djellabas rapiécées et les *fuzzy-wuzzies*, ces guerriers « frisottés » du désert soudanais qui enduisaient leurs cheveux de graisse de chèvre et se couchaient sous les charges de la cavalerie pour éventrer les chevaux de leurs petits poignards courbes. Peut-être sut-il alors que les nomades sauvages étaient indomptables ?

Il abandonna l'armée et fut recruté par les agents de José Menéndez. Ses méthodes réussirent là où celles de son prédécesseur avaient échoué. Ses chiens, ses chevaux, ses péons le vénéraient. Il n'était pas de ces régisseurs d'exploitation qui offrait une livre sterling par oreille d'Indien : il préférait tuer lui-même. Il détestait voir les animaux souffrir.

Les Ona comptaient des traîtres dans leurs rangs. Un jour, pour satisfaire une rancune contre les siens, un renégat avertit MacLennan qu'un groupe d'Indiens se dirigeait vers la colonie de phoques du Cabo de Peñas, au sud de Río Grande. C'est dans une petite baie fermée que les chasseurs massacrèrent les phoques, tandis qu'au-dessus, sur les falaises, le Cochon Rouge et ses hommes regardaient la plage se rougir de sang en attendant que la marée montante rabatte les Indiens à portée de leurs fusils. Ce jour-là, ils en inscrivirent au moins quatorze à leur tableau de chasse.

« Un acte humanitaire ! dit le Cochon Rouge, si on a le cran de le faire. »

Chez les Ona, il y avait un tireur d'élite, Täapelt, rapide et téméraire, partisan d'une justice froide et sélective, qui s'était fait une spécialité d'abattre un à un les meurtriers blancs. Täapelt traqua le Cochon Rouge et le découvrit un jour qu'il pratiquait son sport favori, la chasse à l'homme, en compagnie du chef de la police locale. Une flèche transperça le cou du policier. Une autre se ficha dans l'épaule de l'Écossais, mais il se rétablit et fit monter la pointe de flèche en épingle de cravate.

Le Cochon Rouge trouva son châtiment dans l'alcool de son propre pays. Ivre nuit et jour, il fut congédié par la famille Menéndez. Sa femme Bertha et lui se retirèrent dans un petit pavillon de Punta Arenas. Il mourut vers quarante-cinq ans de delirium tremens.

57

« Mais les Indiens ont fini par avoir le Cochon Rouge, vous savez. »

La personne qui s'exprimait ainsi était une des deux

vieilles filles anglaises – septuagénaires – que je rencontrai plus tard au Chili. Leur père avait été directeur d'une conserverie de viande en Patagonie et elles passaient leurs vacances dans le Sud en rendant visite à de vieux amis. Elles vivaient dans un appartement de Santiago. C'étaient de charmantes vieilles dames, qui parlaient avec de charmantes intonations de vieilles dames anglaises.

Fardées à outrance toutes les deux, elles s'étaient épilé les sourcils et les avaient redessinés plus haut. L'aînée avait les cheveux blonds, or vif plus précisément, et blanc à la racine. En dessous des paupières vertes, ses lèvres formaient un arc écarlate. La plus jeune était brune. Ses cheveux, ses sourcils, son ensemble et sa cravate à pois en soie s'harmonisaient dans des tons chocolat ; même son rouge à lèvres était d'un brun rougeâtre.

Elles prenaient le thé avec une amie ; le soleil qui entrait à flots par la fenêtre faisait resplendir la rangée de leurs visages peints.

« Oh, dit la blonde, nous connaissions bien le Cochon Rouge. Nous étions petites filles à Punta Arenas, à cette époque-là. Bertha et lui vivaient dans une drôle de petite maison au coin d'une rue. Sa fin a été terrible. Terrible ! Il voyait tout le temps des Indiens dans son sommeil. Des arcs et des flèches. Et ils criaient vengeance ! Une nuit il s'est réveillé et les Indiens encerclaient le lit. Il les a implorés : "Ne me tuez pas ! Ne me tuez pas !" et il est sorti de la maison en courant. Bertha l'a suivi dans la rue mais n'a pas pu le rattraper, et il s'est enfui dans la forêt. On a perdu sa trace pendant plusieurs jours. Puis un péon l'a retrouvé dans une prairie au milieu des vaches. Tout nu ! A quatre pattes ! Il mangeait de l'herbe ! Il meuglait comme un taureau parce qu'il se prenait pour un taureau. Et ce fut la fin, bien sûr. »

58

L'Allemand Esteban me donna un lit de camp pour la nuit mais, à ce moment précis, nous vîmes des phares de voiture. C'était un taxi qui emmenait un péon à l'estancia où je voulais aller. Ils me laissèrent près du portail d'entrée.

« Eh bien, au moins votre visiteur parle anglais. »

La voix me parvenait d'un salon où flambait un feu de bois.

Miss Nita Starling était une petite Anglaise, très vive, aux cheveux blancs coupés court, aux poignets fins et à l'expression extrêmement décidée. Les propriétaires de l'estancia avaient fait appel à elle pour s'occuper du jardin. Maintenant ils ne voulaient plus qu'elle s'en aille. Travaillant par tous les temps, elle avait aménagé de nouvelles plates-bandes et un jardin de rocaille. Elle avait éclairci les fraisiers et, grâce à ses soins, un carré de mauvaises herbes s'était transformé en pelouse.

« J'ai toujours voulu faire du jardinage en Terre de Feu, me dit-elle le lendemain matin sous une pluie fine qui ruisselait le long de ses joues, maintenant je peux dire que j'en ai fait. »

Dans sa jeunesse Miss Starling avait été photographe, mais elle s'était mise à mépriser l'objectif. « Ça vous gâche tout le plaisir », disait-elle. Elle travailla ensuite comme horticultrice chez un pépiniériste renommé du sud de l'Angleterre. Elle s'intéressait particulièrement aux arbustes à fleurs. Ce sont eux qui lui permirent d'échapper à une vie plutôt morne, à sa mère grabataire qu'elle devait soigner, et elle commença à se passionner pour leur vie. Elle les plaignait d'être ainsi artificiellement élevés dans des bacs et conservés dans des pots sous un toit de verre. Elle aimait à les imaginer sauvages, au sein des forêts et des montagnes, et elle voyageait en rêve dans les pays de leurs étiquettes.

A la mort de sa mère, Miss Starling vendit la petite maison et tout ce qu'elle renfermait. Elle acheta une valise légère et fit cadeau des vêtements qu'elle ne porterait jamais. Elle bourra la valise et, la prenant à la main, fit le tour du voisinage pour évaluer son poids. Miss Starling n'avait pas confiance dans les porteurs. Elle emporta une robe de soirée.

« On ne sait jamais où l'on peut se retrouver », dit-elle.

Elle voyageait depuis sept ans et espérait bien continuer ainsi jusqu'à ce qu'elle n'en puisse plus. Les arbustes à fleurs étaient ses compagnons. Elle savait où et quand ils allaient fleurir. Elle ne prenait jamais l'avion et payait ses déplacements en enseignant l'anglais ou en effectuant de petits travaux de jardinage.

Elle avait vu le veld sud-africain embrasé de fleurs ; les lis et les forêts de *madrones* de l'Oregon ; les pins de la Colombie britannique ; et la flore de l'Australie occidentale, miraculeusement préservée de toute hybridation, isolée par le désert et la mer. Les Australiens ont donné des noms si amusants à leurs plantes : patte-de-kangourou, plante des dinosaures, plante à cire de Gerardtown et Billy Black Boy.

Elle avait vu les cerises et les jardins zen de Kyoto, et les couleurs de l'automne à Hokkaidô. Elle adorait le

Japon et les Japonais. Elle y séjourna dans des auberges de jeunesse, charmantes et propres. Dans l'une d'elles elle eut une liaison avec un garçon qui aurait pu être son fils. Elle lui donnait des leçons particulières d'anglais, et du reste, au Japon, les jeunes aiment les gens plus âgés.

A Hong Kong, Miss Starling prit pension chez une femme du nom de Mrs Wood.

« Une femme redoutable, dit Miss Starling. Elle essayait de se faire passer pour une Anglaise. »

Mrs Wood avait à son service une vieille Chinoise, Ah-hing, qui croyait travailler pour une Anglaise, mais ne parvenait pas à comprendre pourquoi, si elle était anglaise, elle la traitait de cette façon.

« Je lui ai révélé la vérité, dit Miss Starling : "Ah-hing, votre patronne n'est pas anglaise du tout. C'est une Juive russe." Ah-hing en a été toute retournée, car, d'un coup, tous les mauvais traitements s'expliquaient. »

Miss Starling connut une mésaventure lors de son séjour chez Mrs Wood. Une nuit, alors qu'elle cherchait la clé de sa porte, un Chinois lui mit un couteau sous la gorge en lui réclamant son sac.

« Et vous le lui avez donné, dis-je.

— Pas du tout. Je lui ai mordu le bras. Je peux assurer qu'il a eu plus peur que moi. Ce n'était pas ce qu'on peut appeler un voleur professionnel. Mais il y a une chose que je regretterai toujours. Il s'en est fallu de si peu que je lui prenne son couteau. J'aurais aimé le garder en souvenir. »

Miss Starling envisageait de partir pour les azalées du Népal, « pas ce mois de mai mais celui d'après ». Elle espérait voir son premier automne nord-américain. Elle s'était promenée dans des forêts de *Nothofagus antarctica.* On en vendait dans la pépinière.

« C'est beau, dit-elle en portant son regard vers la ligne noire qui marquait la fin des prés et le début des arbres. Mais je n'aimerais pas y revenir.

— Moi non plus », dis-je.

59

Je poursuivis ma route jusqu'à la ville la plus australe du monde. Ushuaia, à sa fondation, n'était qu'un bâtiment préfabriqué, élevé en 1869 par un missionnaire, le révérend W. H. Stirling, à côté des huttes des Indiens Yaghan. Pendant seize ans l'anglicanisme, les jardins potagers et les Indiens prospérèrent. Puis la Marine argentine survint et les Indiens moururent de la rougeole et de la pneumonie.

De base militaire de la Marine qu'elle était, la colonie monta en grade et devint pénitencier. L'inspecteur des prisons y conçut un chef-d'œuvre de pierre taillée et de béton, plus sûr que les geôles de Sibérie. Ses murs gris et nus, percés de meurtrières minuscules, s'élèvent à l'est de la ville. Il fait aujourd'hui fonction de caserne.

Les matins d'Ushuaia commençaient dans un calme plat. De l'autre côté du canal de Beagle on apercevait la silhouette dentelée de l'île Hoste et l'étroit défilé de l'Angostura Murray qui mène à l'archipel Horn. Au milieu de la journée, l'eau se mettait à bouillonner et la côte disparaissait au loin derrière un écran de vapeur.

Les habitants de cette ville, apparemment sans enfants, avaient le visage violacé et jetaient des regards peu amènes aux étrangers. Les hommes travaillaient dans une conserverie de crabes ou dans les ateliers de la Marine, que maintenait en activité une guerre froide avec le Chili à propos de vétilles. La dernière maison avant la caserne était le bordel. Des choux blancs comme des crânes poussaient dans le jardin. Au moment où je passai, une femme au visage maquillé vidait ses ordures. Elle portait un châle chinois noir, brodé de pivoines rose bonbon. Elle me lança « *Qué tal ?* » et m'adressa le seul sourire honnête et joyeux que je vis à Ushuaia. De toute évidence, sa situation lui convenait.

La sentinelle me refusa l'accès de la caserne. Je voulais voir la cour de la vieille prison. J'avais lu la biographie du plus célèbre bagnard d'Ushuaia.

60

L'histoire des anarchistes ne représente que le dernier avatar de la même vieille querelle entre Abel, le vagabond, et Caïn, le thésauriseur de biens. Secrètement, je soupçonne Abel d'avoir provoqué Caïn aux cris de « Mort à la bourgeoisie ! ». Il est donc dans l'ordre des choses que le héros de ce récit ait été juif.

En ce 1er mai 1909 il faisait froid à Buenos Aires, malgré le soleil. Tôt dans l'après-midi, des colonnes d'hommes en casquettes plates commencèrent à affluer sur la Plaza Lorea. Bientôt la place se couvrit de drapeaux rouges et retentit de clameurs.

Pris dans les remous de la foule, Simón Radowitzky

tournoyait avec elle. C'était un rouquin, originaire de Kiev, de petite taille, mais doté d'une forte musculature acquise sur les chantiers de chemins de fer. Il avait un soupçon de moustache et de larges oreilles. Sa peau – « désagréablement blanche », note le rapport de police – avait conservé la pâleur du ghetto. Un menton carré et proéminent, un front bas trahissaient une intelligence limitée et une détermination sans bornes.

Les pavés sous les pas, la respiration de la foule, les bâtiments décorés en stuc et les arbres sur les trottoirs, les fusils, les chevaux et les casques de policiers, rappelèrent à Radowitzky sa ville et la révolution de 1905. Des voix rauques se mêlèrent à l'italien et à l'espagnol. Un cri monta : « Mort aux cosaques ! » Les émeutiers, perdant alors leur sang-froid, brisèrent les vitrines et dételèrent les chevaux des fiacres.

Simón Radowitzky avait connu la prison tsariste. En Argentine depuis trois mois, il vivait avec d'autres Juifs russes anarchistes dans un logement ouvrier. Il buvait leurs paroles enflammées et fomentait des plans d'action bien précis.

Avenida de Mayo, un cordon de cavalerie et une automobile solitaire surveillaient l'avance de la foule. Dans la voiture se tenait le chef de la police, le colonel Ramón Falcón, homme impassible aux yeux d'aigle. Les manifestants du premier rang repérèrent leur ennemi et lui crièrent des obscénités. Calmement, il calcula leur nombre et se retira.

Suivirent ensuite une salve d'artillerie et une charge de cavalerie au cours desquelles trois hommes moururent et quarante furent blessés. (Les journalistes comptèrent trente-six flaques de sang.) La police allégua la légitime défense et exhuma des libelles séditieux écrits en hébreu qu'ils utilisèrent pour rejeter l'origine des troubles sur les nihilistes russes, à qui une politique d'immigration trop libérale permettait de polluer le pays. En Argentine les mots « russe » et « juif » étaient synonymes.

Le deuxième acte se déroula plus tard, le même hiver. Dédaignant les escortes armées, le colonel Falcón revenait, au volant de sa voiture, de l'enterrement de son ami, le directeur des prisons d'État. A ses côtés son jeune secrétaire, Alberto Lartigau, apprenait à être un homme. A un angle de l'avenida Quintana, Simón Radowitzky, en costume sombre, attendait un paquet à la main. Avec un minutage parfait il le jeta dans la voiture, sauta en arrière pour éviter l'explosion et courut vers un chantier de construction.

Il n'eut pas de chance. Des passants avertirent deux policiers. Une balle l'atteignit sous le sein gauche et il s'abattit, grinçant des dents sous les coups, « *Viva la Anarquía!* hurla-t-il d'une voix heurtée à ceux qui l'avaient arrêté. Je ne suis rien mais j'ai une bombe pour chacun d'entre vous. »

Le colonel Falcón, amas sanglant de membres brisés, resta assez conscient pour décliner son identité. « Ce n'est rien, dit-il. Occupez-vous du garçon d'abord. » Il mourut à l'hôpital des suites de ses multiples hémorragies. Lartigau survécut à une amputation jusqu'au soir. Du pays tout entier, des délégations de policiers vinrent assister aux funérailles.

« Simón Radowitzky appartient à cette classe d'ilotes qui végètent dans les steppes de Russie, traînant une vie misérable dans les climats les plus rigoureux et la détresse de leur condition inférieure. » Le procureur général mit aussi en avant certaines singularités somatiques comme autant d'indices d'une personnalité criminelle. En son âme et conscience, il requit la peine de mort, mais le juge ne pouvait la prononcer avant d'avoir éclairci la question de l'âge de l'assassin.

C'est à ce moment qu'intervint Moïse Radowitzky, rabbin et fripier, qui exhiba le bulletin de naissance de son cousin. Une fois les illisibles caractères déchiffrés, la cour apprit que l'inculpé avait dix-huit ans et sept mois, c'est-à-dire qu'il était trop jeune pour le peloton d'exécution mais pas pour la réclusion à perpétuité. Le juge ordonna en outre que, chaque année, à l'époque anniversaire de son crime, il soit mis vingt jours au cachot, seul, au pain sec et à l'eau.

Simón Radowitzky disparut dans les labyrinthes de béton armé où pullulaient les rats. Deux ans plus tard, on décida de le transférer à Ushuaia, la prison de la capitale n'étant pas sûre. Une nuit, soixante-deux prisonniers furent déshabillés pour une inspection médicale et enchaînés avec des anneaux de fer aux pieds. Sur le quai, des projecteurs éclairaient la procession qui franchit la passerelle d'un cargo de la Marine. Le voyage commencé par temps calme s'acheva dans les coups de vent de la Patagonie. Les bagnards partageaient leur cabine avec la réserve de charbon, et débarquèrent noirs de poussière, les chevilles ulcérées par les fers.

Un certain goût de l'avilissement et l'espérance échevelée commune aux gens de son peuple permirent à Radowitzky de traverser des années d'eaux grasses et de pommes de terre. Toutes ses possessions se résumaient à quelques photos de famille. Il accueillait chaque nouvelle indignité avec le sourire et se découvrit un ascendant sur les hommes. Les prisonniers l'aimaient, lui exposaient leurs problèmes et il dirigeait leurs grèves de la faim.

Son pouvoir, une fois reconnu, lui attira une haine

plus féroce encore de la part des fonctionnaires de la prison. Les gardiens reçurent l'ordre exprès de lui balancer une lanterne au visage, toutes les demi-heures, pendant son sommeil. En 1918, le gouverneur adjoint, Gregorio Palacios, désirant sa chair blanche et souhaitant plus encore dégrader son propriétaire, le sodomisa. Trois gardiens le maintinrent et le sodomisèrent à leur tour. Ils le frappèrent à la tête et lui lacérèrent le dos à coups de fouet et de couteau.

Dans la capitale des amis de Radowitzky eurent vent de cette affaire et publièrent leur version des faits sous le titre *La Sodoma Fuegina*. La révolution russe battait son plein. Des inscriptions « Libérez Radowitzky » furent barbouillées sur les murs de Buenos Aires. Les plus entreprenants des anarchistes préparèrent l'évasion de leur martyr.

Un seul homme pouvait réussir l'opération, Pascualino Rispoli, « le dernier pirate de la Terre de Feu », un Napolitain qui avait suivi à la trace son père renégat jusqu'au bar Alhambra à Punta Arenas et était demeuré sur les lieux. Pascualino possédait un petit cotre, officiellement pour chasser le phoque et la loutre de mer, et clandestinement pour faire de la contrebande et piller les épaves. Il sortait en mer par tous les temps, faisait passer par-dessus bord les matelots trop bavards, perdait régulièrement aux cartes et acceptait n'importe quelle mission.

Un jour d'octobre 1918, deux anarchistes argentins louèrent les services de Pascualino pour l'évasion. Le cotre prit son mouillage au large d'Ushuaia le 4 novembre. A l'aube, trois jours plus tard, Radowitzky, qui avait revêtu l'uniforme d'un gardien complice, franchit le seuil du pénitencier. Un canot le transporta à bord et, avant que l'alarme n'eût été déclenchée, le cotre s'évanouit dans le dédale des canaux où, quatre années auparavant, le croiseur allemand *Dresden* avait échappé à la flotte britannique.

Le Napolitain voulait débarquer le prisonnier avec des provisions dans l'une des nombreuses îles en attendant que le remue-ménage s'éteigne. Mais l'âme urbaine de Radowitzky recula d'horreur devant les sinistres jungles humides. Il insista pour être amené à Punta Arenas.

Pendant ce temps, la marine chilienne avait accepté de collaborer avec la police argentine. Leur remorqueur *Yáñez* intercepta le cotre peu avant qu'il n'arrive à destination, mais le passager de Pascualino eut le temps de s'esquiver à la nage et de se réfugier sous les arbres. Ne trouvant rien, mais soupçonnant tout, les officiers emmenèrent quelques membres de l'équipage à Punta Arenas où la police leur fit manger le morceau. Le *Yáñez* retourna le long de la côte et surprit Pascualino qui déposait Radowitzky à terre avec un chargement de tonneaux. Le fugitif resta allongé immobile dans l'eau, à l'abri du cotre, mais il n'y avait plus aucune échappatoire possible : un détachement de carabiniers avait encerclé l'endroit. Frigorifié et à bout de forces, il se rendit et fut ramené à Ushuaia.

Douze années passèrent. Puis, en 1930, le président Yrigoyen libéra Radowitzky dans un geste d'apaisement envers la classe ouvrière. Une nuit de mai, sur le pont d'un cargo militaire, l'ancien bagnard put contempler les lumières de Buenos Aires, mais il ne fut pas autorisé à débarquer. Ses gardiens le firent monter à bord du ferry-boat de Montevideo. Secrètement Yrigoyen avait promis aux chefs de sa police de l'expulser du sol argentin.

Sans papier, sans argent, et habillé de vêtements mal

taillés, achetés à un Turc d'Ushuaia, « la victime de la bourgeoisie » franchit la passerelle du vapeur sous les applaudissements d'une foule d'anarchistes. Le comité de réception qui espérait des mots et des gestes de boutefeu fut déçu par cet homme embarrassé, aux manières douces, aux sourcils épais, au visage strié de veines livides, qui souriait vaguement et ne savait que faire de ses mains.

Ses nouveaux amis l'embrassèrent et le poussèrent dans un taxi. Il tenta de répondre à leurs questions mais ramenait sans cesse la conversation sur ses amis d'Ushuaia. Supporter cette séparation, dit-il, était au-dessus de ses forces. Lorsqu'on l'interrogea sur ses souffrances, il resta muet, tira maladroitement une feuille de papier de sa poche et lut un texte remerciant le Dr Yrigoyen au nom du prolétariat international. Quand il annonça son intention de retourner en Russie, les anarchistes se mirent à rire. L'homme n'avait même pas entendu parler du massacre de Kronstadt.

Une fois libre, Radowitzky s'enfonça de nouveau dans l'obscurité et l'épuisement nerveux. Ses amis l'utilisèrent pour transmettre des messages à des camarades au Brésil. Il eut quelques déboires avec la police uruguayenne et fut mis en résidence surveillée ; n'ayant pas de résidence, il se retrouva de nouveau en prison.

En 1936 il s'embarqua pour l'Espagne. Trois années plus tard, il fit partie des colonnes d'hommes défaits qui franchirent les cols pyrénéens pour se réfugier en France. Il alla au Mexique, où un poète lui trouva un emploi de commis de bureau au consulat uruguayen. Il écrivit des articles pour des revues ronéotypées de faible diffusion et partagea ses gages avec une femme, peut-être la seule qu'il connût jamais. Parfois il rendait visite à sa famille, qui menait une vie heureuse aux États-Unis.

Simón Radowitzky mourut d'une crise cardiaque en 1956.

61

L'année où, dans la plaine de Waterloo, les nations d'Europe tracèrent la route du XIXe siècle, naissait dans l'Angostura Murray un garçon qui devait contribuer modestement à tracer celle du XXe.

Il naquit sous une tonnelle faite de baliveaux verts, d'herbes sèches et de peaux de phoque. Sa mère coupa le cordon ombilical avec une coquille de moule tranchante et lui fourra la tête contre son bout de sein cuivré. Durant deux ans ce mamelon fut le centre de son univers. Il allait partout avec lui : pêcher, cueillir des fruits, faire du canot, rendre visite à ses cousins, ou apprendre les noms – aussi complexes et aussi précis que du latin linnéen – de tout ce qui nageait ou poussait, rampait ou volait.

Un jour, le mamelon eut un goût horrible, car sa mère l'avait enduit de graisse de baleine rance. Elle lui dit d'aller jouer avec les garçons de son âge, maintenant qu'il pouvait mâcher une tranche de phoque. Son père prit alors en charge son éducation et il sut bientôt étrangler les cormorans, assommer les manchots, poignarder les crabes et harponner les phoques. Le garçon apprit l'histoire de Watauineiwa, le Vieil-Homme-dans-le-Ciel qui ne changeait point et s'offensait du changement et celle de Yetaita, la Puissance des Ténèbres, monstre velu qui s'abattait sur les indolents et qu'on pouvait chasser en dansant. Et il apprit les récits, qui de tout temps ont hanté les esprits des hommes – ceux du Phoque amoureux, de la Création du Feu, ou du Géant au talon d'Achille, ou celui de l'Oiseau-Mouche qui délivra les eaux prisonnières.

Le garçon grandit, intrépide et loyal aux coutumes de sa tribu. Une saison suivait l'autre : le temps-des-œufs, le vol-des-bébés-mouettes, le rougeoiement-des-feuilles-de-la-plage, la disparition-de-l'Homme-Soleil. Les anémones de mer bleues annonçaient le début du printemps ; avec les ibis arrivaient les grands vents d'équinoxe. Des hommes naissaient et des hommes mouraient. Les gens avaient peu la notion du temps qui s'écoulait.

Il faisait clair et frisquet en ce matin du 11 mai 1830. (Pour les Fuégiens cette date se caractérisait par une combinaison de branches dénudées et de retour des loutres de mer.) En contrebas de leurs calottes de neige, les collines étaient bleues, les forêts pourpres et roussâtres. La houle noire venait se briser en lignes blanches le long du rivage. Le garçon pêchait avec son oncle lorsqu'ils virent l'apparition.

Depuis des années les gens du Sud parlaient à voix basse des visites d'un monstre. D'abord ils crurent avoir affaire à une sorte de baleine, mais une rencontre à plus courte distance leur révéla qu'il s'agissait d'une pirogue gigantesque pourvue d'ailes, pleine de créatures roses avec des poils qui leur poussaient d'une manière inquiétante au milieu du visage. Celles-ci, cependant, devaient être à moitié humaines puisqu'elles connaissaient un peu les règles du troc. Plus haut sur la côte, des amis avaient échangé un chien contre un couteau des plus pratiques, fait d'une pierre scintillante, dure et froide.

Inconscient du danger, le garçon persuada son oncle de s'approcher de la pirogue de l'homme rose. Une personne de grande taille en costume lui fit signe et il sauta à bord. L'homme rose offrit à l'oncle un disque qui luisait comme la lune. La pirogue étendit alors une aile blanche et vola sur le canal vers la source des boutons de nacre.

L'auteur de l'enlèvement était le capitaine Robert Fitz-Roy de la Marine royale d'Angleterre, commandant le *Beagle*, qui terminait le premier relevé des eaux australes. Tout en bas de la côte de Patagonie, il avait vu, dans les strates d'huîtres fossiles, une confirmation de sa croyance dans l'universalité du déluge. Il s'ensuivait que tous les hommes étaient les enfants d'Adam, et tous étaient également aptes à s'améliorer. Pour cette raison il se réjouissait de cette nouvelle recrue, aux yeux brillants d'intelligence, qui venait grossir sa collection de trois indigènes. L'équipage l'appela Jemmy Button.

On possède des documents précis sur la phase suivante de la carrière du garçon. Avec deux autres Fuégiens (le quatrième mourut de la petite vérole à Plymouth), il visita Londres, vit un lion de pierre sur les marches de la Northumberland House, et se retrouva dans un pensionnat de Walthamstow, où il apprit l'anglais, le jardinage, la charpenterie, et les plus pures vérités de la religion chrétienne. Il apprit aussi à se bichonner devant un miroir et à se tracasser pour des gants. Avant de quitter l'Angleterre, il fut reçu en audience par Guillaume IV et la reine Adélaïde ; et, si nous en croyons Mark Twain, son compatriote York Minster se rendit à un bal de la cour à Saint-James en costume de son pays – et vida la salle de bal en deux minutes.

Nous connaîtrions beaucoup moins bien le retour des Fuégiens sans le naturaliste de la seconde traversée du *Beagle*, un jeune homme agréable au nez retroussé, doté d'un sens de l'observation hors de pair et d'un exemplaire des *Principes de géologie* de Lyell dans ses bagages. Darwin aimait bien Jemmy Button, mais les Fuégiens sauvages l'effrayaient. Il lut (sans en tenir compte) la description de l'aumônier de Drake d'un « peuple avenant et inoffensif » dont les pirogues étaient de belles proportions, « d'une élégance et d'une maniabilité à ravir des princes ». Au lieu de cela il tomba dans le travers commun des naturalistes : s'émerveiller de la complexe perfection des autres créatures et s'indigner de la sordidité de l'homme. Pour Darwin, les Fuégiens étaient « les créatures les plus abjectes et les plus misérables » qu'il ait jamais contemplées. Ils ressemblaient aux diables des « pièces comme *Der Freischütz* et restaient fascinés par sa peau blanche comme un orang-outan dans un zoo. Il se gaussait de leurs pirogues, de leur langue (qui « mérite à peine d'être qualifiée d'articulée ») et avouait qu'il avait peine à croire qu'ils étaient « ses semblables et les habitants du même monde ».

Lorsque le *Beagle* s'approcha de sa terre natale à Wulaia, Jemmy Button debout sur le pont montra du doigt les membres d'une tribu ennemie de la sienne rassemblés sur le rivage. « Yapoos ! cria-t-il. Singes !... Sales !... Bêtes !... Non-hommes !... », renforçant ainsi Darwin dans sa principale conviction. Car la seule vue des Fuégiens l'aida à concevoir la théorie selon laquelle l'homme descend d'une espèce simiesque, certains hommes ayant poursuivi leur évolution plus loin que d'autres. Jemmy Button, en retournant à l'état sauvage presque d'une nuit à l'autre, confirma le raisonnement.

Fitz-Roy et Darwin revinrent en Angleterre en octobre 1836 et commencèrent à rédiger leurs journaux de voyage. (Cinq ans de repas pris ensemble autour de la même table les avaient tous deux affermis dans des points de vue diamétralement opposés.) Fitz-Roy, pas moins que Darwin, resta perplexe devant ces sauvages de « la couleur du bétail du Devonshire » qui dansaient sur les vagues au large du cap Horn dans des pirogues d'écorce. Si eux aussi descendaient de Noé, comment et pourquoi étaient-ils parvenus si loin du mont Ararat ? En appendice à son *Narrative*, il publia une théorie de la migration qui semble préfigurer les événements mythiques de Freud au sein de la horde primitive.

Quelque part en Asie Mineure, sous la tente, les fils de Sem et de Japhet aimèrent des esclaves noires, de la lignée maudite de Cham et de Cusch, et engendrèrent une race de mulâtres à peau rouge, qui allèrent peupler l'Asie et les Amériques. Naturellement les pères préféraient leur progéniture légitime à des métis, et ces derniers, las de leur esclavage, partirent. Leur désir de liberté stimula l'émigration dans toutes les directions « et par la suite perpétua la passion du nomadisme que l'on voit aujourd'hui chez l'Arabe, le Malais migrateur, le Tartare vagabond et le toujours instable Indien sud-américain ».

Fitz-Roy croyait que les émigrants étaient partis habillés et instruits, mais que les climats exotiques avaient abruti leurs sens et anéanti leur bétail. Bientôt ils ne surent plus lire et se couvrirent de peaux de bêtes quand leurs vêtements furent usés. Dans ce bout du monde, ils conservèrent l'usage de la pirogue et des épieux, mais se dégénérèrent en créatures malpropres, à la chevelure hirsute et à la denture « aplatie comme celle des chevaux », véritables « satires contre l'humanité ».

Dans sa bibliothèque de bord Fitz-Roy avait emporté le *Voyage vers le pôle Sud* du capitaine James Weddell. Au cours de l'été 1822-1823, les deux navires de Weddell, le brick *Jane* et le cotre *Beaufoy*, cinglèrent vers le sud, depuis le cap Horn, à la poursuite des phoques. Ils traversèrent des courants charriant les glaces de la banquise (l'une de ces coulées était couverte de terre noire), et le 8 février, à la latitude de 74°15', au point le plus austral jamais atteint, ils aperçurent des baleines, des oiseaux semblables aux pétrels bleus et des lieues de mer libre. « ON NE DEVAIT VOIR AUCUNE PARTICULE DE GLACE DE QUELQUE SORTE QUE CE SOIT. »

Weddell écrivit sur sa carte : « Mer du Roi George IV – Navigable », laissant l'impression que la mer se réchauffait à l'approche du pôle. Ensuite il fit voile vers le nord à la recherche d'îles fantômes, les Auroras. Lors d'une escale aux Shetland du Sud, un de ses matelots aperçut un « animal défiant toute description », visage rouge de forme humaine et chevelure verte tombant de ses épaules. Puis, à l'île Hermite, près du cap Horn, il rencontra des pirogues chargées de Fuégiens qui firent presque chavirer le navire. Il leur lut un chapitre de la Bible qu'ils écoutèrent solennellement : un homme colla son oreille contre le livre, croyant qu'il parlait. Weddell nota aussi quelques mots de leur vocabulaire

Sayam : Eau
Abaish : Femme
Shevoo : Approbation
Nosh : Mécontentement

et concluait que cette langue était l'hébreu, tout en reconnaissant que sa présence sur la Terre de Feu soulevait « une question pleine d'intérêt pour les philologues ». Son paragraphe final, où il recommandait les sauvages à la philanthropie de ses compatriotes, incita probablement Fitz-Roy à partir.

Au moment précis où Darwin et Fitz-Roy s'installaient pour rédiger leur relation de voyage, un exemplaire du livre du capitaine Weddell parvenait à Richmond en Virginie, sur le bureau du rédacteur du *Southern Literary Messenger*, Edgar Allan Poe, qui écrivait un récit d'un tout autre genre. Poe à l'instar de Coleridge, qu'il admirait passionnément, était un autre vagabond de la nuit, obsédé par l'Extrême-Sud et par des voyages d'anéantissement et de renaissance – vision enthousiaste qu'il communiquera à Baudelaire. Il venait récemment de prendre connaissance de la théorie de J. C. Symmes, ancien officier de cavalerie de Saint-Louis du Missouri, qui affirmait en 1818 que les deux pôles étaient creux et tempérés.

Dans les *Aventures d'Arthur Gordon Pym*, le héros naufragé est recueilli par le capitaine Guy, à bord de la goélette *Jane Guy* « partie pour chasser le veau marin ». (Le texte de Weddell mentionne un capitaine Guy, bien réel celui-là.) Ils font route vers le sud à la recherche des Auroras, traversent les mêmes banquises, aperçoivent un « animal de l'aspect le plus singulier », au corps revêtu d'un poil soyeux et aux dents écarlates, et débarquent dans une île au climat chaud, appelée Tsalal, où tout est noir. Le teint des Tsalaliens « était d'un noir de jais, et leurs cheveux, longs, épais, et laineux ». Pour Poe qui, en bon Virginien, détestait les nègres, ils représentaient le dernier niveau de la bestialité et de l'ignorance. Les notables de l'île ont droit au titre de

Yampoos (cf. les Yahous des *Voyages de Gulliver* et les Yapoos de Jemmy Button) et le nom de leur chef suprême est Too-Wit.

En apparence Too-Wit est amical, mais secrètement il trame un crime. Les canots tsalaliens entourent la *Jane Guy;* les sauvages pillent le navire et taillent en pièces l'équipage. Seuls Pym et un compagnon parviennent à s'échapper de l'île, mais leur canot est attiré vers le sud dans un gouffre sans limites. Au moment où la cataracte les engloutit, ils voient – comme Ulysse apercevant la montagne du Purgatoire – une immense figure humaine voilée. « Et la couleur de la peau de l'homme était la blancheur parfaite de la neige. » Cette vision réapparaît dans le poème de Rimbaud « Being Beauteous ».

Les Tsalaliens de Poe sont un amalgame des « Blackfellows » tasmaniens (du capitaine Cook) et des Noirs du Sud (de son enfance), mais les Fuégiens du capitaine Weddell y ont leur part également. Car les Tsalaliens sont aussi les descendants de Cham, le basané, et leur langue est l'hébreu (Tsalal – « être noir », Too-Wit – « être sale »). Ni Poe ni Darwin ne se sont lus : que tous les deux aient utilisé les mêmes ingrédients pour atteindre un but similaire n'est qu'un autre exemple du fonctionnement synchronique de l'intelligence.

La dernière partie de la carrière de Jemmy Button ne fit rien pour rehausser la réputation de son peuple. En 1855 la goélette *Allen Gardiner*, de la Société missionnaire de Patagonie, s'ancra dans l'Angostura Murray et hissa l'Union Jack. Mû par une inspiration soudaine, le capitaine Parker Snow cria « Jemmy Button » et un cri lui répondit de l'autre côté de l'eau : « Oui ! Oui, James Button ! James Button ! » Un homme corpulent arriva dans une pirogue, réclama des vêtements et, « tel un babouin habillé pour la circonstance », prit le thé dans la cabine du capitaine. Vingt et un ans s'étaient écoulés depuis son retour en Terre de Feu.

Quatre autres années vont encore passer avant que Jemmy n'organisât un massacre dont le scénario eût pu être écrit pour lui par Poe. Le 6 novembre 1859, le service du matin dans la première église anglicane de Wulaia fut interrompu par une horde de Fuégiens qui assommèrent et lapidèrent les huit fidèles blancs. Seul Alfred Coles, le maître coq, qui préparait le déjeuner à bord de la goélette, échappa au carnage. Lors de l'enquête officielle il jura que Jemmy, furieux des cadeaux misérables qu'on lui avait envoyés d'Angleterre, avait préparé la tuerie et qu'après, il avait dormi dans la cabine du capitaine.

Jemmy vécut jusque dans les années 1870, assez longtemps pour voir s'installer à Ushuaia une véritable mission et mourir, dans sa tribu, les premières victimes des épidémies. A l'époque où le feld-maréchal von Moltke justifiait le militarisme prussien en s'appuyant sur les principes darwiniens, l'homme qui contribua à les établir s'effondrait sur une pile de peaux de phoques et cherchait le sommeil. Ses femmes se lamentaient et s'apprêtaient à l'oublier. On ne peut pas savoir ce qu'il retint de ce monde au moment de le quitter : un bout de sein cuivré ? la bedaine d'un homme appelé Majesté ? ou bien un lion mangeur d'hommes sur les marches de la Northumberland House ?

Je quittai Ushuaia comme on quitte un endroit où l'on n'aimerait pas s'enterrer et traversai le canal de Beagle pour me rendre à Puerto Williams, base navale du Chili sur l'île de Navarino.

62

« Demandez Grand-papa Felipe, me dit le lieutenant. C'est le seul Indien de pure race qui reste. »

Les derniers des Yaghan vivaient dans une rangée de cabanes en planches à l'extrémité de la base. Les autorités les avaient installés là, pour qu'ils soient proches d'un médecin. Il tombait une petite pluie fine. Des plaques de neige recouvraient çà et là le rivage.

L'été était bien avancé. Derrière le village, les arbres disparaissaient dans les nuages. Au-dessus des eaux noires et lisses du canal s'élevaient les piliers gris des falaises de l'île Gable.

Le vieillard m'invita à entrer. La fumée qui emplissait la hutte me piqua les yeux. Il était assis sur un tas de caisses à poissons, de pots de crabes, de paniers et d'accessoires de bateau. Ses jambes arquées le faisaient paraître à peine plus haut que large. Il portait une casquette graisseuse. Son visage plat et tanné de Mongol et ses yeux noirs immobiles ne marquaient aucun signe d'émotion ou d'expression quelconque.

Seules ses mains bougeaient, fines, agiles et striées de veines grisâtres. Il gagnait un peu d'argent en fabriquant pour les touristes des pirogues faites d'écorce et de brins d'osier cousus avec des tendons de mouton. Jadis les pères faisaient ces pirogues pour leurs fils. Maintenant il n'y avait plus d'enfants et les touristes étaient encore très peu nombreux. Je le regardai amenuiser une hampe miniature et la fixer sur un minuscule harpon en os.

Il rompit le silence.

« Avant je faisais de gros harpons. Je les faisais avec de l'os de baleine. Sur toutes les plages on trouvait des os de baleines. Mais il n'y en a plus maintenant. Je les faisais avec un os de la tête.

— De la mâchoire ?

— Non, pas de la mâchoire. De l'intérieur de la tête. Dans le crâne de la baleine, il y a une *canalita* avec deux os de chaque côté. Les harpons les plus solides venaient de là. Les harpons faits avec la mâchoire n'étaient pas aussi solides.

« Vous êtes anglais. » Il me regarda pour la première fois et sembla essayer de sourire.

« Comment le savez-vous ?

— Je connais mon monde. Avant je connaissais beaucoup d'Anglais. Il y avait deux marins anglais, Charlie et Jackie. Ils étaient grands et blonds et c'étaient mes amis. Nous parlions anglais à l'école. Nous ne savions plus notre langue. Mister Lawrence la connaissait mieux que nous. Il nous a appris à parler notre propre langue. »

Grand-papa Felipe avait vu le jour à la mission anglicane et c'était probablement un parent de Jemmy Button. Durant son enfance il vit mourir son peuple. Puis il vit mourir tous ses enfants, à l'exception d'une fille. Et sa femme.

« Pourquoi est-elle morte ? Elle est morte dans son sommeil, les bras croisés. Et je n'ai jamais su pourquoi. »

Il avait été malade, dit-il. Malade toute sa vie durant. Un corps sans force. Incapable de travailler.

« C'est à cause des épidémies. Les épidémies sont arrivées et nous avons vu mourir notre peuple. Mister Lawrence écrivait des mots sur la pierre une fois qu'ils étaient morts. Nous ne savions rien des épidémies.

Comment aurions-nous pu savoir? Nous étions en bonne santé avant. Il n'y avait jamais d'épidémies. »

En montant à bord du bateau qui allait me ramener à Ushuaia, je rencontrai un homme obèse au visage couperosé. Ses moustaches en crocs et ses yeux saillants lui donnaient l'aspect d'un pacha ottoman. Il portait un chapeau d'astrakan. Il était venu de Santiago étudier la possibilité d'implanter une usine de traitement de krill. Les baleines avaient disparu et, en l'absence de leur prédateur, les crevettes proliféraient en quantités énormes. Je lui parlai de Grand-papa Felipe en mentionnant Charlie et Jackie.

« Il les a probablement mangés », commenta le gros homme.

63

A partir d'Ushuaia, il me fallut faire près de soixante kilomètres à pied le long du canal de Beagle pour atteindre l'estancia Bridges à Harberton.

Pendant les premiers kilomètres, la forêt descendait jusqu'au rivage et on apercevait à travers les branches l'eau vert sombre et les serpentins de varech pourpres ballottés au gré des vagues. Plus loin les collines laissaient la place à des pâturages d'herbe rêche, parsemés de marguerites et de champignons.

Sur la ligne de marée s'accumulait du bois flotté blanchi par la mer, et, de place en place, flottait une poutre de navire ou une vertèbre de baleine. Les rochers étaient recouverts d'une couche de guano d'un blanc farineux. Des cormorans s'y perchaient, ainsi que des bernaches antarctiques qui prenaient leur envol dans des éclats noirs et blancs. Au large passaient des grèbes et des canards vapeurs et, plus loin dans le détroit, des albatros fuligineux tournoyaient sans effort en fendant l'air comme des lames de couteaux.

La nuit tombait lorsque j'entrai en boitant dans le poste de la Marine argentine d'Almanza. Deux marins, abandonnés là, occupaient leurs journées à observer les Chiliens aux jumelles ; mais leur radio était cassée et ils ne pouvaient pas rendre compte de ce qu'ils voyaient. L'un venait de Buenos Aires et racontait des blagues scatologiques. L'autre, un Indien Chaco, ne disait rien mais restait accroupi, le menton sur les genoux, à contempler les braises du feu.

En venant par les terres, on pouvait prendre l'estancia d'Harberton pour un gros domaine des Highlands, avec ses clôtures à moutons, ses portails robustes et ses ruisseaux à truites couleur de tourbe. L'établissement du révérend Thomas Bridges s'étendait le long de la rive occidentale d'un petit bras de mer, protégé du vent par une colline basse. Ses amis Yaghan avaient choisi ce site auquel il avait donné le nom du village de sa femme, dans le Devon.

La maison, importée d'Angleterre voici de nombreuses années, était faite de tôle ondulée peinte en blanc avec des fenêtres vertes et un toit d'un rouge tendre. A l'intérieur, elle conservait le solide mobilier d'acajou, l'équipement sanitaire et l'atmosphère intègre d'un presbytère victorien.

Clarita Goodall, la petite-fille du missionnaire, était seule dans la maison. Dans son enfance, elle s'était assise sur les genoux du capitaine Milward et avait écouté ses histoires de mer. Elle me donna un exemplaire du

Dictionnaire yaghan de Thomas Bridges que je m'en fus lire dans la véranda. Dans le jardin à l'anglaise les fleurs semblaient rayonner d'une luminosité intérieure. Un sentier menait à une porte à claire-voie, surmontée d'une mâchoire de baleine. La fumée d'un feu de bois s'effilochait au-dessus des eaux noires et, sur la rive opposée, des bernaches lançaient leurs cris d'appel.

64

Thomas Bridges était un petit homme franc qui croyait en la providence divine et n'avait pas froid aux yeux. Orphelin, il avait été adopté par George Packenham Despard, pasteur dans le Nottinghamshire et secrétaire de la Société missionnaire de Patagonie, qui l'emmena aux îles Falkland. C'est là qu'il vivait lorsque Jemmy Button massacra les missionnaires. Plus tard, il poursuivit leur tâche et, hormis une visite occasionnelle en Angleterre, vécut constamment en Terre de Feu. Mais vers 1886, avec la disparition progressive des Indiens, il se rendit compte que les jours de la mission étaient comptés. Ayant une famille de sept enfants à nourrir et aucune perspective d'avenir en Angleterre, il demanda au président Roca de lui accorder un titre de propriété pour les terres d'Haberton. Cette démarche le condamna aux yeux des pharisiens.

Le jeune Thomas Bridges avait eu suffisamment de patience – et d'oreille – pour écouter un Indien, George Okkoko, et maîtriser la langue dont Darwin s'était gaussé. A sa grande surprise, il découvrit une complexité syntaxique et un vocabulaire que personne n'avait soupçonnés chez un peuple « primitif ». A dix-huit ans, il décida d'établir un dictionnaire qui l'aiderait à « leur parler, pour ma satisfaction et leur édification, de l'amour de Jésus ». Cette œuvre gigantesque s'achevait à peine à sa mort, en 1898. Il avait alors recensé 32 000 mots sans avoir, et de loin, épuisé leurs réserves d'expression.

Le *Dictionnaire* survécut aux Indiens pour devenir leur monument. Au British Museum j'ai eu entre les mains le manuscrit original de Bridges et j'aime à m'imaginer le pasteur, les yeux rougis par le travail nocturne, dans les hurlements du vent qui entourait la maison, remplissant de son écriture de pattes de mouche les pages du gros registre aux gardes marbrées de bleu. On sait qu'il désespéra de trouver dans ce labyrinthe méticuleux les mots exprimant les concepts intangibles de l'Évangile. On sait également qu'il était intolérant aux superstitions des Indiens et qu'il n'essaya jamais de les comprendre : le meurtre de ses collègues, trop proche, l'en empêchait. Les Indiens détectèrent ce fond d'intolérance et lui cachèrent leurs croyances les plus profondes.

Le dilemme de Bridges est assez commun. En constatant dans les langues « primitives » une pénurie de mots pour les idées morales, nombreux furent ceux qui en conclurent que ces idées n'existaient pas. Mais les concepts de « bon » ou de « beau », si essentiels dans la pensée occidentale, sont sans signification s'ils ne plongent pas leurs racines dans les choses. Les premiers locuteurs d'une langue prenaient les matériaux bruts de leur milieu et les transposaient en métaphores pour exprimer des idées abstraites. Le langage yaghan – et par déduction toute langue – agit à la manière d'un système de navigation. Les choses nommées sont les points fixes, alignés ou comparés, qui permettent à celui qui parle de préparer l'étape suivante. Si Bridges avait découvert la portée de la métaphore yaghan, son travail n'aurait jamais été achevé. Il nous en est parvenu cependant suffisamment pour ressusciter la subtilité de leur entendement.

Que penser d'un peuple qui définissait la « monotonie » comme une « absence de camarades » ? Ou qui utilisait pour « dépression » le mot qui décrivait la phase vulnérable du cycle saisonnier du crabe, celle où l'animal, dépouillé de sa vieille carcasse, attend que la nouvelle se forme ? Ou qui faisait dériver « paresseux » du nom du manchot ? Et « adultère » du nom du hobereau, un petit faucon qui volette çà et là pour s'arrêter, immobile, au-dessus de sa prochaine victime ?

Voici quelques-uns de leurs synonymes :

> Pluie de neige fondue – Écailles de poisson
> Un banc de sprats – Mucus visqueux
> Un enchevêtrement d'arbres tombés barrant le sentier – Un hoquet
> Du combustible – Quelque chose de calciné – Le cancer
> Des moules hors de la saison – Peau ratatinée – Vieillesse.

Certaines de leurs liaisons m'ont échappé :

> Le phoque à fourrure – La famille d'un homme assassiné.

D'autres semblaient obscures, puis sont devenues claires :

La fonte des neiges – Une cicatrice – L'enseignement.

La pensée chemine comme suit :

La neige recouvre le sol comme une croûte recouvre une plaie. Elle fond plaque par plaque et laisse une surface lisse et aplatie (la cicatrice). Le dégel annonce l'arrivée des beaux jours. C'est alors que les gens commencent à se déplacer et que les leçons reprennent.

Un autre exemple :

Un marécage – Une blessure mortelle (ou blessé mortellement).

Les marécages de la Terre de Feu sont des matelas bosselés de mousses et gorgés d'eau. Ils ont une couleur jaune sale parsemée de taches rouges, la couleur d'une blessure ouverte qui rend du sang et du pus. Les marécages couvrent le fond des vallées, étendus à plat comme un homme blessé.

Les verbes occupent la première place dans cette langue. Les Yaghan avaient un verbe pour saisir le moindre mouvement des muscles, la moindre action de la nature ou de l'homme. Le verbe *īya* signifie « attacher sa pirogue à des goémons qui flottent » ; *ōkon* « dormir dans une pirogue » (en faisant bien la distinction avec dormir dans une hutte, sur la plage ou avec sa femme) ; *ukōmona* « lancer avec force son épieu dans un banc de poissons sans en viser un en particulier » ; *wejna* « avoir du jeu ou se déplacer aisément comme un os brisé ou comme la lame d'un couteau » – « errer, ou vagabonder, comme un enfant abandonné ou perdu » – « être attaché de manière lâche, comme un œil dans son orbite ou un os dans sa glène » – « se balancer, se déplacer ou voyager » – ou simplement « exister ou être ».

Comparés aux verbes, les autres éléments de la parole jouent les utilités. Les noms restent suspendus à leur racine verbale. Le mot pour « squelette » vient de « mâcher complètement ». *Aiapi* signifie « apporter une lance, d'un genre bien défini, et la poser dans une pirogue prête pour la chasse » ; *aiapux* est l'animal chassé, la « loutre de mer ».

Les Yaghan étaient des nomades nés, mais ils n'allaient jamais très loin. Leur ethnographe, le père Martin Gusinde a écrit d'eux : « Ils ressemblent à des oiseaux migrateurs qui ne tiennent pas en place et ne trouvent le bonheur et le calme intérieur que lorsqu'ils voyagent » ; et leur langue révèle une attitude proche de celle du marin obsédé par l'espace et le temps. Car quoique ne comptant pas jusqu'à cinq, ils définissaient les points cardinaux avec de minutieuses distinctions et lisaient les changements saisonniers comme on lit un chronomètre de grande précision.

Quatre exemples :

Iūan : Saison des jeunes crabes (lorsque les parents portent leurs petits).

Cūiūa : Période pendant laquelle les jeunes deviennent indépendants (d'après le verbe « s'arrêter de mordre »).

Hakūreum : Assouplissement de l'écorce et montée de la sève.

Čekana : Saison de la construction des pirogues et époque d'appel des bécassines (le son *ček-ček* imite le cri de la bécassine et le bruit que fait le constructeur de la pirogue lorsqu'il arrache par plaques l'écorce du bouleau).

Thomas Bridges forgea le terme « Yaghan » d'après un lieu appelé Yagha : les Indiens s'appelaient eux-mêmes *Yámana*. Le verbe *yámana* signifie « vivre, respirer, être heureux, guérir ou être en bonne santé ». En tant que nom, ce mot signifie « les gens » par opposition aux animaux. Une main avec le suffixe -*yámana* était une main humaine, une main tendue en signe d'amitié, par opposition à une griffe meurtrière.

Les couches d'associations métaphoriques qui constituaient leur géologie mentale enchaînaient les Indiens à leur sol natal par des liens qui ne pouvaient être rompus. Le territoire d'une tribu, aussi rude et inconfortable fût-il, était toujours un paradis qu'on ne pouvait améliorer. Par contraste le monde extérieur était l'enfer et ses habitants ne valaient pas mieux que des bêtes.

Peut-être, en ce mois de novembre, Jemmy Button prit-il les missionnaires pour les envoyés de la puissance des ténèbres ? Peut-être, quand plus tard il éprouva du remords, se souvint-il que les hommes roses, aussi, étaient des humains.

65

Dans son autobiographie *The Uttermost Part of the Earth* (« Aux confins de la Terre »), Lucas Bridges raconte comment le manuscrit de son père fut subtilisé par le Dr Frederick A. Cook, un Américain au verbe facile, médecin à bord du *Belgica* lors de l'expédition belge en Antarctique de 1898-1899, qui tenta de le présenter comme son propre travail. Cook était le voyageur mythomane du pays de Rip van Winkle qui commença sa vie par une escroquerie, puis prétendit avoir réalisé la première ascension du mont McKinley et battu Robert Peary au pôle Nord. Il mourut à New Rochelle en 1940, après avoir purgé une peine de prison pour trafic d'actions pétrolières falsifiées.

Le manuscrit du dictionnaire, perdu en Allemagne pendant la Seconde Guerre mondiale, fut retrouvé par Sir Leonard Wooley, l'archéologue qui mit au jour la ville d'Ur, et offert au British Museum par la famille.

Lucas Bridges fut le premier Blanc à devenir l'ami des Ona. Ils lui faisaient confiance, à lui seul, alors que des hommes comme le Cochon Rouge massacraient les leurs. *The Uttermost Part of the Earth* fut l'un des livres favoris de mon enfance. Il y raconte de quelle façon il découvrit, du haut du mont Spión Kop, le lac Kami, lieu sacré des Indiens et comment, plus tard, ceux-ci l'aidèrent à ouvrir à la hache une piste reliant Harberton à l'autre ferme familiale, à Viamonte.

J'avais toujours voulu parcourir ce sentier.

66

Clarita Goodall ne voulait pas que je parte. La distance qui me séparait du lac Kami avoisinait les quarante kilomètres, les rivières débordaient et les ponts s'étaient écroulés.

« Vous pourriez vous casser une jambe, dit-elle, ou vous perdre et nous devrions alors envoyer une équipe à votre recherche. Avant on y allait à cheval dans la journée, mais c'est devenu impossible maintenant, même en plusieurs jours. »

Tout cela à cause des castors. Un gouverneur de l'île avait fait venir des castors du Canada et à présent leurs barrages obstruaient les vallées où le passage était jadis ouvert. Je tenais malgré tout à cette randonnée.

Tôt le matin elle me réveilla. Je l'entendis préparer le thé dans la cuisine. Elle me donna de grosses tartines à la confiture de cassis. Elle remplit mon thermos de café. Elle prit des bâtons imbibés de kérosène et les enveloppa dans un sac étanche : ainsi, si d'aventure je tombais à l'eau, je pourrais au moins faire du feu. Elle me recommanda : « Soyez très prudent ! » et me regarda partir sur le seuil de la porte, dans la pénombre du petit matin. Vêtue d'une longue robe de chambre rose, elle agitait lentement la main avec un petit sourire triste.

Une légère couche de brume recouvrait le petit bras de mer. Une famille de bernaches à tête grise ridait la surface de l'eau et, en franchissant le premier portail, je vis d'autres bernaches près d'une mare. Je suivis la piste qui se dirigeait vers les montagnes. Devant moi se dressait le mont Harberton, avec ses bois noirs ; un soleil voilé émergeait au-dessus de ses contreforts. De ce côté de la rivière s'étendaient des pâturages gagnés sur la forêt, au relief inégal, et hérissés d'arbres calcinés.

Le chemin montait et descendait. Dans les creux on avait placé des plates-formes en rondins. Après une ultime barrière, je longeai un étang noirâtre bordé d'arbres morts. Le sentier s'élevait ensuite en serpentant au milieu d'une première haute futaie.

J'entendis le rugissement de la rivière au fond de sa gorge avant de la voir. Les lacets du sentier dévalaient la falaise. Dans une clairière les parcs à moutons de Lucas Bridges pourrissaient. Le pont avait disparu, mais cent mètres en amont, la rivière s'élargissait et courait sur des pierres brunes et glissantes. Je coupai deux arbrisseaux et les taillai. J'enlevai mes chaussures, mon pantalon et m'avançai dans l'eau, sondant le terrain à chaque pas avec le bâton de gauche et assurant mon équilibre avec celui de droite. A l'endroit le plus profond l'eau tourbillonnait à la hauteur de mes fesses. Parvenu sur la rive opposée, je me séchai dans un carré de soleil. Mes pieds étaient rouges de froid. Au-dessus de moi un canard des torrents remontait la rivière. Je reconnus sa tête striée et ses fines ailes bruissantes.

La piste se perdit bientôt dans la forêt. Je sortis ma boussole et pris plein nord en direction de la deuxième rivière. Ce n'était plus une rivière, mais un marécage de tourbe jaunâtre. Sur le bord, de jeunes arbres avaient été abattus, tranchés de biais comme par un coup de machette. J'étais arrivé au pays des castors. Et voilà ce qu'ils faisaient des rivières.

Trois heures plus tard j'atteignis la crête du mont Spión Kop. A mes pieds s'allongeait la vallée du rio Valdez, demi-cylindre qui s'ouvrait vers le nord et se prolongeait sur vingt kilomètres jusqu'à la ligne bleue du lac Kami.

Une ombre passa devant le soleil dans un frémissement d'air et un grand froissement d'ailes. Deux condors avaient fondu sur moi. J'aperçus leurs yeux rouges lorsqu'ils me frôlèrent ; ils virèrent en contrebas du col, découvrant le gris de leur dos, puis en planant décrivirent un arc de cercle jusqu'au pied de la vallée avant de reprendre de la hauteur dans les vents ascendants des falaises. Bientôt ils ne furent plus que deux petits points dans le ciel blanchâtre.

Les points grossirent. Ils revenaient. Ils fonçaient droit dans le vent, en un vol rectiligne comme celui d'avions de chasse piquant sur leur cible, leur tête noire s'encadrant dans une collerette de plumes blanches, les ailes fermes, la queue rabattue en éventail comme des volets de freinage, les serres baissées et grandes ouvertes. Par quatre fois ils fondirent sur moi, puis eux et moi nous nous lassâmes de ce jeu.

Dans l'après-midi je tombai effectivement dans la rivière. En me risquant sur un barrage de castor, je mis le pied sur un tronc qui avait l'air solide mais qui flottait. Précipité la tête la première dans une boue noirâtre, j'eus beaucoup de mal à m'en sortir. Maintenant il me fallait atteindre la route avant la nuit.

La piste réapparut, formant un corridor qui coupait droit à travers l'ombre des bois. Je suivis les empreintes d'un guanaco. Je l'aperçus plusieurs fois loin devant moi, qui sautait d'un bond par-dessus les arbres tombés, et puis je pus l'observer de plus près. C'était un mâle solitaire à la robe boueuse et au front balafré. Il s'était battu et avait perdu. Maintenant lui aussi n'était plus qu'un vagabond stérile.

Soudain les arbres s'éclaircirent et je vis la rivière serpenter paresseusement parmi les pâturages. En suivant les traces du bétail je dus bien traverser la rivière vingt fois. Près d'un de ces gués, je remarquai des empreintes de bottes et me sentis d'un coup léger et heureux à la pensée de trouver bientôt la route ou une cabane de péon. Mais ces traces disparurent et la rivière s'engagea, torrentueuse, dans une gorge aux parois de schiste. Je coupai à travers la forêt. La lumière déclinait et il devenait dangereux d'escalader des arbres morts dans le noir.

J'étendis mon sac de couchage sur un endroit plat. Je sortis les bâtons de leur sac et en empilai la moitié avec de la mousse et des brindilles. Le feu s'alluma brusquement, se propageant même aux branches mouillées. Les flammes embrasèrent les rideaux de lichen vert qui pendaient des arbres. L'intérieur du sac de couchage était humide et chaud. Des nuages de pluie cachaient la lune.

J'entendis alors le bruit d'un moteur et me levai sur mon séant. La lumière des phares perçait la frondaison des arbres. Moins de dix minutes de marche me séparaient de la route mais j'avais trop sommeil pour réagir. Je m'endormis aussitôt. Je dormis même sous l'averse.

Le lendemain après-midi, lavé et restauré, je me retrouvai assis dans le petit salon de Viamonte, perclus de courbatures. Pendant deux jours, je lus, allongé sur le divan. Toute la famille était partie camper, sauf l'oncle Beetle. Nous parlâmes de soucoupes volantes. L'autre jour il avait senti une présence dans la salle à manger, autour d'un portrait.

Depuis Viamonte je traversai la moitié chilienne de l'île jusqu'à Porvenir où je pris le bac pour Punta Arenas.

67

Sur la plaza de Armas se déroulait une cérémonie. Cela faisait cent ans que José Menéndez avait posé le pied à Punta Arenas et quelques-uns de ses descendants fortunés avaient fait le voyage dans le Sud pour inaugurer le monument élevé à sa mémoire. Les femmes portaient robes noires, perles, fourrures et souliers vernis. Les hommes présentaient l'aspect soucieux de ceux qui ont la charge de protéger un territoire d'une trop grande superficie. Leurs terres chiliennes s'étaient évanouies dans la réforme agraire. Ils se cramponnaient encore à leurs latifundia argentins, mais la bonne vieille époque des régisseurs anglais et des péons dociles était révolue.

La tête de bronze de don José était chauve comme une bombe. Le buste avait jadis orné l'estancia de famille à San Gregorio ; sous le régime d'Allende les péons l'avaient jeté dans un hangar. Sa reconsécration sur la plaza symbolisait le retour à la libre entreprise, mais très probablement la famille ne récupérerait rien du tout. Les panégyriques, prononcés avec une certaine mauvaise foi, résonnaient comme un glas funèbre.

Le vent poussait des soupirs à travers les araucarias municipaux. Autour de la place s'alignaient la cathédrale, l'hôtel et les palazzos de la vieille ploutocratie, transformés pour la plupart en clubs d'officiers. Une statue représentait Magellan orgueilleusement campé au-dessus d'un couple d'Indiens à terre que l'artiste avait sculptés d'après « le Gaulois mourant ».

Tous les gros bonnets faisaient acte de présence pour cette occasion. Un orphéon couvrait le bruit du vent aux accents des marches de Sousa, tandis que l'*Intendente*, un général de l'armée de l'air au visage rougeaud, se préparait à ôter le voile de la statue. Le chargé d'affaires espagnol regardait droit devant lui avec des yeux vitreux qui reflétaient – à n'en pas douter – la conviction la plus absolue. L'ambassadeur américain avait un air affable. La foule, toujours prête à sortir au moindre flonflon de fanfare, traînait autour de la cérémonie, l'air impassible. Punta Arenas était une ville de gauche. Et ces gens-là avaient élu Salvador Allende député.

Un pâté de maisons plus loin, se dressait le palais que Moritz Braun fit venir d'Europe en pièces détachées quand il épousa la fille de don José en 1902 ; ses toits à la Mansart formaient une protubérance au-dessus d'un écran de cyprès noirs. Tant bien que mal la maison avait résisté aux confiscations et, dans un décor d'hygiéniques statues de marbre et de canapés à boutons, survivait la sérénité domestique de la Belle Époque.

Les serviteurs apprêtaient la salle à manger pour la réception du soir. Le soleil de l'après-midi se glissait à travers les rideaux de velours et se réfléchissait sur un bandeau de damas blanc renvoyant la lumière sur des murs de cuir de Cordoue et sur un tableau représentant la danse nuptiale d'un couple d'oies, peint par Ruiz Blasco, le père de Picasso.

Après la cérémonie, la vieille génération alla se détendre dans lc jardin d'hiver. Une soubrette, en robe noire et tablier blanc, leur servit des petits pains au lait et du thé clair. La conversation se porta sur les Indiens. Un « Anglais » de la famille déclara : « Toute cette affaire de massacres d'Indiens a été quelque peu exagérée. Vous savez, ces Indiens étaient d'une classe très inférieure. Je veux dire par là qu'ils n'étaient pas comme les Aztèques ou les Incas. Aucune civilisation, rien. Finalement ce n'était qu'une bande de pauvres types pas très intéressants. »

68

Les pères salésiens de Punta Arenas avaient un musée plus important que celui de Río Grande. Le clou de l'exposition était une vitrine renfermant la photographie d'un jeune prêtre italien au regard intolérant, la peau salée d'une loutre de mer et un récit exposant comment l'un et l'autre s'étaient rencontrés.

> Le 9 septembre 1889 trois Alakaluf des *canales* vinrent voir le père Pistone et lui offrirent une peau de loutre, celle qui est conservée de nos jours dans le musée. Pendant que le père l'examinait, l'un des Indiens lui assena un terrible coup de machette sur le côté gauche de la mâchoire. Les deux autres se précipitèrent sur lui. Le père lutta contre ces représentants de l'*Homo silvestris* mais sa blessure était grave. Après plusieurs jours de souffrance, il mourut.

> Les meurtriers avaient vécu sept mois à la mission, chéris et soignés par les Salésiens comme des fils adoptifs. Mais l'atavisme, l'ambition et la jalousie les poussèrent au crime. Une fois leur forfait accompli ils s'enfuirent. Quelque temps après ils revinrent, et, au contact de Notre Religion, devinrent civilisés et vécurent en bons chrétiens.

Des effigies d'Indiens grandeur nature, en plâtre peint, étaient exposées dans des vitrines d'acajou. Le sculpteur leur avait donné des traits simiesques qui contrastaient avec la sérénité doucereuse de la madone provenant de la mission de l'île Dawson. Les objets les plus tristes de ce musée étaient deux cahiers d'écolier et les photos des garçons à l'air intelligent qui y avaient écrit les deux phrases suivantes :

LE SAUVEUR ÉTAIT EN CE LIEU
ET JE NE LE SAVAIS PAS

À LA SUEUR DE TON FRONT
TU MANGERAS TON PAIN.

Ainsi, les Salésiens avaient remarqué la signification du verset 19 du chapitre III de la Genèse. L'âge d'or se terminait quand les hommes s'arrêtaient de chasser, s'installaient dans des maisons et lorsque commençait la routine quotidienne.

69

Un « Anglais » m'emmena aux courses. C'était le jour le plus ensoleillé de l'été. Le détroit étalait ses eaux calmes et bleues et l'on voyait au loin la double couronne blanche du mont Sarmiento. Les tribunes fraîchement repeintes de blanc regorgeaient de généraux, d'amiraux et de jeunes officiers.

L'Anglais portait des chaussures de daim et une casquette de tweed.

« Rien de tel qu'une bonne journée aux courses, hein ? Venez avec moi. Venez. Allons dans la tribune officielle.

— Je ne suis pas habillé comme il faut.

— Je sais très bien que vous n'êtes pas habillé comme il faut. Ça ne fait rien. Ils sont larges d'esprit. Venez. Il faut que je vous présente à l'Intendente. »

Mais l'Intendente ne fit pas attention à nous. Il était trop occupé à discuter avec le propriétaire de *Highland Flier* et de *Highland Princess*. Aussi nous parlâmes à un capitaine de la marine qui regardait fixement la mer.

« Connaissez-vous celle de la reine d'Espagne ? demanda l'Anglais, qui tentait d'animer la conversation.

Vous ne connaissez pas celle de la reine d'Espagne ? Je vais essayer de m'en souvenir.

Un moment de plaisir
Et neuf mois de souffrance
Trois mois de doux loisir
Et puis l'on recommence.

— Vous parlez de la famille royale d'Espagne ? » interrogea le capitaine en inclinant la tête.

L'« Anglais » était fier d'avoir étudié l'histoire à Oxford.

70

La vieille dame servit le thé dans une théière d'argent et regarda l'orage se former au loin en masquant l'île Dawson. Trois chaînes de pépites d'or pendaient en festons à son cou : jadis elle payait ses péons pour orpailler dans ses cours d'eau. Bientôt l'orage éclaterait sur cette rive-ci du détroit.

« Oh, ça a été magnifiquement fait, dit-elle. Bien entendu des rumeurs avaient circulé avant, mais il ne s'était rien passé encore. Et puis nous avons vu les avions encercler la ville. Il y a bien eu quelques coups de feu le matin, mais dans le courant de l'après-midi ils avaient rassemblé tous les marxistes. Ça a été magnifiquement fait. »

Sa ferme avait été un des établissements pilotes de la province des Magallanes. Son père possédait également un domaine dans les Highlands. Ils y allaient pour la saison du coq de bruyère et de la chasse à courre et reprenaient le bateau à la fin d'octobre.

En 1973, le gouvernement lui a donné deux semaines pour vider les lieux. Plus que deux semaines dans une propriété qu'ils avaient depuis soixante-dix ans. La lettre est arrivée le 2. Juste quelques lignes impolies pour lui dire qu'elle serait dehors le 15. Jamais elle n'avait autant travaillé que durant ces deux semaines-là. Elle a dépouillé la maison. Complètement. Elle a tout emporté. Même les interrupteurs. Même les encadrements de marbre des baignoires. Elle les avait fait venir de Londres. Mais ils ne les auraient pas. Ils n'auraient rien d'elle.

Bien entendu ils l'ont poignardée dans le dos. Le pire de tous a été un homme qu'elle avait à son service depuis trente ans. Toujours serviable. Ça oui, toujours poli. Elle le soignait quand il était malade et il a commencé à se montrer arrogant à l'arrivée des marxistes. Il a essayé d'empêcher les autres de charger du bétail. Du bétail qu'elle avait déjà vendu. Tout ça pour en avoir plus pour eux. Puis il a fermé le mazout, son mazout à elle, le mazout qu'elle avait payé.

Ce fut terrible. Ils lui ont volé son chien et l'ont dressé à tuer les gens. Durant tout l'hiver ils ont affûté des couteaux. N'attendant que les ordres pour les tuer dans leurs lits. Qu'ont-ils fait lorsqu'ils sont entrés dans la maison ? Ils l'ont mise à sac ! Ils ont crevé les tuyaux ! Ils ont mis des moutons dans le potager ! Et dans les fleurs du jardin ! Ils n'avaient pas besoin de légumes. Ils n'auraient su qu'en faire !

Ils se sont plaints de n'avoir pas de lait. Ils disaient qu'ils attrapaient la tuberculose parce qu'elle refusait de leur donner du lait. Alors elle leur a donné du lait et ils l'ont jeté à l'égout. Ils détestaient le lait frais. Ils n'aimaient que le lait en boîte. Qu'est-ce qu'ils ont fait une fois qu'ils ont eu toutes les vaches laitières ? Ils les ont transformées en *bifes !* Ils les ont toutes mangées ! Ils n'allaient pas s'embêter à traire les bêtes. La moitié du temps ils étaient trop soûls pour tenir debout.

Et le taureau... Ah ! le taureau ! On ne savait pas s'il fallait en rire ou en pleurer, de ce pauvre taureau. Le ministère avait acheté ce taureau primé en Nouvelle-Zélande. C'était complètement inutile ! Il y avait des quantités de bons taureaux à côté, en Argentine. Mais ils ne pouvaient pas acheter un taureau argentin sans perdre la face. Alors ils ont fait venir à Santiago, par avion, un taureau de Nouvelle-Zélande, ils l'ont envoyé, toujours par avion, à Punta Arenas où on l'a offert, avec Dieu sait quels discours ronflants, à la prétendue ferme modèle. Combien de temps le taureau a-t-il duré ? Combien de temps avant d'être mangé ? Trois jours ! Détruire, toujours détruire. Voilà ce qu'ils voulaient. Pour qu'il ne reste rien.

Elle a déménagé ses meubles de la ferme à la ville, dans la maison qu'elle avait depuis cinquante ans. La plus jolie maison de Punta Arenas, et bien entendu ils l'ont voulue aussi. M. Bronsovič, le patron du parti, est venu trois fois. Rien à faire pour l'arrêter. Aucun respect pour la propriété privée à cette époque. Il a déclaré que le parti voulait la maison pour y établir son quartier général et elle a rétorqué : « Il faudra passer sur mon cadavre ! »

La seconde fois il est venu avec sa femme. Ils ont fourré leur nez dans tous les placards et ont même essayé le lit. La dernière fois il est entré dans le salon avec ses bandits rouges et a dit : « C'est vraiment anglais ici. Et dire qu'elle vit ici seule. Est-ce que vous n'êtes pas effrayée de vivre ici toute seule ? »

Si. Elle n'allait pas le lui dire, mais elle avait peur. Alors elle a vendu la maison à un ami chilien. Pour une bouchée de pain, bien sûr. Le peso ne valait rien. Mais eux ne prendraient pas la maison. Pas encore. Pas à elle tout du moins. Et devinez ce qu'a fait Mme Bronsovič lorsqu'elle a appris que la maison était vendue. Elle a envoyé un message : « Combien voulait-elle pour son salon tapissé de chintz ? »

Ils ont arrêté Bronsovič dans sa boutique, ce matin-là. Ils l'ont conduit chez lui, lui ont rasé la tête et l'ont expédié à l'île Dawson. Certains de ses amis ont été voir l'Intendante pour demander sa libération. « Vous m'étonnez, leur a répondu l'Intendante. Pouvez-vous reconnaître son écriture ? » Ils ont dit que oui. Il leur a alors montré leurs propres noms sur une liste de personnes à supprimer dressée par Bronsovič et ils ont dit : « Il vaut mieux qu'il reste là où il est. »

L'orage éclata. Des trombes d'eau s'abattirent sur le jardin plein de fleurs. La nouvelle maison était petite mais confortable. La couleur verte des tapis était harmonieusement assortie aux meubles Chippendale.

« Je ne partirai pas, dit-elle. Mon pays est ici. Ils devront me tuer d'abord. D'ailleurs, où est-ce que j'irais ? »

71

Au 182 de la rue Casilla à Punta Arenas, un portail métallique peint en vert, avec des M croisés pris dans un entrelacs de lis préraphaélites, donnait sur un jardin ombragé où poussaient encore les plantes de la génération de ma grand-mère : les roses rouge sang, les lauriers piquetés de jaune. La maison avait des pignons à forte pente et des fenêtres gothiques. Du côté de la rue se dressait une tour carrée et, sur l'arrière, une octogonale. Les voisins disaient : « Le vieux Milward n'a pas pu se décider entre l'église et le château », ou « Je suppose qu'il pense aller plus sûrement au paradis dans une pareille bâtisse ».

La maison appartenait à un médecin et sa femme me fit entrer dans un vestibule empreint d'une solide tristesse anglicane. De la tour on embrassait du regard toute la ville : la flèche blanche de l'église St James ; les maisons métalliques peintes de la couleur des mouchoirs slaves ; les banques et les entrepôts près des docks. A l'ouest le soleil se glissait furtivement entre les nuages et venait éclairer l'arc écarlate du ferry-boat. Dans le lointain apparaissaient la bosse noire de l'île Dawson et les falaises qui s'abaissaient jusqu'au cap Froward.

Mon cousin Charley avait installé un télescope dans la tour et lorsqu'il ne fut plus qu'un vieillard malade, il le dirigea sur le détroit. Ou bien, assis à son bureau, il rassemblait ses souvenirs pour faire revivre l'exaltation de la vie sur les navires de haute mer.

72

Un jour d'automne de 1870 un canot à vapeur quitta, sous un vent violent, l'embarcadère de Rock Ferry sur la Mersey et se dirigea en haletant vers le *Conway*, ancien vaisseau de ligne devenu navire-école de la marine marchande, alors amarré dans le chenal du port. Le canot emportait à son bord deux passagers, un garçon de douze ans et un pasteur décharné mais à la physionomie bienveillante, le visage marqué par le travail missionnaire aux Indes. Le garçon était un « petit jeune homme bien bâti, aux traits ingrats, mais non repoussants » et au nez retroussé.

Aucune fessée n'ayant pu venir à bout de la nature sauvage de son fils, le révérend Henry Milward avait décidé de l'envoyer en mer.

« Promets-moi une chose, lui demanda-t-il, alors que les sabords de batterie noir et blanc se rapprochaient. Promets-moi de ne jamais voler.

— Je le promets. »

Il tint sa promesse et son père avait ses raisons pour la lui extorquer car son propre frère, l'oncle de Charley, n'était pas d'une honnêteté scrupuleuse.

Charley grimpa dans le gréement et fit des signes d'adieu à son père. Le caïd du bateau, un garçon appelé Daly, l'empêcha de redescendre des barres de hune et l'obligea à lui remettre son couteau de poche et son plumier d'argent. Charley n'oublia jamais le tatouage sur le bras de Daly.

Deux années plus tard, son instruction de base achevée, il s'engagea chez Balfour, Williamson, et s'embarqua. Son premier navire, le *Rokeby Hall*, transportait du charbon et des rails de chemin de fer sur la côte ouest de l'Amérique et en revenait avec du nitrate chilien. Il laissa deux documents sur ces voyages de pilotin. L'un est un carnet de route, dans lequel les informations sont brèves, professionnelles, et souvent écrites d'une main tremblante : « Chargé 640 sacs de nitrate de soude. » « Ile Bardsey par le travers. » « Le matelot Reynolds a heurté violemment la barre. Alité. » Ou (son seul commentaire en doublant le cap Horn) « Changé de route de NNE à SE ».

L'autre est un recueil inédit d'histoires de mer qu'il écrivit durant sa vieillesse à Punta Arenas. Certaines de ces anecdotes manquent d'ordre et se répètent quelque peu. Peut-être était-il trop malade pour les parfaire, ou peut-être d'autres l'en ont-ils découragé ? Quant à moi, je trouve ces récits merveilleux.

Il mit noir sur blanc tout ce qu'il put se rappeler, sur les bateaux et les hommes, en mer ou au port. Les voyages en train, les ports lugubres de l'Angleterre du Nord – « Liverpool ou Middlesbrough ne sont pas des endroits à vous remonter le moral bien haut », les pavés humides, les punaises des asiles de nuit, et les marins rentrant ivres de bordée. Puis, dans les tropiques, les chevauchées sur le beaupré, les voiles qui prennent du lâche et l'étrave blanche qui fend la mer sombre. Et, en haut dans la mâture, sur une vergue qui tangue, avec tout en bas le pont balayé par l'eau verte, les voiles trempées, ou raidies par le gel, qu'il faut carguer. Ou un certain réveil en pleine nuit, dans le vent du nord au large de Valparaíso, le navire couché sur le côté et son copain qui lui dit : « Rendors-toi, l'Affreux. Eh ! quand on dort, on ne se rend pas compte qu'on se noie », et puis les trente-six heures passées à pomper et les hourras des matelots lorsque les cales furent asséchées.

La nourriture l'obsédait plus que tout. Il parla des « pois comme des billes dans l'eau colorée » ; des « biscuits charançonnés, d'abord charançonnés puis pleins de vers » ; et du bœuf salé, « plus proche de l'acajou que de la viande ». Il se souvint du nom des plats que les mousses confectionnaient eux-mêmes à partir de biscuits, de pois, de mélasse et de porc salé –

Dandyfunk, Crackerhash, Dogsbody et Slumgullion[1] – et des furoncles qui leur venaient lorsqu'ils mangeaient trop. Avec reconnaissance il se rappela les amis qui lui offrirent de quoi améliorer l'ordinaire : un vieux cambusier ou un pâtissier allemand dans un port chilien. Il raconta comment les mousses pillèrent le coffre du patron et en revinrent avec des oreillers remplis de boîtes de homard, de langue de bœuf, de saumon et de confitures ; comment il ne put en manger à cause de sa promesse ; comment il pleura lorsque le patron se rendit compte du vol et les priva de leur pudding de Noël ; comment le cuisinier parvint quand même à leur passer leur part de pudding aux raisins ; et comment, lorsque le capitaine les surprit, il glissa sa tranche sous sa chemise et grimpa sur la grande vergue pour la déguster en cachette.

Il écrivit les histoires de matelots qui couraient le quartier de Barbary Coast à San Francisco ; les patrons des pensions qui nourrissaient les marins affamés et les livraient, drogués, aux navires avides d'équipage. Sammy Wynn était le pire de tous. Il persuada trois cadets d'un navire de guerre autrichien de déserter mais, lorsque la prime offerte pour leur capture se révéla plus élevée que le prix de leur revente, il les remit à leur unité où ils passèrent devant la cour martiale et furent condamnés à mort.

Il y avait les filles faciles de Californie ; les rudes sentences des tribunaux ; et aussi la bande de Beale Street qui transvida des barriques de vin d'Espagne

1. *Dandyfunk :* frousse de dandy ; *Crackerhash :* hachis de biscuits ; *Dogsbody :* corps de chien ; *Slumgullion :* mélange d'huile, de sang et d'eau qui inonde le pont pendant le dépeçage des baleines. *(N.d.T.)*

dans une chaloupe tandis que Charley mangeait de la tarte au potiron avec le gardien sur le quai ; et le Roi des voyous qui cambriola le navire en cravate blanche et en habit ; et la montre en argent que Charley gagna pour avoir vu ce gentleman descendre du bateau.

Il se rappela Ah-sing, le blanchisseur chinois qui crachait de l'amidon par la bouche, et les matelots chinois, dans leurs magnifiques habits de soie, brûlant de l'encens et s'inclinant face au soleil tandis que des poulies leur frôlaient le crâne en bruissant. Il y avait les ports à nitrate chiliens ; les marchands de pisco ; les cabanes faites de côtes de baleine et de sacs de jute ; les caravanes de mulets qui descendaient la falaise par le sentier tortueux et ce mulet qui glissa et alla s'écraser sur la plage deux cents mètres plus bas.

Il raconta le gabier breveté Lambert, laissé pour mort dans une rixe parce qu'il avait gagné au poker. Et les rats qui quittaient effectivement les navires condamnés ; les courses de natation dans des eaux infestées de requins ; et le jour où les garçons harponnèrent un monstre de plus de cinq mètres avec leur meilleur harpon à requins : le second refusa qu'ils le hissent à bord pour une histoire de peinture neuve, alors ils l'accrochèrent à la poupe et Charley, pendu à l'extrémité d'un cordage, lui arracha le cœur : « J'ai chevauché depuis de nombreux animaux bizarres, mais je n'en ai jamais trouvé un qui fasse de telles ruades. »

La dernière balle de laine à Melbourne ; le dernier sac de riz à Rangoon ; la dernière tonne de nitrate à Iquique – il les a couchés sur le papier. Et le bateau qui sort du port, et tous les hommes qui chantent en chœur leurs refrains de mer. Et le capitaine criant « Cambusier ! Du grog pour tout le monde ! » – et le vieux skipper de Liverpool, vêtu d'un pantalon à carreaux noirs et blancs, d'une redingote verte et toujours coiffé d'un chapeau blanc, l'un mou, pour la mer, l'autre dur, pour le port. Charley parla de tout cela aussi.

Voici une histoire de ses années de pilotin.

73

« Nous approchions du cap Horn, filant toutes voiles dehors par une bonne brise de tribord. C'était un dimanche matin. Je faisais les cent pas sur la grande écoutille avec Chips le charpentier qui mc dit : "Les filles chez nous tirent à deux mains."

« C'est une vieille idée de marin qui veut que chaque navire ait un cordage dont une extrémité est attachée à la proue et l'autre tenue par celles qu'on aime, restées à la maison. Et lorsque le bateau cingle avec un bon vent, les marins disent que les filles tirent fort sur le cordage. Mais lorsque le vent est contraire, certains disent que le cordage fait un nœud ou une coque qui se bloque dans la poulie ; et d'autres que les filles font les yeux doux aux soldats et oublient leurs soupirants de marins.

« A ce moment quatre coups de cloche retentirent. Dix heures du matin : c'était à moi de prendre le quart à la barre. J'avais à peine réussi à placer la poignée du gouvernail à ma convenance que la brise ravala de deux quarts vers le nord ; les voiles carrées déventèrent les voiles auriques. Le charpentier déambulait toujours lorsque le navire roula bas sur bâbord. Il n'y avait pas de vent dans la grand-voile d'étai et l'écoute pendait en formant une anse sur le pont. Le coup de roulis fit perdre l'équilibre au charpentier qui, par erreur, posa le pied sur l'écoute de grand-voile. Au roulis suivant du côté au vent, la voile s'enfla de nouveau, tendit comme une corde de violon son écoute qui attrapa Chips entre les jambes et le projeta à la mer.

« Je le vis partir. Je lâchai la barre une seconde et lui lançai une bouée de sauvetage. Nous nous mîmes sous le vent et virâmes lof pour lof en laissant battre les perroquets et les drisses. Pendant que quelques matelots dégageaient le canot de sauvetage, les autres commencèrent à y embarquer les petites voiles, et, en moins de dix minutes, la chaloupe fut prête à être mise à l'eau pour récupérer le charpentier qu'on voyait nager vaillamment.

« A l'appel "Un homme à la mer !" toute l'équipe de quart en bas était montée sur le pont. Le premier à sauter dans le canot fut le pilotin Walter Paton. Le second, Mr Spence, sachant que Paton ne nageait pas bien, lui ordonna de sortir, et Philip Eddy, un autre pilotin, prit sa place. Walter ne voulait pas être écarté et remonta par l'avant. Le canot était déjà à l'eau lorsque Mr Spence s'aperçut de sa présence à bord, et j'entendis quelques remontrances quand ils passèrent par notre arrière. Puis nous les perdîmes de vue dans la houle car la mer était forte.

« Le canot quitta le bateau à dix heures quinze ; tout son équipage portait une ceinture de sauvetage. Il fallut de suite diminuer la voilure, ce qui nous prit quelque temps. Le capitaine grimpa dans la mâture sur les barres de hune d'artimon pour suivre le canot. Pendant longtemps ils souquèrent ferme du côté au vent et ce ne fut que vers onze heures trente que nous les vîmes se rapprocher de nous. Mais on ne pouvait pas voir s'ils avaient trouvé ou non le charpentier.

« Le capitaine donna l'ordre “La barre au vent” pour faire virer le bateau de bord, afin de présenter les bossoirs du canot du côté sous le vent et le hisser à bord, et nous vîmes tous Mr Spencer se lever et agiter les bras. Voulait-il dire qu'ils avaient le charpentier ou pensait-il que nous ne les avions pas vus ? Nous ne le saurons jamais. Mais durant cette seconde fatale, son attention se détourna du canot qui reçut une lame par le travers et chavira. Ils étaient près de nous, à moins de deux encablures, et nous les vîmes tous à l'eau.

« De nouveau nous nous mîmes sous le vent et virâmes lof pour lof. Nous sortîmes le deuxième canot au plus vite, mais sur un voilier c'est une autre affaire que de sortir le premier. Une chaloupe était toujours prête, mais les autres étaient retournées sur des cales, et non seulement retournées, mais remplies de matériel. Sous l'une, le capitaine tenait sa basse-cour. Sous l'autre, on avait entassé les choux pour toute la traversée, et les seaux à incendie pour leur éviter d'être emportés par les vagues.

« Les matelots dégagèrent d'abord le canot de bâbord. Mais juste au moment où ils parvenaient à le redresser, une grosse lame vint frapper le navire et deux hommes glissèrent. La chaloupe tomba lourdement en se défonçant. Pendant ce temps je suivais aux jumelles les hommes dans l'eau. Je vis que certains en aidaient d'autres à monter sur le fond du canot chaviré. Puis je vis Eddy et l'un des matelots brevetés quitter la chaloupe et nager vers nous. Ils se rapprochèrent si près qu'on pouvait voir à l'œil nu qui ils étaient. Mais nous dérivions plus vite qu'ils ne pouvaient nager et ils durent faire demi-tour.

« Après avoir retourné le canot de tribord, nous dûmes placer un moufle sur le galhauban pour le lever par-dessus le bord. Et je ne sais pas si l'homme qui estropa la poulie était incapable ou trop pressé, mais plusieurs fois de suite l'estrope glissa et le canot tomba. Et pendant ce temps le bateau dérivait, dérivait sous le vent, si bien que nous perdîmes de vue le canot et les malheureux accrochés à sa quille. Mais on pouvait les localiser par la multitude d'oiseaux qui les survolaient – albatros, *mollymauks*, pétrels bruns, *stinkpots* – en tournoyant sans arrêt au-dessus d'eux.

« Le deuxième canot, que commandait Mr Flynn, partit, mais il était presque une heure de l'après-midi lorsqu'ils passèrent par notre arrière. Ils durent souquer ferme contre le vent, gênés par leurs ceintures de sauvetage. Et le retour fut encore plus long car le bateau n'avait pas cessé de dériver sous le vent.

« Nous les perdîmes de vue au bout de vingt minutes et alors commença pour nous une attente angoissante à la pensée de nos cinq camarades accrochés de toutes leurs forces à la quille de leur canot. Le capitaine tira des bordées en changeant successivement d'amures, mais finalement décida de se mettre en panne et de ne pas perdre de terrain. Nous restâmes donc sur place, nous abîmant les yeux à guetter le retour du canot.

« A trois heures trente nous le vîmes revenir. Il s'approcha par notre arrière, mais le vent et la mer s'étaient enflés et il se passa pas mal de temps avant qu'il n'osât nous aborder. Entre-temps nous avions pu nous rendre compte que le pire était arrivé. Nous bloquâmes les moufles en silence et hissâmes les canots à bord. Deux ou trois hommes avaient la tête en sang, ceux dont les casquettes et les suroîts n'étaient pas attachés. Lorsque le bateau reprit sa route nous pûmes leur poser des questions et en substance, ils nous dirent ceci :

« Ils avaient trouvé le canot. Ils avaient rapporté la

bouée de sauvetage que j'avais lancée au charpentier, et trois des cinq ceintures de sauvetage. Ils avaient vu les deux autres sur la mer, mais nulle trace de quiconque. Les oiseaux attaquèrent alors et ils durent les chasser à l'aide des marchepieds de nage de l'embarcation. Ils piquaient droit sur leur tête, leur arrachant leur casquette. Les hommes blessés avaient été frappés par les becs cruels des albatros. Lorsqu'ils examinèrent les ceintures de sauvetage, ils s'aperçurent que les courroies étaient dénouées et comprirent alors ce qui s'était passé. Les oiseaux avaient assailli les hommes dans l'eau en visant les yeux. Et lorsque les malheureux virent que les secours n'arrivaient pas, ils n'eurent d'autre choix que de défaire les courroies et de se laisser couler, car ils n'avaient aucune chance de l'emporter contre les oiseaux. La bouée de sauvetage prouvait qu'ils avaient retrouvé le charpentier avant que le second accident ne se produisît. Nous fûmes d'autant plus tristes à l'idée qu'ils avaient réussi à repêcher Chips.

« Après six heures et demie passées à la barre, on vint me relever. Ce fut le plus long quart de toute ma carrière. Je descendis à l'entrepont pour manger un morceau, mais lorsque je vis les lits de Walter et de Philip ouverts, leurs caleçons étendus sur leur coffre et leurs chaussures posées sur le plancher, dans l'état où ils les avaient laissés lorsqu'ils entendirent le cri "Un homme à la mer !", je m'effondrai sans songer plus longtemps à me nourrir et ne pus me retenir d'éclater en sanglots. Plus tard le patron donna l'ordre au second lieutenant de me prendre dans sa cabine.

« Il y a de quoi rendre le gosse fou, là-dedans, avec toutes ces couchettes vides. »

74

En 1877 Charley signa comme lieutenant sur le *Childers*, un trois-mâts barque en partance pour Portland dans l'Oregon. C'était un ignoble rafiot. Le capitaine jurait sans cesse en insultant sa mère; l'équipage se mutina; et le second, originaire d'Aberdeen, attaqua Charley une hache à la main. Une traversée lui suffit. Il donna sa démission et fut engagé par la Compagnie maritime de Nouvelle-Zélande où il resta vingt ans, montant en grade du cargo au bateau de passagers, et de la voile à la vapeur.

Un soir des dernières années 1880, il se retrouva dans la première étuve des bains turcs d'Aldgate aux côtés d'un gros homme à la barbe noire qui sommeillait dans un fauteuil de toile. Le visage ne lui rappelait rien mais le tatouage sur le bras ne pouvait appartenir qu'à une seule personne, Daly. Charley se glissa derrière l'homme, renversa le siège et lui laissa l'empreinte écarlate de sa main sur le dos. Daly poussa un hurlement et se mit à poursuivre Charley nu à travers tout l'établissement jusqu'au moment où les employés les maîtrisèrent tous les deux. Charley parvint à arranger les choses et bientôt ils évoquèrent les souvenirs de ce « bon vieux *Conway* ». Ils quittèrent les bains ensemble, allèrent au théâtre et dînèrent au Criterion.

« En vérité, écrivit Charley, nous sommes comme des bateaux qui passent dans la nuit. »

Lentement – car ce n'était pas un homme brillant et son franc-parler ne lui attira pas toujours la sympathie de ses supérieurs –, il gravit les échelons de sa profession. En 1888, il était second à bord d'un vapeur postal équipé d'une vaste chambre frigorifique. Lors d'une escale du navire à Rio, l'empereur dom Pedro II émit le désir de monter à bord.

« En arrivant en haut de l'échelle de coupée, l'empereur tendit sa main impériale que vinrent baiser tous les Portugais et Brésiliens présents. Après chaque baiser il tournait la main vers son secrétaire qui l'essuyait, chaque fois avec un nouveau mouchoir, avant qu'elle soit présentée au suivant, mesure hautement salubre à n'en pas douter... Mais le capitaine n'était pas accoutumé au baisemain. Il s'empara de la main de l'empereur et la lui serra de sa forte poigne avec une chaudc conviction en disant : "J'ai grand plaisir à accueillir Votre Majesté à bord de mon navire." Dire que l'empereur fut surpris n'est qu'un euphémisme. Depuis son enfance, personne probablement ne lui avait serré la main ainsi. Il la regarda avec l'air de dire : "Eh bien ma vieille, tu as de la chance de t'en sortir cette fois-ci", et il la passa à son secrétaire qui l'essuya avec empressement. »

Charley conduisit l'empereur dans la chambre froide et lui montra son premier faisan congelé. Dom Pedro dit à son secrétaire : « Il nous faut un congélateur à Rio sans tarder » ; mais avant de l'avoir, ajouta Charley, il fut déposé par « cet horrible ingrat, le général Fonseca ».

75

Charley aimait beaucoup le théâtre d'amateurs, et, lorsqu'il atteignit le grade d'officier supérieur, il organisa des pièces, des charades, des tableaux vivants, des courses en sac, toutes choses susceptibles de tromper l'ennui de dix semaines en mer.

Certains de ses divertissements ne manquaient pas d'originalité.

« J'étais second capitaine du *Tongariro* et lorsque nous fîmes escale au Cap, un professeur monta à bord accompagné de trois pygmées Bochimans du désert du Kalahari – un vieux couple et leur fils, tous de taille très petite, le plus jeune et plus grand ne dépassant guère 1,35 m. Je ne sais pas s'ils avaient déjà des noms mais nous les baptisâmes Andrew Roundabout le Vieux, Mrs Roundabout et Andrew Roundabout le Jeune.

« Les deux vieux étaient vraiment très âgés. Le médecin déclara que, d'après l'anneau blanc autour de la pupille, l'homme devait avoir plus de cent ans. Celui-ci prétendait lui-même en avoir cent quinze, mais cette affirmation restait sujette à caution. Ils ne connaissaient pas un mot de hollandais, ou plutôt, seul Andrew le Jeune en savait quelques bribes ; les parents ne parlaient aucun langage connu.

« Le vieux avait une curieuse allure avec son crâne dépourvu de tout cheveu, sa face ratatinée et fripée comme celle d'un singe. Mais il tenait sa femme et son fils en totale sujétion, aussi devinait-on qu'il avait dû être en son temps un homme redoutable.

« Nous demandâmes au professeur de nous donner

une conférence à leur sujet, et il nous informa qu'ils danseraient d'abord. Nous attendîmes impatiemment l'heure de la causerie et, à huit heures et demie, le salon fut plein à craquer de dames et de messieurs en tenue de soirée ; le capitaine et ses officiers portaient leur uniforme de sortie. Le vieux ouvrit la séance en faisant résonner la corde de son arc pendant que Mrs Roundabout et Andrew le Jeune sautillaient de la façon la plus grotesque. Bientôt Roundabout le Vieux s'excita, se mit à frapper et marteler la corde à coups redoublés ; puis il débanda son arc et, s'en servant comme d'un fouet, entreprit de cingler sa femme et son fils qui sautèrent en rond de plus belle. Nous imaginâmes qu'ils ne dansaient pas assez vite à son goût. Mais après une minute ou deux, le professeur les arrêta et commença.

« Il montra une quantité de crânes de différentes races – crânes d'Européens, d'Asiatiques, d'Indiens américains, de Chinois, de Nègres, de Noirs australiens et enfin des crânes de Bochimans. Il affirma que, selon les mesures et la taille de la boîte crânienne, les pygmées Bochimans n'occupaient pas l'échelon le plus bas de l'espèce humaine et que les moins évolués étaient les Noirs australiens.

« La conférence était très intéressante, mais je remarquai que Roundabout le Vieux semblait de plus en plus mal à l'aise. Il se glissa soudain sous la table et, en rampant entre les pieds des personnes de l'auditoire, atteignit la porte. Une fois dehors, il prit ses jambes à son cou. Je le rattrapai et, bien qu'il m'opposât une violente résistance, le ramenai sur son siège où j'eus tout le mal du monde à le faire tenir en place.

« Plus tard, par le truchement d'un interprète, j'interrogeai Andrew le Jeune : "Que signifie le départ de votre père pendant la conférence ?" Et voici ce qu'il me répondit : « “Mon père a assisté à beaucoup de ces réunions. Il savait très bien quand l’“heure de tuer” arrivait. Il était certain qu’elle approchait lorsqu’il est parti. Il s’est enfui parce qu’il était le plus âgé de toute l’assemblée. Il serait donc, bien entendu, le premier à être tué.” »

76

En 1890, Charley épousa une Néo-Zélandaise, Jenetta Rutherford, et entre ses voyages, conçut deux garçons et une fille. Sa femme était un personnage tragique, accablé par la solitude et le climat anglais. L’attitude de son mari vis-à-vis du mariage correspondait peut-être à la citation que j’ai trouvée dans son carnet de notes sous le titre *Cette liberté :*

> C’est le rôle de l’homme de semer et de partir ; la conception est la vocation de la femme et ce qu’elle reçoit, elle tend à le chérir et à l’incorporer à elle-même. De son corps cette fonction est la gloire ; de son esprit elle est le boulet. L’homme s’en va au loin, tel un nomade qui vit sous la tente, tel un Arabe sur son cheval avec les plaines autour de lui. La femme vit dans une cité entourée de murailles, dans une maison, accumulant ses possessions autour d’elle, demeurant avec elle, sans qu’on puisse l’en séparer.

Vers 1896 la santé de Jenetta ne lui permit plus de supporter l’Angleterre et elle partit s’installer au Cap avec ses enfants. Elle y mourut le 3 mars 1897, d’une coxalgie tuberculeuse. Charley rapatria ses enfants en

Grande-Bretagne où ils vécurent chez sa sœur célibataire, à Shrewsbury.

77

Six mois plus tard il reçut son premier commandement, celui du *Mataura*, un cargo mixte à une hélice, de 7 584 tonneaux, récemment sorti des chantiers navals de la Clyde. Il transportait 20 000 balles de laine et le même nombre de carcasses congelées. Il disposait de quelques voiles haut dans la mâture pour limiter le roulis et permettre la manœuvre du gouvernail en cas de panne, mais il n'y avait pas de radio.

Le voyage aller fut sans histoire et les passagers turbulents. Il avait à son bord l'équipe nationale de tir de Nouvelle-Zélande qui venait de disputer la coupe Kolapura. Le jour de leur retour à Wellington le maire donna une réception en leur honneur dans la salle d'entraînement. Souffrant de diarrhée et ayant perdu sa tenue de cérémonie, Charley se tint à l'écart, mais ses passagers lui réclamèrent un discours.

« Messieurs, dit-il, je sais gré à la Providence de m'avoir choisi pour ramener dans leurs foyers ces braves guerriers de Nouvelle-Zélande », et il se rassit.

Personne n'applaudit sauf un petit Français tout rabougri qui lui dit : « Capitaine, vous avez fait le meilleur discours de la soirée.

— Seulement si l'esprit réside dans la concision », répliqua Charley.

Le Français, qui s'appelait Henri Grien, monta à bord

le lendemain matin et demanda le passage gratuit en échange de cinquante pour cent des bénéfices escomptés sur une combinaison de plongée brevetée qu'il espérait vendre à l'Amirauté britannique. Il lui expliqua qu'avec ce matériel de son invention n'importe qui pouvait descendre à la profondeur de cent mètres en parfaite sécurité, bien que le plongeur danois, qui le premier l'essaya au large de Sydney, y eût laissé la vie.

« Pourquoi n'y êtes-vous pas allé vous-même ?

— Réfléchissez un peu, répondit Henri. Si je descends avec la combinaison et qu'elle ne marche pas, qui pourra dire ce qui ne va pas ? »

Charley le mit sur la liste de l'équipage, non point tant à cause de la combinaison de plongée que pour distraire les gens du bord.

« Je suis entré en communication avec le monde des esprits, lui annonça Henri un beau matin. Ce bateau va sombrer mais tout l'équipage sera sauf.

— Parfaitement, Henri. Merci. »

C'est à peu près au même moment qu'une femme de la ville informa Charley que, selon un de ses rêves, le bateau allait également couler.

Une demi-heure avant d'appareiller, un de ses amis, le capitaine Croucher, commandant le vapeur *Waikato*, vint à bord lui demander un homme pour compléter son rôle d'équipage.

« Il me faut un homme. N'importe quoi portant pantalon fera l'affaire. Je me charge du reste.

— Vous pouvez prendre ça si vous voulez, dit Charley en montrant le Français qui astiquait le plancher de la cabine. Henri, faites vos bagages et montez à bord du *Waikato*.

— Non.

— Avez-vous compris ? Vous retournez chez vous à bord du *Waikato*.

— Non. »

Charley le prit par la peau du cou, lui fit descendre l'échelle, lui botta les fesses et fit jeter ses bagages sur le quai. Henri voulut porter plainte pour coups et blessures, mais le magistrat déjeunait et il revint au port en courant. Alors que le *Mataura* sortait en marche arrière du Queen's Wharf, il arriva à la hauteur du navire et, debout sur un bollard, cria :

« Capitaine, rappelez-vous, les ennuis viennent de l'est. »

Charley avisa un morceau de charbon qui traînait sur le pont et appela le bosco : « Montrez votre adresse, bosco. Voyons si vous pouvez le déloger de son perchoir. »

Le bosco fit voler le morceau de charbon et « le délogea bel et bien », mais Henri courut s'installer sur le bollard d'angle et hurla :

« Rappelez-vous, les ennuis viennent de l'est.

— Essayez une nouvelle fois, bosco. »

Mais le bosco rata son coup et la dernière image qu'ils eurent de lui fut celle d'une silhouette minuscule agitant les bras, toujours debout sur le bollard.

78

Le dimanche suivant, capitaine, passagers et équipage, rassemblés dans le salon, terminaient la célébration du service divin. Le chef mécanicien jouait le dernier cantique, quand soudain un choc étouffé se fit entendre, accompagné d'un frémissement, et le moteur s'arrêta en une demi-révolution. Nombreux furent ceux qui se retrouvèrent au sol.

Charley se précipita sur la passerelle où le chef mécanicien le rejoignit.

« Il est complètement... Il ne pourra plus jamais marcher.

— C'est absurde. Il faut absolument qu'il remarche. »

Mais le chef haussa les épaules et se retira dans sa cabine pour prendre un verre. Charley le releva de ses fonctions et descendit inspecter les dommages. La salle des machines n'était plus qu'un « effroyable gâchis » : pompes sorties de leur logement, culbuteurs et tiges de piston faussés, arbres et bielles de pompes brisés. Il devait y avoir quelque défaut de conception, mais même au Bureau des enquêtes commerciales personne ne put dire avec certitude ce qui s'était passé. Il semble que l'eau de refroidissement ne se soit pas échappée et que la pompe se soit heurtée à une masse d'eau « qui, comme chacun sait, est incompressible ».

Moins fataliste, le second mécanicien parvint à redresser un peu le métal tordu et fit tourner le moteur au grand ralenti. Charley appareilla le navire avec quelques voiles carrées et, pendant trois semaines, le *Mataura* se traîna à la vitesse de quatre nœuds, laissant derrière lui les parages océaniques situés entre les 40e et 50e degrés de latitude, les *« roaring forties »*.

Le navire avait l'ordre de doubler le cap Horn, mais si les machines tombaient en panne là-bas, il serait irrémédiablement emporté dans l'Atlantique Sud. Aussi Charley décida-t-il de tenter sa chance le long de la côte la plus dangereuse du monde et de faire route vers l'entrée occidentale du détroit de Magellan. Une fois franchi le cap Pilar, la pointe nord de l'île de la Désolation, il pouvait espérer sauver le bateau.

Le 12 janvier à huit heures du matin, il fit appeler le chef mécanicien qui avait repris son travail. Il lui expliqua que le vent les poussait à la côte et qu'il restait juste le temps de réviser la pompe : « Non, ce n'est pas utile, répondit le chef. Autant que j'en puisse juger, elle marchera bien encore vingt-quatre heures. »

A onze heures quarante-cinq, en plein coup de vent du nord-ouest, sous une pluie battante, Charley entrevit, malgré le brouillard, le rocher des Juges à un demi-mille de distance. Le navire était à douze milles au sud de sa position estimée. Il se dirigea alors contre le vent pour parer le rocher extérieur de l'Apôtre au large du cap. Mais le vent le rabattit et le rapprocha du rocher. Il fit le point en se demandant s'il parviendrait à doubler le cap.

A deux heures de l'après-midi le chef arriva sur le pont et annonça : « La pompe se fatigue. Il faut s'arrêter.

— Nous ne pouvons pas nous arrêter, hurla Charley.

— Elle peut encore tenir vingt minutes, mais pas plus. »

Charley réunit ses officiers : « Si le moteur peut tenir vingt minutes, il peut aussi bien tenir une demi-heure. Et si j'ai un bon vent en passant entre l'Apôtre extérieur et la côte, nous aurons franchi le cap avant que les moteurs ne lâchent. Je sais que c'est dangereux, mais n'importe quel écueil par moins de vingt-six pieds de fond devrait faire des remous dans cette mer et il n'y a pas de remous. »

Il se laissa porter et s'engagea dans la passe. Dix minutes plus tard l'étrave du navire vint donner sur une petite pointe de rocher. Il sentit les plaques se déchirer et sut de suite que le bateau était gravement atteint. D'un coup de sifflet il commanda la fermeture des cloisons étanches, mais le chef avait égaré la clé servant à fermer les portes. L'eau envahit la salle des machines et eut tôt fait d'éteindre les feux.

La côte de l'île de la Désolation est entaillée de fjords peu profonds. Aux jumelles, Charley vit une ouverture dans les falaises qu'il prit pour la Sealers'Cove – « l'anse des chasseurs de phoques » – portée sur sa carte. Les voiles lui fournissaient encore suffisamment de vitesse pour gouverner et il mit le cap sur l'entrée. Dans la crique qui s'ouvrait devant ses yeux, il avisa un bras de mer abrité, fermé par une plage de galets. « Je vais m'échouer là, pensa-t-il, et sauver le navire. » Mais avec son étrave éventrée le bateau ne répondait plus à la barre ; il fit une embardée et vint se jeter sur le bord de la passe.

La crique n'était pas la Sealers'Cove mais une autre (les cartes marines d'aujourd'hui appellent cette anse la Mataura Cove et le récif le Milward Rock). Ils mirent les canots à l'eau et gagnèrent le petit port naturel. Ils passèrent la nuit à bord des chaloupes dans le grondement du vent. A l'aube le chef mécanicien, à la tête d'un groupe de matelots, partit chercher des provisions dans l'épave, mais ils revinrent les mains vides. Charley dut y retourner lui-même et rapporta onze carcasses de moutons, deux cents lapins et deux cent cinquante kilos de farine.

« Comment avez-vous fait, capitaine ? demanda le chef mécanicien.

— Eh bien, chef, si vous n'y êtes pas arrivé, c'est que vous êtes un poltron. » Dès cet instant les rapports entre le capitaine et ses officiers se tendirent.

Dans la matinée ils reprirent la mer, mais la tempête soufflait toujours et les hommes, les mains couvertes d'ampoules, virent qu'il ne leur serait pas possible de doubler le cap ce jour-là. De retour à la Mataura Cove, ils firent bouillir les moutons et les lapins dans des seaux galvanisés. En vérifiant tout le ravitaillement avec le chef steward, Charley trouva deux caisses de confiture que les mousses avaient furtivement glissées dans la chaloupe.

« A quoi, grand Dieu, peut bien nous servir de la confiture dans des circonstances pareilles ?

— Mais, capitaine, quoi de meilleur que la confiture ?

— Steward, grommela Charley, je crois qu'il ne vous reste plus qu'à faire des gâteaux roulés à la confiture. »

Il pleuvait si fort qu'ils durent protéger le steward d'une bâche pour que la pâte ne soit pas trop détrempée.

Parmi les passagers il y avait deux femmes. Elles avaient perdu leur malle dans le naufrage, aussi Charley les avait-il affublées de ses caleçons de laine d'agneau et de ses tricots de marin. Le lendemain matin, les canots tentèrent une seconde fois de doubler le cap. En vain. Au cours d'un conseil de guerre, Charley annonça sa décision de faire un nouvel essai, et ensuite de piquer au sud le long de la côte de l'île de la Désolation et d'embouquer le détroit de Magellan par le canal de l'Abra. Les officiers dirent que la tentative équivalait à un suicide.

De nouveau la mer était grosse et il fit signe avec le jupon d'une des dames qu'il mettait cap au sud. Il prit des ris dans sa voile et, avant l'arrivée de la tempête, se lança entre le rocher des Juges et la côte. Les officiers ne le suivirent pas et le médecin, dans le canot de Charley, rapporta les avoir vus chavirer l'un après l'autre. Charley les abandonna à leur sort et poursuivit sa route, le canot rempli d'eau jusqu'aux bancs de nage.

A l'abri de l'île Child, ils firent relâche sur une plage protégée des vents, car Charley avait promis aux dames une tasse de thé dans le premier endroit propice. Mais, alors que les matelots descendaient à terre pour chercher du bois, le vent tourna et des vagues se mirent à déferler dans la baie. Le capitaine et l'équipage durent se déshabiller pour remettre l'embarcation à l'eau : « Ah ! Il faisait froid. Et le spectacle de tous ces bonshommes nus étaient à se tordre de rire. Nous étions rouges comme des homards et nous claquions des dents. »

Les deux femmes se cachèrent au fond de la chaloupe sous un prélart pendant que les hommes se séchaient, en se frottant les uns contre les autres, nus, avec une toile de voile entre eux. Soudain, de dessous, un cri se fit entendre : « Arrêtez ! Quelqu'un est assis sur la tête de maman. Elle ne peut plus respirer. »

Le lendemain vers midi, ils pénétrèrent dans le détroit de Magellan. Ils rendirent grâce au Dieu tout-puissant pour leur délivrance et se mirent en demeure de déjeuner. Au menu : soupe, saumon en boîte, agneau et lapin bouillis, gâteaux bouillis roulés à la confiture, « un tant soit peu bourratifs », et café. L'après-midi, ils croisèrent une goélette qui remontait le détroit en louvoyant. Son patron, un aimable Yankee, proposa de conduire les dames à San Francisco, mais elles déclinèrent son offre. Charley installa deux couvertures en guise de spinnaker et la chaloupe fila à bonne allure vers le cap Froward.

Sitôt doublé le cap, ils se retrouvèrent vent debout et tous durent se relayer aux avirons pour remonter la dernière partie du parcours menant à Punta Arenas. Au cours de l'après-midi du troisième jour, ils furent recueillis par le vapeur *Hyson* de la Compagnie mutuelle de Chine. Ils entrèrent au port à six heures et demie du soir. Charley logea les passagers à l'hôtel Kosmos et demanda au directeur allemand de leur donner tout ce qu'ils désiraient sans regarder à la dépense. Puis il s'arrangea avec la Marine chilienne pour que le remorqueur *Yáñez* aille rechercher le reste de l'équipage et discuta jusqu'à minuit avec les sociétés de récupération d'épaves sans parvenir à un accord.

De retour à l'hôtel il fit inopinément irruption dans la chambre des dames.

« Je suis venu vous féliciter de vous en être sorties saines et sauves », dit-il.

Mais les dames ne bougèrent pas.

« Vous ne voulez pas me serrer la main ? »

Lentement une main, une seule, émergea de dessous les couvertures. Charley, soudain soupçonneux, la tira. Et voilà ce qu'il écrivit dans son journal :

> Et qu'est-ce que j'ai vu ? Un bras nu ! Le patron de l'hôtel n'avait rien fait pour elles et elles s'étaient contentées de retirer leurs vêtements mouillés et de se glisser entre les draps.
>
> « S'il vous plaît, capitaine, dit la plus âgée, ne faites pas d'histoires. Nous sommes bien au chaud maintenant.
>
> — Des histoires ? Certainement je vais en faire. »

Il savait où dormait le directeur et le réveilla sans ménagement.

> « Comment osez-vous envoyer ces pauvres dames au lit sans vêtements de nuit ?
>
> — Allez-fous-en. Je suis au lit afec ma femme. Gomment osez-fous fous-même ? Allez-fous-en tout de suite !

— Je ne veux pas savoir où vous êtes ni avec qui vous êtes, mais si vous n'obéissez pas instantanément, je peux vous dire où vous serez tous les deux dans quelques secondes. Je place le pied dans l'entrebâillement de la porte. Je compte jusqu'à trente, et si vous ne me passez pas de vêtements de nuit, je me verrai dans la douloureuse obligation de prendre ceux que vous portez maintenant, vous et votre femme. Un, deux, trois, quatre... »

Charley avait compté jusqu'à vingt-cinq lorsque le directeur reprit ses sens et lui tendit deux chemises de nuit de dames par la porte entrebâillée. Il les apporta en triomphe à ses passagères, alla se coucher et passa la meilleure nuit de son existence.

Le matin, les récupérateurs d'épave avaient réduit leurs prétentions à 80 pour cent pour eux et 20 pour cent pour la Lloyd's. Charley refusa et vers midi ils ajoutèrent que ces conditions comprenaient 5 pour cent pour lui-même.

« D'accord, dit-il. Cela fait 75 pour cent pour vous et 25 pour cent pour les assureurs. »

José Menéndez, qui dirigeait les négociations, prit Charley à part et lui dit : « Capitaine, vous êtes bien bête. Pourquoi ne prenez-vous pas les 5 pour cent ?

— Je travaille pour les assureurs et ils me paieront.

— Ça ne change rien, capitaine, je répète ce que je vous ai dit. Et un jour vous comprendrez. »

79

Trois cent cinq ans avant que Charley n'échouât dans sa tentative de doubler le cap Pilar, le capitaine John Davis y parvint de justesse à bord du *Desire* :

« Le jour suivant étant le onzième du mois d'octobre, nous vîmes le Cabo Deseado [cap Pilar], le cap de la côte sud (la côte nord n'est qu'un amas de dangereux écueils et de bancs de sable). Ce cap étant à moins de deux lieues de nous sous le vent, notre maître pilote se prit grandement à douter que nous puissions le doubler : sur quoi le capitaine lui dit : "Vous voyez qu'il n'y a point de remède, ou bien nous devons le doubler, ou bien avant midi il nous faudra mourir ; alors larguez vos voiles, et remettons-nous-en à la miséricorde de Dieu."

« Le maître pilote étant un homme de caractère fit résolument diligence et déferla les voiles. Celles-ci n'étaient pas amurées depuis une demi-heure que la ralingue de notre misaine cassa, de telle manière que seuls tenaient les œils-de-pie. Les vagues se brisaient continuellement sur la poupe du vaisseau et donnaient dans les voiles avec une telle impétuosité que nous nous attendions à tout instant à voir nos voiles se déchirer ou le navire chavirer. En outre, à notre grande inquiétude, nous nous aperçûmes que nous dérivions de plus en plus sous le vent et que nous ne pourrions pas doubler le cap. Nous nous approchions si près de la côte que le ressac de la mer venait rebondir contre les flancs du vaisseau et que nous étions très épouvantés par l'horreur de notre fin prochaine.

« Nous voyant ainsi à la dernière extrémité, le vent et

la mer se déchaînant au-delà de toute mesure, notre maître pilote infléchit un peu la grand-voile ; et que ce fût par cette occasion, ou par l'effet de quelque courant, ou par le merveilleux pouvoir de Dieu, comme nous pensâmes que cela fut, le navire hâta sa course, et frôla le récif où nous pensions qu'il allait être drossé. Ensuite, entre le cap et la pointe, il y avait une petite baie, ce qui fait que nous nous trouvâmes un peu plus éloignés de la côte ; mais lorsque nous approchâmes du cap, nous nous préparâmes derechef à mourir ; cependant notre Dieu, Père de toutes les miséricordes, nous délivra et nous doublâmes le cap à une longueur de bateau de distance, ou à peine davantage. Une fois franchi le cap, nous carguâmes nos voiles, que seul Dieu nous avait conservées, et nous fûmes poussés à l'intérieur des hautes terres par une brise soufflant de l'arrière. Sans un pouce de voile, nous cinglâmes devant la mer, trois hommes ne pouvant suffire à la manœuvre de la barre, et en six heures de temps nous pénétrâmes de vingt-cinq lieues dans le détroit où nous trouvâmes une mer solidaire de l'Océan. »

D'après *The Voyages and Works of John Davis*, éd. Albert Hastings Markham, 1880, pp. 115-116.

80

Les marins de Charley ne s'étaient pas noyés. Leurs canots démâtèrent, mais ne chavirèrent pas. Ils revinrent à la crique du *Mataura*, doublèrent le cap dès le premier jour de beau temps et tombèrent sur le *Yáñez*.

Charley passa deux mois sur l'île de la Désolation à dépouiller l'épave, avant de rejoindre l'Angleterre pour affronter l'enquête officielle. Il savait qu'il se retrouverait sans travail. La Compagnie maritime de Nouvelle-Zélande ne donnait pas de seconde chance aux capitaines naufragés. Mais déjà l'étrange magnétisme du grand Sud s'était emparé de lui et son esprit débordait de projets lucratifs.

En premier lieu il envisageait de faire de la publicité pour des produits anglais et américains en bordant tout le détroit de Magellan de panneaux émaillés bleu et blanc. Il ne visait pas spécialement par là la clientèle éventuelle que constituaient les passagers des vapeurs, mais se proposait de publier des articles illustrés dans la presse internationale pour attirer l'attention du public sur « la profanation d'un paysage magnifique par des publicitaires sans scrupules ».

Il ne trouva pas de commanditaire pour ce projet.

Un matin de printemps, sans avoir prévenu quiconque, Charley arriva en cab au siège de la Compagnie, à Leadenhall Street. Henri, le Français, se tenait sur le trottoir.

« Alors, capitaine, est-ce que j'avais raison ? Les ennuis sont-ils bien venus de l'est ? »

Charley grimpa les marches quatre à quatre sans prêter attention à lui.

« Depuis combien de temps cet homme est-il là ? demanda-t-il à Mortimer, le chef portier.

— Depuis environ dix minutes, monsieur.

— Je ne veux pas dire aujourd'hui. Je veux dire depuis combien de temps traîne-t-il par ici ?

— Depuis ce matin, monsieur, c'est la première fois que je le vois. »

Charley attrapa Henri par le col et le secoua.

« Comment saviez-vous que j'arrivais en Angleterre aujourd'hui ?

— De la même manière que j'ai su que les ennuis viendraient de l'est... les esprits. »

« Je n'essaie pas de trouver une explication à cela, écrivit Charley. Je me contente de rapporter ce qui s'est passé. Je quittai le bureau après une entrevue avec le directeur, qui ne dura que quelques minutes. Renvoyé... renvoyé après vingt ans de service, à cause d'une panne de moteur. »

Il se rendit ensuite à l'Association de sauvetage de Londres et demanda à un certain Mr Lawrie le remboursement d'une somme de trois livres, montant de sa note à l'hôtel Kosmos.

« Capitaine, je pense que vous avez gagné assez d'argent avec l'épave pour payer votre note d'hôtel. »

Il comprit alors le sens des paroles de José Menéndez.

« Je fus sur le point de lui dire que j'aurais pu gagner 2 000 livres si je n'avais pas été si honnête. Mais je vis bien qu'il ne servirait à rien de parler d'honnêteté à ce genre d'hommes. Il n'aurait pas su ce que le mot voulait dire. »

81

Maussade, Charley passa l'été à Shrewsbury, mais en août reçut une lettre de William Fitzgerald du *Wide World Magazine*, lui offrant un billet de train en première classe pour Londres. Arrivé dans les bureaux de la revue, il chercha quelqu'un à qui présenter sa carte, frappa discrètement à une porte marquée « Rédacteur » et entra. Henri Grien, vêtu d'un costume élégant, y faisait les cent pas, pendant qu'un jeune homme dictait un texte à sa secrétaire.

« Bonjour Henri. Comment allez-vous ?

— Je ne vous connais pas. »

Le jeune homme bondit de son bureau.

« Que signifie tout ceci, monsieur ? Vous entrez dans mon bureau sans frapper et vous appelez cet homme Henri alors que son nom est Louis de Rougemont !

— Gardez votre sang-froid, mon jeune ami. Il n'y avait personne pour apporter ma carte ; j'ai frappé deux fois ; j'ai appelé Henri Grien par son nom ; et comme vous-même, monsieur, m'avez demandé de venir, je m'attendais à un autre accueil. Mais puisque vous avez si peu de savoir-vivre je vous donne bien le bonjour. »

Charley se dirigeait vers la porte quand le Français se jeta à son cou et l'embrassa.

« Ah ! C'est mon petit capitaine. Pardonnez-moi. Je ne vous reconnaissais pas. Vous avez rasé votre barbe. »

Charley, toujours sous le coup de l'offense, sortit de la pièce d'un air digne. Le Français lui emboîta le pas.

« Vous ne pouvez pas partir maintenant, monsieur de Rougemont, intervint le journaliste. Nous devons préparer votre discours de vendredi devant l'Association britannique.

— Je me fiche pas mal des discours. Je m'en vais avec mon petit capitaine. »

Sans se soucier ni l'un ni l'autre des remous qu'ils pouvaient provoquer, ils s'en furent déjeuner dans un restaurant bon marché sur le Strand. C'était la première fois que William Fitzgerald entendait ce nom : Henri Grien.

82

Henri Grien était le fils d'un paysan suisse, ırascible et malpropre, du village de Grasset sur le lac de Neuchâtel. A seize ans il abandonna le tombereau de fumier pour les bras de l'actrice Fanny Kemble, alors vieillissante, qui l'employa comme valet de pied durant sept ans et lui fit découvrir le monde des feux de la rampe et du fond de teint. Son talent d'acteur passa inaperçu et, en 1870, il connut la destinée de bien des ratés du théâtre : le service domestique. Il devint le majordome de Sir William Cleaver Robinson, gouverneur de l'Australie occidentale. Le gouverneur aimait la musique et la poésie ; il comptait parmi ses amis un savant français, Louis de Rougemont, auteur d'un traité sur la virginité.

Henri quitta le gouverneur et mena une vie vagabonde. Il fut cuisinier à bord d'une goélette de pêcheurs de perles qui fit naufrage, plongeur dans un hôtel et photographe ambulant dans une ville de chercheurs d'or. En 1882 il épousa une très belle jeune fille qui lui donna quatre enfants. Il devint peintre paysagiste, travaillant d'après des photographies, vendeur d'actions minières apocryphes, et serveur dans un restaurant de Sydney. A l'un de ses clients, explorateur de la région du golfe de Cambridge, Henri emprunta des notes de voyage qu'il recopia intégralement. Ensuite il réalisa les expériences sur la combinaison de plongée qui asphyxia le Danois.

Il décampa d'Australie, recherché par la police et par sa femme qui lui réclamait sa pension alimentaire. A Wellington, en Nouvelle-Zélande, il fit connaissance de spirites qui découvrirent en lui un excellent médium. Il raconta sa vie à un journaliste, qui lui déclara que cette histoire se vendrait très bien comme roman ; mais Henri ne voulait pas en entendre parler, car pour lui le rêve et la réalité ne faisaient déjà plus qu'un. Un soir d'été il emprunta une cravate noire et s'introduisit subrepticement dans la salle d'entraînement où il rencontra le capitaine Charles Amherst Milward.

Il arriva en Angleterre à bord du *Waikato* – et il semble qu'il lui ait également porté la poisse. (Peu de temps après, l'axe de l'hélice se rompit au large du Cap de Bonne-Espérance et le navire fut emporté vers le sud par le courant d'Agulhas, dérivant pendant quatre mois, un record du genre pour un vapeur. Joseph Conrad s'en est inspiré pour écrire son roman *Falk*.) Vers la fin du printemps il fit son apparition au *Wide World*, misérablement vêtu, mais muni d'une lettre d'un député conservateur qui disait : « Cet homme a une histoire qui, si elle est vraie, stupéfiera le monde. »

Henri raconta à Fitzgerald qu'il était le fils d'un riche marchand parisien appelé de Rougemont. Durant son enfance sa mère l'emmena en Suisse où il développa ses dons pour la géologie et la bagarre. Pour échapper à une carrière militaire en France, il partit en Orient, s'embarqua à Batavia à bord d'une goélette perlière des Pays-Bas qui sombra corps et biens. Il fut le seul survivant du naufrage. Sur son récif de corail, de Rougemont chevaucha les tortues pour se distraire, construisit une maison avec des coquilles de nacre et fabriqua une pirogue (qui, comme celle de Robinson Crusoé, pesait trop lourd pour être tirée jusqu'à la plage).

Après plusieurs tentatives infructueuses il parvint à atteindre le continent australien au golfe de Cambridge, épousa une femme noire comme du charbon, appelée

Yamba, et vécut trente ans parmi les aborigènes, se nourrissant d'ignames, de serpents et de vers blancs (mais jamais de chair humaine), prenant part à leurs expéditions de chasse et de guerre, leurs danses et leurs chants. Son habileté à la lutte fit de lui un héros et il fut élevé à la dignité de chef de tribu. Ce n'est qu'à la mort de Yamba qu'il décida de regagner la civilisation blanche et, à Kimberley, il rencontra des chercheurs d'or.

Fitzgerald se targuait de posséder un flair lui permettant de détecter infailliblement les simulateurs. Il entendit de Rougemont débiter son histoire « comme on raconte un voyage en autobus » et fut convaincu de sa véracité. Cet été-là, une équipe de journalistes et de sténographes travailla d'arrache-pied à la rédaction d'un feuilleton. Le témoin clé, le capitaine Milward, se tint coi : il se souvenait de ce qui lui était arrivé la dernière fois qu'il avait contrarié Henri Grien.

Le premier fascicule des *Aventures de Louis de Rougemont* parut en juillet et, de suite, on se rua sur le magazine. Le livre était sous presse. De par le monde, on s'échangeait des télégrammes pour se mettre d'accord sur le montant des droits de publication. Les maîtresses de maison pressaient le Français d'accepter leurs invitations. Le musée de Mme Tussaud – le Grévin anglais – fit mouler un masque de cire à son effigie, et l'Association britannique pour l'avancement des sciences le pria de donner deux conférences à Bristol à l'occasion de son congrès annuel.

A la première conférence il ennuya son auditoire. Au cours de la seconde il tenta de raviver l'intérêt en ajoutant des détails anthropophagiques sur sa vie de ménage avec Yamba, mais ce même jour vit l'éclipse de sa renommée. Le *Daily Chronicle*, ayant pressenti la supercherie et soucieuse de s'assurer un scoop, fit paraître un éditorial accusant de Rougemont de n'être qu'un imposteur. D'autres dénonciations suivirent et plusieurs universitaires firent chorus. Durant tout l'automne, alors que l'Empire britannique atteignait son apogée, l'escroquerie de Rougemont occupa la première page des journaux à égalité avec la prise d'Omdourman, l'incident de Fachoda et la réouverture de l'affaire Dreyfus. Le *Daily Chronicle* retrouva trace de sa vieille mère à Grasset et, le 21 octobre, une certaine Mrs Henri Grien de Newton, Sydney, en Australie, reconnut en de Rougemont l'homme qui lui devait une pension alimentaire de vingt shillings et cinq pence par semaine.

Le voyageur résista aux attaques avec un calme imperturbable et reprit la carrière théâtrale d'Henri Grien. L'Hippodrome de Londres fit venir des tortues et installa un bassin de caoutchouc sur la scène, mais que ce soit par l'effet du climat ou de leur cavalier, les animaux se laissèrent gagner par la somnolence. Ensuite il alla présenter son spectacle, *le Plus Grand Menteur du monde*, à Durban et à Melbourne. Les vociférations du public le réduisirent au silence.

Le 9 juin 1921, Louis Redmond, comme il se faisait appeler alors, mourut à l'infirmerie de l'asile des pauvres de Kensington.

83

Au moment où les journalistes déboulonnaient de Rougemont de son piédestal, Charley faisait route vers Punta Arenas. En lui, la sauvagerie n'était pas éteinte.

Le déroulement de sa seconde carrière se perd dans le temps et la distance. J'ai dû la reconstituer à partir de photographies sépia décolorées, de clichés violets au charbon, de reliques éparses et des souvenirs de quelques personnes très âgées. Il en ressort de prime abord l'image d'un pionnier énergique, sûr de lui et de sa nouvelle moustache en guidon de vélo, chassant l'éléphant de mer en Géorgie du Sud, récupérant les épaves pour le compte de la Lloyd's, aidant un orpailleur allemand à dynamiter la grotte du Mylodon, ou parcourant à grandes enjambées la fonderie avec son associé allemand, Herr Lion, pour inspecter les turbines hydrauliques ou les tours qu'ils importaient de Dortmund et de Göppingen. Homme méthodique, Léon dirigeait l'établissement tandis que Charley s'entretenait avec les clients. Le canal de Panama n'était pas encore percé et les affaires marchaient bien.

La deuxième série d'images montre Charley Milward devenu le plus austral de tous les consuls de l'Empire britannique, notable de Punta Arenas et directeur de la banque. Il gagnait bien sa vie (sans jamais avoir assez d'argent cependant), souffrait de lumbago et « languissait d'avoir des nouvelles » de la mère patrie. Les membres âgés du Club britannique se souviennent encore de lui. Je suis allé m'asseoir dans les hautes pièces décorées de gravures de chasse et de lithographies d'Édouard VII. En écoutant tinter les verres de whisky et les boules de billard, je me le représentai sur un canapé de cuir chamoisé, allongeant sa mauvaise jambe et parlant de la mer.

Parmi les lettres de cette époque, j'en ai retrouvé une que Charley écrivit à mon grand-père et dans laquelle il espère que la catastrophe du *Titanic* ne lui aura pas fait passer l'envie de faire de la voile. Je découvris aussi une note envoyée à l'honorable Walter Rothschild, à propos d'une expédition par bateau de nandous de Darwin, et un rapport, sur papier officiel du consulat, adressé au patron d'un Écossais décédé : « Il a déshonoré son titre de citoyen britannique depuis son arrivée ici... Il se servait de son lavabo comme d'un WC. Un animal se serait senti insulté de vivre dans sa chambre et son coffre contenait quinze bouteilles de whisky vides. Je suis désolé mais mieux vaut dire la vérité. »

Peu à peu un ton désespéré imprégna ses lettres. D'aucun de ses projets il n'obtint le résultat escompté. Il chercha du pétrole en Terre de Feu, mais la sonde de forage se brisa. Les terrains de Valle Huemeules auraient dû rapporter gros, mais c'était compter sans les voleurs de moutons, les pumas, les squatters et un accapareur de terres sans scrupules : « Nous avons toutes les difficultés du monde avec notre propriété en Argentine. Le gouvernement l'a donnée à un Juif qui a tout simplement juré que mes moutons et mes bâtiments étaient à lui. » Plutôt que de tout perdre, il fit appel aux Braun et Menéndez qui eurent tôt fait de rogner sa part jusqu'à ne lui en laisser que 15 pour cent.

En 1913 il fit venir d'Angleterre son fils, frais émoulu de l'école, dans l'espoir de l'endurcir. Harry Milward, bloqué tout un long hiver enneigé à Valle Huemeules, se mit à exécrer la ferme, le régisseur de l'exploitation, et en conséquence son père. Rien d'étonnant avec des lettres qui se terminaient ainsi : « Maintenant au revoir mon garçon, et, bien que tu ne sembles pas avoir reçu le moindre signe de sa grâce, n'oublie pas que Dieu est toujours aussi près de toi là-bas qu'ici. Ton père qui t'aime... » La suite de la carrière de Harry était prévisible. Il partit à la guerre, mena une vie de bâton de chaise, se maria trois fois et termina son existence dans la peau d'un secrétaire de club de golf.

Dans l'album de Charley j'ai retrouvé des photos de la nouvelle maison en construction, presbytère victorien transporté sur le détroit de Magellan. Il fit don de la moitié du terrain sur lequel on bâtit l'église anglicane de St James dont il fut tout à la fois le bedeau et le principal donateur. C'est avec fierté qu'il déballa le bénitier offert par la reine Alexandra et accueillit l'évêque des îles Falkland pour la consécration. Mais l'église devint vite une autre source de conflits. Il accusa le pasteur de choisir des cantiques obscurs pour chanter en solo et faire ainsi admirer sa voix. Les fidèles, insista-t-il, avaient droit à *« Abide with me »* ou *« Oft in Danger, Oft in Woe »*. Le révérend Cater glissa à l'oreille de qui voulait bien l'entendre que le capitaine Milward buvait en cachette.

La guerre le prit au dépourvu dans un hôpital de Buenos Aires où on l'opérait de l'intestin. Elle s'abattit bientôt sur lui. La carte de visite de l'amiral Cradock, toujours épinglée au tableau de serge verte du Club britannique, rappelle que le consul le plus austral fut le dernier civil à le voir vivant. Charley dîna à bord du *Good Hope* deux heures avant que l'escadre britannique n'appareillât pour connaître une fin désastreuse devant les Allemands au large de Coronel. Dans un mémorandum il rapporte avec quel courage, mais quelle résignation, l'amiral accepta les ordres de Churchill : « Je pars à la recherche de von Spee et si je le trouve, je suis fichu. »

Charley détestait la guerre : « Tous ces gens qui s'entr'égorgent sans savoir pourquoi. » Il n'allait pas s'abaisser jusqu'à participer à cette hystérie meurtrière. Il ne romprait pas avec son associé allemand. « Lion ne fait pas partie de cette clique guerrière, écrivit-il. C'est un homme blanc, bon et honnête. » Le consul s'attira ainsi la haine de la communauté britannique qui décréta que, politiquement, on ne pouvait plus lui faire confiance. Une lettre anonyme, parue dans le *Buenos Aires Herald*, faisait allusion au « consulat britannique, comme son consul persiste à l'appeler ».

Les années de guerre laissèrent un autre souvenir, une montre en or offerte pour bons et loyaux services par l'Amirauté britannique. Après que l'amiral Sturdee eut coulé l'escadre de von Spee au large des îles Falkland, le croiseur *Dresden* s'enfuit et se cacha à l'extrémité occidentale du canal de Beagle, camouflé par les arbres et ravitaillé par des Allemands de Punta Arenas. (Les résidents britanniques remarquèrent la diminution du nombre de chiens dans la ville et firent des plaisanteries sur les saucisses servis à l'équipage allemand.) Charley découvrit où se cachait le navire et télégraphia à Londres. Mais au lieu de suivre son consul, la Navy fit exactement le contraire.

La raison en était simple : les « vrais Britanniques » avaient réussi à convaincre l'Amirauté que le consul était un agent allemand et s'arrangèrent pour qu'il soit limogé. Ce n'est qu'après s'être rendu compte de leur erreur que Charley reçut des excuses. La montre devait compenser les calomnies qui s'étaient accumulées sur lui. Elle mit longtemps à venir. « Je serai dans la tombe, écrivit-il, avant d'avoir vu cette montre. »

Le troisième objet témoin de cette époque est une gravure en couleur de Cecil Aldin, représentant des chiens mangeant leur pâtée. Elle évoque l'image de Sir Ernest Shackleton, l'explorateur polaire, faisant les cent pas dans le salon de Charley en prononçant devant Charles Riesco, rédacteur du *Magellan Times*, sa harangue sur les souffrances endurées par ses hommes, bloqués sur l'île des Éléphants. D'après l'article qui suivit – « les yeux gris [de Sir Ernest] enfoncés dans leurs orbites », « la grandeur d'âme égalée par la modestie », « le meilleur de notre race », etc. – il est impossible de deviner ce qui se passa ce jour-là.

Charley faisait semblant de sommeiller dans un fauteuil à oreillettes pendant que l'explorateur brandissait son revolver, pour bien accentuer certains points importants de son discours. La première balle siffla aux oreilles de Charley et pénétra dans le mur. Il se leva, désarma son hôte et posa l'arme sur la cheminée. Shackleton, tremblant d'émotion, fit ses excuses et mentionna en bafouillant qu'il restait une dernière balle dans la culasse. Charley se rassit. Mais la faconde de Shackleton était inséparable de son pistolet. La seconde balle rata Charley de nouveau, mais atteignit la gravure. Le trou est dans la marge, en bas à droite.

Entre-temps la vie de l'ex-consul avait pris une nouvelle direction. Il avait rencontré une jeune Écossaise, Isabel, qui s'était retrouvée sans le sou à Punta Arenas après avoir travaillé dans une estancia à Santa Cruz. Charley s'occupa d'elle et lui paya le passage de retour en Écosse. Après son départ il se sentit bien seul de nouveau. Ils s'écrivirent. Une de ses lettres contenait une demande en mariage.

Belle revint et ils fondèrent un foyer. En 1919, Charley évalua sa fortune à 30 000 livres sterling, ce qui lui suffisait pour prendre sa retraite et subvenir aux besoins de tous ses enfants. Il vendit la Fundición Milward à un Français du nom de Lescornez et à son associé, le señor Cortéz, mais les affaires s'étant effondrées après la guerre, il accepta que les versements soient différés jusqu'à la reprise. La famille prépara ses bagages, s'embarqua pour l'Angleterre et acheta une maison dans la campagne, « Les Ormes », près de Paignton dans le Devon.

Charley le marin, de retour au pays. Charley le pionnier, guéri de sa passion des voyages ; flânant dans son jardin ; remportant des prix aux Floralies de Taunton ; vieillissant aux côtés de sa jeune femme dans la campagne anglaise ; instruisant son fils ou jouant avec ses deux filles, l'une déjà belle, l'autre déjà impulsive : j'ai la tristesse de dire que ce rêve, harmonieux et symétrique, ne dura pas.

Le canal de Panama était alors percé. Punta Arenas se retrouva de nouveau au bout du monde, à l'écart de tous les grands axes de navigation. Les cours de la laine s'effondrèrent. Santa Cruz était en pleine révolution. Et la fonderie fit faillite.

Encouragés par deux – ou davantage – « vrais Britanniques » agissant par dépit, les nouveaux propriétaires saignèrent l'usine aux quatre veines, contractèrent des dettes, signèrent des chèques au nom de Milward, et s'enfuirent.

Charley était ruiné.

Il embrassa les enfants. Il embrassa Belle. Il dit adieu pour toujours aux vertes prairies d'Angleterre. Il acheta son passage pour Punta Arenas, un aller simple en troisième classe. Des amis, en première classe, le virent le regard douloureusement fixé sur l'océan. Ils offrirent de payer la différence mais il avait sa dignité. Pas de jeux de pont pour lui pendant cette traversée. Il préféra rester sur sa couchette en compagnie de bergers.

Belle vendit « Les Ormes », le rejoignit et, durant six ans, ils recollèrent les morceaux. Des photos nous montrent un vieillard voûté, coiffé d'un chapeau mou, aux immenses favoris et aux yeux battus. Il allait à la fonderie en traînant la jambe, grognait contre les hommes ou riait avec eux. Belle tenait la comptabilité ; elle poursuivit ainsi son travail pendant presque quarante ans. Sans son sens de l'économie ils auraient sombré. Et ils s'acquittèrent de leurs dettes, une par une.

J'ai une dernière image de Charley qui date d'environ 1928. Assis dans la tour, l'œil vissé sur son télescope, il s'efforce de percevoir une dernière fois le vapeur qui emporte son fils vers l'école, en Angleterre. Alors que le bateau met le cap à l'est et s'évanouit dans la nuit, il dit : « Je ne le reverrai jamais. »

84

Étant à Punta Arenas un dimanche, j'allai aux matines à St James. Je m'assis sur le banc de Charley, reconnaissable à l'anneau de laiton où il accrochait sa canne. Un baptiste américain dirigeait l'office. Dans son sermon il expliqua les difficultés techniques rencontrées lors de la construction de pont de Verrazano, puis un long détour le conduisit aux « ponts qui mènent à Dieu » et il termina par une exhortation tonitruante : « Tu seras ce pont ! » Il nous demanda de prier pour Pinochet sans que l'on sache très bien dans quel esprit ces prières devaient être adressées. Parmi les fidèles se trouvait un vieux berger des Highlands, Black Bob MacDonald, qui avait travaillé pour le Cochon Rouge. « Un grand homme ! » me dit-il.

Je rencontrai aussi une ornithologue américaine, venue là pour étudier le comportement au combat des nandous de Darwin. Elle disait que les deux mâles s'attrapaient par le cou et tournaient en rond : le premier à être pris d'étourdissement perdait.

85

Un Anglais me suggéra de prendre un avion-taxi pour Porvenir en Terre de Feu et de visiter la vieille ferme d'un des contemporains de Charley.

Le cottage de Mr Hobbs était situé sur un replat entre un lac couvert de flamants et un bras du détroit de Magellan. Elle ressemblait à un pavillon de chasse, avec ses murs de bardeaux peints d'un ocre doux, ses fenêtres blanches en saillie et son toit marron. Des rosiers blancs grimpants retombaient sur des brise-vent qui ceinturaient le jardinet. Quelques-unes des fleurs préférées des Anglais s'attardaient là longtemps après le départ des Anglais.

C'est une veuve yougoslave qui en était devenue propriétaire depuis la réforme agraire. Elle avait logé un péon dans la maison laissée à l'abandon. Mais il y subsistait toujours les planchers de pitchpin, les rampes d'escalier incurvées et, au niveau du dernier palier, des lambeaux de papier peint.

Mr Hobbs apparaît sur les photos comme un homme trapu aux cheveux ondulés, avec une bonne tête d'Anglais au teint rose. Il appela sa ferme Gente Grande, « le grand peuple » d'après les Ona qui y chassaient lorsqu'il arriva. Même aujourd'hui la ferme porte encore la marque de son goût pour le travail soigné – les niches à chien, les fleurons sur les bergeries et, même, la porcherie peinte de la même couleur que la maison. Elle ne devait pas avoir beaucoup changé depuis le passage de Charley en 1900.

Environ un mois avant la première visite de Charley, le navire de guerre chilien *Errazuriz* qui établissait le relevé topographique de la côte septentrionale de la Terre de Feu, envoya une chaloupe à terre. Deux marins qui s'étaient éloignés du reste de la troupe furent tués et dépouillés par les Indiens.

Le lendemain matin un groupe partit à la recherche des deux disparus, mais il se passa plusieurs jours avant qu'on ne découvrît leurs cadavres mutilés. Le capitaine ordonna qu'un détachement aille punir les meurtriers, mais les Ona, qui savaient ce qui les attendait, avaient déguerpi dans les montagnes.

« Dites-moi, Hobbs, demanda Charley. Que comptez-vous faire au sujet des Indiens ? Maintenant qu'ils ont tué deux marins, ils vont se croire tout permis et d'autres vont en souffrir. Votre domaine est à leur portée et avec votre femme et vos enfants, vos gens de maison et vos employés, je pense que vous serez le prochain à être honoré de leurs attentions.

— Je ne sais vraiment pas quoi faire, dit Hobbs. Le gouvernement est si susceptible de nos jours quand on tue un Indien, même en cas de légitime défense. Je vais y réfléchir. »

Charlie revint dans l'île quelques mois plus tard et Hobbs lui montra des porcs qu'il avait fait venir d'Angleterre. Sur le toit de la porcherie était fixé le crâne d'un homme tué de fraîche date.

« Vous vous souvenez que les Indiens avaient massacré ces matelots de l'*Errazuriz*, dit Hobbs.

— Oui, bien sûr. Je vous ai même demandé ce que vous comptiez faire.

— Et j'ai répondu que j'attendrais avant de prendre une décision. Eh bien, maintenant c'est fait et voilà le résultat. »

Charley le pria de raconter l'histoire, mais il resta obstinément muet. Deux soirs plus tard, ils se trouvaient dans le salon après dîner lorsque Hobbs relança soudainement la conversation sur le sujet : « Vous vouliez savoir ce qui s'était passé avec les Indiens. Il n'y a pas grand-chose à dire en réalité. Ils ont commencé à rôder de plus en plus près de la maison. Ils ont d'abord volé les moutons un par un, puis ils se sont enhardis et en ont pris trente, puis quarante. L'un de mes bergers leur a échappé de peu et n'a dû son salut qu'au galop de son cheval. Aussi j'ai décidé qu'il était grand temps d'intervenir.

« J'ai envoyé des espions repérer l'emplacement de leur camp et compter leurs effectifs. J'ai appris ainsi qu'il y avait treize hommes, plus les femmes et les enfants. Un jour, alors que les femmes n'étaient pas là, j'ai rassemblé mes Indiens civilisés, huit en tout, et leur ai dit : "Nous partons chasser le guanaco." Je les ai armés de vieux fusils et de vieux revolvers. Nous sommes partis assez nombreux, mais j'ai peu à peu donné l'ordre à mes employés de faire demi-tour, si bien qu'en approchant du campement ona, il ne restait plus que les Indiens, un homme et moi.

« Nous avons aperçu le camp et j'ai dit à mes Indiens de demander aux Ona où se trouvaient les guanacos. Mais quand ils ont vu arriver mon équipe avec ses armes à feu, ils leur ont lancé des flèches. Les Indiens civilisés, accueillis de cette manière, ont riposté avec leurs fusils et ont tué un homme. Après ça, bien entendu, on ne fit pas de quartier. Les sauvages ont été vaincus et parmi les morts il y avait l'homme qui avait tué les marins de l'*Errazuriz.* C'est son crâne qui se trouve sur la porcherie.

« En tant que magistrat du district, j'ai dû envoyer un rapport au gouvernement. J'ai signalé que des Indiens civilisés s'étaient battus contre des Indiens sauvages. Il y avait eu plusieurs tués, et parmi eux le criminel recherché. »

86

Le pilote de l'avion-taxi me présenta un de ses collègues yougoslaves qui transportait du fret dans l'île Dawson. Il me prit à son bord. Je voulais voir le camp de concentration où étaient détenus les ministres d'Allende, mais les soldats ne me permirent pas de descendre de l'appareil.

Charley avait rapporté une anecdote sur la première prison de l'île.

« Les pères salésiens établirent une mission sur l'île Dawson et demandèrent au gouvernement chilien de leur envoyer tous les Indiens qu'on capturait. Les pères rassemblèrent bientôt un grand nombre d'Indiens et se mirent en devoir de leur inculquer les rudiments de la civilisation. Ce régime ne convenait en aucune façon aux Indiens, et bien qu'on eût mis à leur disposition de la nourriture et des cabanes pour se loger, ils ne songeaient qu'à retourner à leur ancienne vie de nomades.

« A l'époque dont je parle, les épidémies avaient réduit leur nombre à quelque quarante individus. Ils avaient causé bien des soucis aux pères, en tentant de s'évader, en se mutinant et en refusant de travailler. Puis, soudain, ils devinrent obéissants et tranquilles. Ces signes n'échappèrent pas aux religieux qui remarquèrent que les hommes tombaient toujours de fatigue le matin et s'endormaient pendant les heures de travail. Ils leur dressèrent des pièges et découvrirent que les Indiens sortaient dans la forêt le soir après s'être retirés dans leurs huttes. Ils essayèrent de les suivre, mais les Indiens s'en apercevaient toujours et se promenaient alors sans but dans les bois pendant des heures avant de revenir à la mission.

« Cette situation se prolongea pendant plusieurs mois sans que le mystère fût éclairci. Un jour, un des missionnaires, revenant d'une partie éloignée de l'île, perdit son chemin. La nuit venue, il s'allongea pour se reposer... et entendit des voix à travers les arbres. Il s'approcha en rampant et se rendit compte qu'il avait découvert le repaire des Indiens. Il resta là tapi toute la nuit, et lorsque les Indiens s'en retournèrent accomplir leur labeur de la journée, il sortit de sa cachette. Il trouva, enfouie sous les branches, une pirogue magnifiquement construite, creusée d'une seule pièce dans un tronc d'arbre. En amincissant les parois ils l'avaient rendue assez légère pour pouvoir la déplacer, bien qu'elle fût immense. Les Indiens la tiraient jusqu'à la plage distante d'environ quatre cents mètres, et le missionnaire s'aperçut qu'ils avaient ouvert un sentier presque jusqu'au bord de l'eau.

« Il retourna à la mission avec ces nouvelles. Les pères tinrent un conseil de guerre et décidèrent de rester aux aguets en inspectant la pirogue de temps en temps pour constater l'avancement de l'opération. Les jours passèrent, et les Indiens sans méfiance continuaient à traîner leur embarcation vers la plage. C'était un travail de longue haleine, les courtes nuits d'été ne leur permettant de gagner que quelques mètres par jour.

« Les prêtres devinèrent que les Indiens attendraient d'avoir passé Noël, car on leur promettait des rations supplémentaires. Alors qu'on célébrait la fête de Noël à la mission, les pères envoyèrent deux hommes munis d'un passe-partout et de journaux. Ils scièrent la pirogue par le milieu, en plaçant le papier journal sur le sol pour ramasser la sciure; ainsi, les pauvres abrutis ne s'apercevraient de rien avant d'avoir entassé tout leur ravitaillement.

« La grande nuit arriva, après de longs mois d'attente anxieuse. Ils se rassemblèrent tous autour de la pirogue et tentèrent de la tirer jusqu'à l'eau... et elle se sépara en deux morceaux.

« Ce fut le tour le plus vil qu'à ma connaissance on ait jamais joué à ces pauvres Indiens, rendre leur pirogue inutilisable au moment précis où elle devait les emporter loin de leur prison abhorrée. C'eût été un moindre mal si les pères avaient détruit le bateau dès sa découverte. Mais avoir permis que le travail se poursuivît jusqu'à ce que la pirogue fût approvisionnée et halée sur la plage me frappa comme étant le summum de la cruauté.

« Je demandai quelle fut la réaction des Indiens. On me répondit qu'ils retournèrent dans leurs cabanes et firent comme s'il ne s'était rien passé. »

87

Il me restait une chose à faire en Patagonie : remplacer le morceau de peau perdu.

La ville de Puerto Natales était inondée de soleil, mais des nuages violets s'amoncelaient à l'extrémité du fjord d'Ultima Esperanza. Les toits des maisons, rongés par la rouille, ferraillaient dans le vent. Des sorbiers poussaient dans les jardins et, près du rouge flamboyant de leurs baies, les feuilles paraissaient noires. La plupart des jardins étouffaient sous l'oseille et le cerfeuil sauvage.

De lourdes gouttes de pluie s'écrasèrent sur le trottoir. De vieilles femmes, taches noires sur la large rue, coururent se mettre à l'abri. Je trouvai refuge dans une boutique aux odeurs de chats et de marée. La patronne tricotait des chaussettes de laine ensimée. Elle était environnée de chapelets de moules fumées, de choux, de blocs de laitue de mer séchée et de tresses de varech enroulées comme les tuyaux d'un tuba.

Puerto Natales devint une ville rouge dès l'ouverture de l'abattoir. Les Anglais bâtirent l'usine pendant la Première Guerre mondiale, à six kilomètres de l'entrée de la baie, là où l'eau profonde pénétrait dans les terres. Ils construisirent une voie de chemin de fer pour acheminer la main-d'œuvre; et lorsque l'usine ferma ses portes, les citoyens repeignirent la locomotive et la placèrent sur la plaza... monument quelque peu ambigu.

Chaque saison d'abattage durait trois mois. C'est pendant celles-ci que les Chilotes prirent goût pour la première fois au massacre mécanisé. Elles leur évoquaient l'idée qu'ils se faisaient de l'enfer : tout ce sang, le sol rouge et bouillonnant ; tous ces animaux ruant, puis raides morts ; toutes ces carcasses à la peau blanche et les entrailles répandues, tripes, cervelles, cœurs, poumons, foies, langues. Tout cela rendit les hommes un peu fous.

Durant la saison d'abattage de 1919, quelques maximalistes arrivèrent de Punta Arenas. Ils racontèrent comment leurs frères russes avaient tué leurs directeurs et vivaient heureux depuis. Un jour de janvier, le sous-directeur anglais confia des travaux de peinture à deux hommes et refusa de les payer parce que le travail était mal fait. Ils lui tirèrent une balle en pleine poitrine et cet après-midi-là le reste des ouvriers fut pris d'une folie homicide. Ils prirent d'assaut le chemin de fer, ordonnèrent au chauffeur d'augmenter la vapeur, mais il n'y avait plus de vapeur et ils le tuèrent. Ils lynchèrent trois carabiniers, pillèrent des magasins et les incendièrent.

Le gouverneur de la province de Magallanes envoya un navire ayant à son bord des troupes et un juge. Ils capturèrent vingt-huit meneurs et le travail reprit à l'usine, exactement comme avant l'arrivée des maximalistes.

A l'hôtel Colonial, j'interrogeai la patronne sur l'émeute.

« Il y a trop longtemps de cela, répondit-elle.

— Vous souvenez-vous alors d'un homme appelé Antonio Soto ? C'était un des chefs de la grève en Argentine, mais il a travaillé ici au Ciné Libertad.

— Soto ? Ce nom-là ne me dit rien. Soto ? Non. Vous voulez dire José Macías. Il a participé à la grève, lui aussi, avec les chefs.

— Il habite ici ?

— Il habitait ici, oui.
— Où pourrais-je le rencontrer ?
— Il vient de se suicider. »

88

José Macías s'était tué dans son salon de coiffure, assis face au miroir dans son fauteuil de coiffeur.

La dernière personne à l'avoir vu vivant était une écolière qui, à huit heures et demie, remontait la Calle Bories, dans une robe noire à large col blanc ; son ombre ondulait à ses côtés sur la tôle des façades. Elle jeta un regard sur les fenêtres de la maison, et vit – comme elle le voyait tous les matins – le coiffeur qui la suivait des yeux derrière son store blanc. En frissonnant, elle accéléra le pas.

A midi, la cuisinière du coiffeur, Conchita Marín, quitta son quartier loqueteux en bordure de la ville et enfila la Calle Baqueano pour aller préparer le déjeuner de son patron. Elle prit quelques légumes dans la boutique du coin et fit halte au restaurant Rosa de Francia, où elle s'acheta deux *empanadas*. Lorsqu'elle vit le store blanc baissé, elle comprit de suite qu'il était arrivé quelque chose.

Homme à la vie bien réglée, le coiffeur l'aurait avertie, s'il avait eu l'intention de sortir. Elle frappa tout en sachant qu'elle n'obtiendrait pas de réponse. Elle se renseigna auprès des voisins, mais personne n'avait vu le coiffeur.

Conchita Marín posa son panier. Elle se glissa entre

les barreaux de la palissade, traversa le jardin, ouvrit le loquet défectueux de la fenêtre de la cuisine et pénétra dans la maison.

Avec une vieille Winchester, le coiffeur s'était logé une balle dans la tempe droite. Encore conscient, il avait tiré une seconde fois, mais le coup le manqua et atteignit un calendrier représentant le glacier local. Le fauteuil pivota vers la gauche et le corps glissa sur le côté et s'affala au sol. Ses yeux de poisson mort, figés, et vitreux, fixaient le plafond. Une mare de sang tachait le linoléum. Le sang s'était coagulé sur ses cheveux, noirs et raides de métis indien.

Macías s'était préparé à la mort avec son souci coutumier du détail. Il s'était rasé et avait taillé sa moustache. Il avait bu son maté et vidé le marc verdâtre dans le seau à ordures. Il avait ciré ses chaussures et revêtu son plus beau costume de Buenos Aires, en laine peignée et à rayures.

La pièce était blanche et nue. De part et d'autre du miroir, deux petits meubles de bois clair renfermaient les pommades et les brillantines. Sur l'étagère au-dessus du lavabo, il avait rangé les blaireaux, les ciseaux et les rasoirs. Deux vaporisateurs à lotion se faisaient face, becs tournés vers l'intérieur et poires en caoutchouc rouge bien séparées.

L'impact de la balle détruisit la symétrie de sa dernière composition.

Macías avait la réputation d'être près de ses sous, mais régulier en affaires. Il ne laissa pas de testament et très peu d'argent. Cependant il possédait trois maisons, toutes louées ; les locataires ne formulaient aucun grief contre leur propriétaire. Sa santé le préoccupait beaucoup ; végétarien convaincu, il se soignait à l'aide d'infusions de plantes. Il se levait tôt et avait l'habitude de nettoyer la rue avant que quiconque soit levé. Ses voisins l'appelait « El Argentino », pour son attitude réservée, la coupe stricte de ses vêtements, son goût du maté et pour l'élégance jadis fougueuse de son tango.

Originaire du sud de Chiloé, il quitta l'île pendant son enfance. Il fit son apprentissage au sein d'une équipe de tondeurs de moutons qui louait ses services dans les estancias de Patagonie. Impliqué dans la révolte des péons de 1921, il semble qu'il ait été proche des chefs et s'échappa avec eux au Chili. Établi à Puerto Natales, il s'installa comme coiffeur, ce qui s'apparentait à la tonte des moutons mais avait plus de classe. Il se maria, eut une fille, mais sa femme le quitta pour vivre une union bigame avec un mécanicien de Valparaíso. Au fil des années il renonça à ses idéaux révolutionnaires et devint témoin de Jéhovah.

Il se tua un lundi. Les foules du dimanche l'avaient vu sortir à bicyclette, pour sa santé disait-on, vieil homme en béret et en imperméable flottant, penché contre le vent, zigzaguant de rue en rue, puis musardant le long de la baie avant de disparaître dans l'immensité du paysage.

Les gens émettaient trois hypothèses principales sur le suicide : ou bien sa manie de la persécution, accentuée depuis le coup d'État de la junte, avait eu raison de lui ; ou bien il avait prévu la fin du monde pour dimanche et s'était tué dans la dépression du lundi matin. La troisième théorie faisait intervenir son artériosclérose. Certains l'avaient entendu dire : « Je l'achèverai avant qu'elle ne m'achève. »

Conchita Marín était une femme à la forte poitrine, insouciante et vive, avec deux fils, mais sans mari. Ses amants avaient des écailles de poisson sur leur chandail et arrivaient tout frais de la mer. Le matin où je lui rendis visite, elle portait un chemisier rose, des boucles d'oreilles cliquetantes et une quantité peu commune de maquillage vert autour des yeux. Quelques bigoudis de plastique tentaient de mettre un peu d'ordre dans l'enchevêtrement de ses cheveux noirs.

Oui, elle aimait bien le coiffeur. Il était très correct et très réservé. Et aussi tellement bizarre ! Un intellectuel, dit-elle. « Rendez-vous compte, il s'allongeait souvent dans le jardin et regardait fixement les étoiles. »

Elle me montra un dessin au pastel.

« Le señor Macías a fait ce dessin pour moi. Ici, c'est le soleil. Rouge. Ici la lune. Jaune. Ici la terre. Verte. Et là c'est la célèbre *cometa...* »

Elle désigna une zébrure orange qui jaillissait du coin supérieur du papier.

« Voyez ce qu'il y a d'écrit... *Cometa... Ko... Hou... tek*. Eh bien, le señor Macías disait que cette comète venait de Dieu pour nous tuer à cause de nos péchés. Mais ensuite elle est partie.

— Est-ce qu'il avait des relations politiques ? demandai-je.

— Il était socialiste. Je pense qu'il était socialiste.

— Est-ce qu'il avait des amis socialistes ?

— Aucun ami. Mais il lisait des livres socialistes. Des tas de livres ! Il me les lisait dans la cuisine. Mais je ne comprenais pas.

— Quels étaient ces livres ?

— Je ne me souviens plus. Je n'écoutais pas quand il lisait. Mais je me souviens d'un nom... Attendez ! un écrivain célèbre. Un écrivain du nord. Très socialiste !

— L'ex-président Allende ?

— Non. Non. Non. Le señor Macías n'aimait pas du tout ce señor Allende. Il disait que c'était un *maricón*[1].

1. *Maricón* : pédéraste.

Il disait que tous ceux du gouvernement étaient des *maricones. Maricones* au gouvernement ! Vous vous rendez compte ! Non. Le nom de cet écrivain commençait par un M... Marx ! Est-ce que ça pourrait être Marx ?

— Ça pourrait être Marx.

— C'était bien Marx. *Bueno*, le señor Macías disait que tout ce que le señor Marx avait écrit dans son livre était vrai, mais que d'autres transformaient ce qu'il disait. Il disait que c'était une perversion de la vérité. »

Conchita Marín était satisfaite d'elle-même d'avoir retrouvé le nom du señor Marx.

« Aimeriez-vous voir le testament du señor Macías ? » me demanda-t-elle et elle me présenta une gravure en couleur d'un dachshund à longs poils, sous laquelle le coiffeur avait ajouté la légende suivante : « LE SEUL ET UNIQUE AMI DE L'HOMME (le seul qui ne lui garde pas rancune). » Au verso on pouvait lire ce qui suit.

> Les vrais missionnaires retrouvent l'autorité et la concentration de l'apôtre Paul.
>
> Pas de sociologie sans salut
> Pas d'économie politique sans l'Évangéliste
> Pas de réforme sans rédemption
> Pas de culture sans conversion
> Pas de progrès sans pardon
> Pas de nouvel ordre social sans une nouvelle naissance
> Pas de nouvelle organisation sans une Nouvelle Création
> Pas de démocratie sans le Verbe Divin
> PAS DE CIVILISATION SANS LE CHRIST
> SOMMES-NOUS PRÊTS À FAIRE CE QUE NOTRE MAÎTRE COMMANDE (selon sa volonté expresse) ?

Oui, dit Conchita Marín, le coiffeur était malade,

bien malade. Il était atteint d'artériosclérose. Mais il y avait quelque chose d'autre, quelque chose qui le tourmentait toujours. Non, il ne parlait jamais de la grève en Argentine. Il était très réservé. Mais parfois elle se posait des questions sur la cicatrice qu'il portait à la base du cou. Une balle, dit-elle. Elle a dû traverser de part en part. Rendez-vous compte ! Il cachait toujours sa cicatrice. Il portait un col raide et une cravate. Elle avait vu la cicatrice une fois quand il était malade et il avait essayé de la lui cacher.

La fille du coiffeur, Elsa, était une vieille fille morne, à la peau triste et au cheveu rare, qui habitait une maison de deux pièces badigeonnée de bleu et gagnait sa vie comme couturière. Elle avait vu son père une fois l'année passée, mais ne lui avait pas adressé la parole depuis deux ans. C'était un aventurier dans sa jeunesse, me dit-elle. *« Si, Señor, muy pícaro. »* Elle se rappelait que lorsqu'elle était enfant, il chantait en s'accompagnant à la guitare.

« Mais il ne chantait que des chansons tristes. C'était un homme triste, mon père. Il n'avait pas reçu d'éducation et il était triste parce qu'il n'était pas instruit. Il lisait beaucoup de livres mais il ne comprenait pas. » Et avec un regard qui englobait les souffrances de son père autant que les siennes, elle le qualifia d'un mot : *infeliz.*

Elle me montra la photographie d'un homme aux cheveux peignés en arrière, avec des traits ciselés par l'angoisse et des yeux craintifs. Il portait son costume de Buenos Aires à revers en pointe, un haut col amidonné et un nœud papillon. Lorsque je l'interrogeai sur la cicatrice, elle resta interdite et s'exclama : « Comment Conchita a-t-elle pu vous parler de cela ? »

Le pharmacien de la plaza était un des vieux clients

de Macías. Il m'indiqua un péon qui avait connu le coiffeur en Argentine pendant la grève. Le vieillard vivait avec une veuve qui tenait un commerce de glaces. La cataracte embuait ses yeux; des veines bleues striaient ses paupières. Les mains déformées par l'arthrite, il se pelotonnait près du poêle à bois. Sa protectrice, dont les bras trempaient jusqu'au coude dans la crème rose, m'observait d'un œil soupçonneux.

Le vieil homme se montra d'abord assez communicatif. Il faisait partie des grévistes qui capitulèrent devant Viñas Ibarra à Río Coyle. « L'armée avait la permission de tuer tout le monde », affirma-t-il, comme si on ne pouvait pas s'attendre à autre chose de la part d'une armée. Mais lorsque je l'interrogeai sur les chefs et mentionnai le nom de Macías, il devint tout à fait incohérent.

« Traîtres ! lança-t-il en postillonnant. Tenanciers de bistrots ! Barbiers ! Acrobates ! Artistes ! » et il se mit à tousser et à haleter. La femme se lava les mains et les bras, puis vint lui tapoter le dos.

« S'il vous plaît, señor, il faut vous en aller. Il est très vieux, vous savez. Il vaut mieux ne pas le déranger. »

Il se peut que José Macías n'ait pas eu d'amis, mais il avait des clients à qui il parlait, et, parmi ceux-ci, Bautista Díaz Low. Les deux hommes avaient le même âge. Tous les deux venaient de la même région de Chiloé. Lorsqu'ils avaient fini de se jeter à la tête leur lot de nouvelles inhabituelles, ils pouvaient raconter leurs souvenirs de Chiloé.

Bautista comptait parmi ses ancêtres des Espagnols, des Indiens et des Anglais. C'est le grand-père de sa mère, le capitaine William Low, corsaire et chasseur de phoques, qui pilota Fitz-Roy et Darwin à travers les *canales*. L'arrière-petit-fils était un homme de taille réduite mais de belle carrure, au sourire ironique et aux muscles d'acier. Lui-même attribuait son tempérament peu commode à sa *sangre británica.*

Soixante-dix ans de bagarres à mains nues lui avaient aplati le nez. Il montrait une grande résistance à l'alcool et pouvait faire rouler n'importe qui sous la table, tout en continuant à clamer ses idées pour une plus grande justice et à raconter des histoires énormes sur sa vie. Cependant des photos prouvaient qu'il avait effectivement dressé un étalon indomptable à l'âge de seize ans ; qu'il avait été boxeur professionnel et meneur de grève ; qu'il s'était battu contre les hommes de main des syndicats et avait déjoué les attentats dirigés contre sa vie ; au cours de son existence il s'était forgé une théorie selon laquelle si l'on a une fois tué – ou projeté de tuer – on est condamné.

« La seule arme légitime est le poing ! Ah mais ! Tous ceux qui en ont voulu à ma peau sont sous terre. Il n'y a pas de Dieu mais le Droit ! »

En tant qu'ennemi à la fois du capitaliste et de l'ouvrier, il s'était retiré tout au fond du fjord d'Ultima Esperanza et, sur des étendues incultes, s'était taillé à coups de hache son estancia. C'est là que je le trouvai, dans la maison aux bardeaux bleus qu'il avait construite de ses propres mains. Et nous restâmes toute la nuit à boire et à rire dans son excentrique cuisine vert émeraude, en compagnie de deux péons et d'un chasseur de phoques.

Tous les quinze jours, Bautista gagnait Puerto Natales à bord de son cotre rouge pour se ravitailler et restait une nuit ou deux avec sa femme, qui préférait se tenir éloignée de sa présence trop remuante et élever en ville ses cinq fils.

« Cinq fils ivrognes ! *Qué barbaridad!* Qu'ai-je fait

pour mériter cinq fils ivrognes ? Leur mère prétend qu'ils travaillent, mais moi je dis que ce sont des ivrognes. »

J'interrogeai Bautista sur le suicide du coiffeur. Il abattit son poing sur la table.

« José Macías lisait la Bible et la Bible est un livre qui rend les hommes fous. La vraie question est celle-ci : qu'est-ce qui le poussait à lire la Bible ? »

Je lui racontai ce que je savais du rôle de Macías dans la grève et de la cicatrice dont, de toute évidence, il avait honte. Je lui dis comment les chefs étaient partis en laissant leurs hommes affronter les pelotons d'exécution, et me demandai ce qui liait la blessure de son cou à cet événement.

Bautista m'écouta attentivement et dit : « J'explique le suicide de Macías par les femmes. C'était un homme terriblement lubrique, même à son âge. Et jaloux ! Il ne laissait jamais ses femmes parler à quiconque. Même pas à d'autres femmes. Bien entendu toutes le quittèrent, et de là lui est venue sa manie religieuse. Mais c'est drôle que vous mentionniez la grève. Tous les hommes que j'ai connus et qui ont participé à la grève étaient des hommes hantés. Peut-être le vieux Macías s'est-il suicidé pour s'acquitter d'une dette ? »

Je retournai à Puerto Natales et y vérifiai ce que je savais déjà : avant d'appuyer sur la détente, José Macías avait déboutonné le devant de sa chemise et dénudé son cou devant la glace.

89

Dans le bar de l'hôtel Colonial le maître d'école et un berger en retraite prenaient leur cognac d'après déjeuner en maugréant tranquillement contre la junte. Le berger connaissait bien la grotte du Mylodon. Il me conseilla de rendre d'abord visite au señor Eberhard, dont le grand-père découvrit la cavité.

Je sortis à pied de la ville et longeai la baie en direction des cheminées de l'abattoir. Des bateaux de pêche rouges tournaient capricieusement sur leurs amarres au gré des vagues et du vent. Un homme chargeait des algues dans un tombereau. Il fit un vague geste de la main comme s'il avait vu un fou. Puis un camion s'arrêta et me fit faire un bout de chemin.

Il faisait nuit lorsque j'atteignis Puerto Consuelo. Une flottille de cygnes coscoroba évoluait près du rivage. Les pignons d'une grosse maison allemande apparurent au-dessus d'une plantation de pins, mais les volets étaient clos et les portes cadenassées. A ce moment même, j'entendis démarrer un groupe électrogène et aperçus une lumière à environ un kilomètre de là.

Dans la cour, des chiens-loups se mirent à hurler à mon approche ; j'étais content qu'ils soient attachés. Un homme de haute stature, au profil d'aigle, cheveux blancs et noble prestance, vint m'ouvrir la porte. J'expliquai, nerveusement et en espagnol, les raisons de ma présence : Charley et le paresseux géant.

« Ainsi, me répondit-il en anglais, vous êtes de la famille du voleur. Entrez. »

Il me conduisit dans une maison allemande des années 1920, blanche et nue, avec des tables à dessus de verre et des chaises d'acier tubulaire de Mies van der Rohe. Pendant le dîner il parla de son grand-père et ensemble nous rassemblâmes les divers éléments de l'histoire.

90

Herman Eberhard était un garçon viril au formidable appétit de vivre. Son père, colonel de l'armée prussienne, venu de Rothenburg ob der Tauber pour servir l'Électeur, l'envoya dans une académie militaire d'où il s'enfuit un matin d'été. Il dit qu'il partait se baigner dans la rivière, laissa un tas d'habits sur la berge... et disparut pendant cinq ans. Il passa d'un élevage de porcs du Nebraska à un port baleinier des îles Aléoutiennes et aboutit à Pékin.

Là, les autorités militaires allemandes l'enlevèrent et le ramenèrent dans son pays. Son père se fit nommer juge de la cour martiale et condamna son fils à vingt ans de travaux forcés pour désertion. Des amis d'Herman firent appel, arguant de la partialité du père, et la sentence fut réduite à dix-huit mois, peine qu'il purgea.

Il quitta l'Allemagne pour toujours et se rendit aux îles Falkland où il travailla comme pilote. Une année, l'ambassade britannique à Buenos Aires lui demanda de guider le yacht de Lord Dudley, la *Marchesa*, à travers les *canales* jusqu'à Valparaíso. N'ayant aucun sens de l'argent, Herman répondit qu'il serait heureux de faire ce voyage pour le plaisir, mais au moment où il quittait le yacht, Lord Dudley lui remit une enveloppe à ne pas ouvrir tout de suite. Elle contenait un chèque de 1 000 livres sterling. A cette époque un lord était un lord.

Grâce à ce chèque, trop gros pour être gaspillé, Eberhard devint éleveur de moutons. En 1893, à la recherche de nouveaux pâturages, il remonta en barque le fjord d'Ultima Esperanza en compagnie de deux déserteurs de la Marine britannique et arriva à Puerto Consuelo. « Il y a quelque chose à faire ici », déclara-t-il.

En février 1895, Eberhard explora la grotte, dont le vaste porche bâillait dans la montagne derrière son établissement. L'accompagnaient son beau-frère Ernst von Heinz, un certain Greenshield, un Suédois qu'on appelait Klondike Hans, et leur chien. Ils trouvèrent un crâne humain et un morceau de peau dépassant du sol. La peau avait environ un mètre vingt de long et soixante centimètres de large. Une face était couverte de poils raides et incrustée de sel, l'autre sertie d'osselets blancs. Selon Greenshield, il s'agissait d'une peau de vache collée sur des galets. Eberhard répondit qu'il n'y avait pas de vaches dans la région ; il penchait plutôt pour la dépouille d'un mammifère marin d'une espèce inconnue. Il la suspendit à un arbre et laissa la pluie la débarrasser de son sel.

Une année plus tard l'explorateur suédois Otto Nordenskjöld visita la grotte et découvrit un autre fragment de peau – à moins qu'il n'ait subtilisé un morceau de celle d'Eberhard. Il trouva également l'orbite oculaire d'un gigantesque mammifère, une griffe, un fémur humain de taille géante et quelques outils de pierre. Il envoya le tout au docteur Einnar Lönnberg du Muséum d'Uppsala, qui, bien qu'intrigué et passionné, n'osa rien publier sans obtenir d'autres informations.

Les bruits qui couraient sur les étranges découvertes de Puerto Consuelo attirèrent ensuite le docteur Francisco Moreno du Muséum de La Plata. Il arriva en novembre 1897 et ne trouva rien d'intéressant hormis la peau d'Eberhard, toujours suspendue à son arbre, mais réduite de moitié. L'Allemand la lui donna et il l'expédia à La Plata avec d'autres matériaux rapportés de ses voyages.

Un mois après l'arrivée de la caisse, le collègue et ennemi de Moreno, Florentino Ameghino, doyen des paléontologues sud-américains, publia un article qui eut un gros retentissement : *Première Note sur le Mylodon Listai – Représentant Vivant des Anciens Édentés Fossiles Gravigrades d'Argentine.*

Mais d'abord, voyons un peu le contexte :

91

Le mylodon, paresseux géant d'une taille plutôt supérieure à celle du taureau, appartient à une classe d'animaux spécifiquement sud-américaine. En 1789, le docteur Bartolome de Muñoz, de Buenos Aires, envoya au roi d'Espagne, pour son cabinet de curiosités de Madrid, les ossements d'un cousin encore plus grand, le mégathérium. Le roi en commanda un second exemplaire, mort ou vif.

Le squelette stupéfia les naturalistes de la génération de Cuvier. Il inspira à Goethe un essai qui semble préfigurer la théorie de l'évolution. Les zoologistes durent se représenter un mammifère antédiluvien, de cinq mètres de haut, version agrandie du banal paresseux insectivore qui vit suspendu aux branches, la tête en bas. Cuvier le baptisa mégathérium et donna à entendre que la Nature avait voulu s'amuser en créant « quelque chose d'imparfait et de grotesque ».

Parmi les « neufs grands quadrupèdes » que découvrit Darwin figure le mylodon, dont il trouva des ossements sur la plage de Punta Alta, près de Bahía Blanca ; il les envoya au docteur Richard Owen du Collège royal des chirurgiens. Owen rejeta avec dédain l'idée de paresseux géants escaladant les arbres pour échapper au déluge. Il reconstitua le *Mylodon darwini*, gros animal encombrant qui se dressait sur son train arrière, utilisant ses membres postérieurs et sa queue comme trépied, et qui, au lieu de grimper aux arbres, les abattait à coups de pattes. Le mylodon avait une longue langue extensible, comme celle d'une girafe, avec laquelle il happait des feuilles et des vers.

Tout au long du XIXe siècle, on mit au jour des ossements de mylodon dans les barrancas de Patagonie. Les innombrables fragments osseux trouvés avec les squelettes intriguèrent les savants jusqu'à ce qu'Ameghino y vît – ce qui s'avéra exact – les plaques d'une carapace analogue à celle du tatou.

Il y eut cependant un temps où l'animal disparu se confondit avec l'animal vivant et l'animal imaginaire. Des légendes indiennes et des récits de voyageurs persuadèrent certains zoologistes qu'un gros mammifère avait survécu aux catastrophes des âges glaciaires et se cachait quelque part au sud des Andes. Il y avait cinq candidats :

a. Le *Yemische*, une sorte de goule.

b. Le *Su*, ou *Succurath*, signalé dès 1558 sur les berges des fleuves patagoniens. La créature avait une tête de lion « avec quelque chose d'humain », une courte barbe allant d'une oreille à l'autre et une queue armée de poils acérés qui servait de refuge aux petits. Le *Su* était un chasseur, il tuait les animaux mais pas uniquement pour leur viande ; leur fourrure l'aidait à supporter les rigueurs du climat.

c. Le *Yaquarũ* ou « tigre d'eau » (souvent confondu avec le *Su*). Le jésuite anglais Thomas Falkner en vit un sur le Paranà au XVIIIe siècle. C'était une bête agressive qui vivait dans les tourbillons, et lorsqu'elle dévorait une vache, les poumons et les entrailles flottaient à la surface. (Il s'agissait probablement d'un caïman.) Des « tigres d'eau » apparaissent aussi dans le mémoire de George Chaworth Musters, *At home with the Patagonians;* l'auteur y décrit comment son guide tehuelche refusa de traverser le Río Senguer par peur de « quadrupèdes jaunes plus gros qu'un puma ».

d. L'*Elengassen*, un monstre décrit par un cacique patagonien au docteur Moreno en 1879. Il avait une tête humaine, une carapace et lançait des pierres aux étrangers qui s'approchaient de sa tanière. Pour le tuer il n'existait qu'une méthode, viser une certaine fente sur son ventre.

e. Le cinquième représentant, et le plus convaincant, de toute cette faune mystérieuse, était un animal gigantesque, « ressemblant à un pangolin géant » qui, dans les dernières années 1880, essuya un coup de feu de Ramón Lista, alors gouverneur de Santa Cruz.

Telle était la toile de fond de la brochure écrite par Florentino Ameghino. Pendant des années, raconta-t-il à des journalistes, son frère Carlos avait entendu les Indiens parler du *Yemische.* D'abord ils ne virent là qu'un mythe né des terreurs indigènes, simple produit de leur théologie incohérente. Maintenant cette nouvelle et surprenante preuve leur permettait de croire en l'existence de cet animal sous la forme d'un mammifère vivant.

En 1895, dit-il, un Tehuelche nommé Hompen essaya de traverser le Río Senguer, mais le courant était violent et son cheval refusa de s'engager dans la rivière. Hompen mit pied à terre et entra dans l'eau pour le persuader de le suivre. Mais le cheval hennit, recula et s'enfuit dans le désert. A cet instant précis Hompen vit le *Yemische* s'avancer vers lui.

Regardant la bête avec sang-froid, bien en face, il lança ses *boleadoras* et sa *bola perdida*, « armes d'une redoutable efficacité entre les mains d'un Indien ». C'est ainsi qu'il vint à bout de l'animal ; il le dépouilla et garda un petit morceau de peau pour son ami, l'explorateur blanc.

Carlos le fit parvenir à Florentino. Dès qu'il eut en main la peau et vit les ossements blanchâtres, il comprit que le « *Yemische* et le mylodon des âges révolus ne faisaient qu'un ». La découverte corroborait l'histoire de chasse de Ramón Lista : il rebaptisa l'animal *Neomylodon listai* en souvenir de l'ex-gouverneur assassiné.

« Et le squelette ? demanda un des journalistes.

— Mon frère s'occupe de la question du squelette. J'espère l'avoir en ma possession bientôt. »

Non. Le docteur Ameghino ne pensait pas que l'animal avait pu venir de l'Antarctique sur un iceberg.

Oui. Il avait demandé au ministre des Travaux publics une forte subvention pour organiser une chasse au mylodon.

Oui. Les Tehuelche chassaient les mylodons, le plus

souvent à l'aide de fosses camouflées sous des feuilles et des branches.

Non. Il ne doutait pas de sa capture. » En dépit de sa carapace invulnérable et de ses mœurs agressives, il tombera un jour au pouvoir de l'homme.

Non. Il n'était pas impressionné par les découvertes du docteur Moreno dans la grotte Eberhard. Si le docteur Moreno se savait possesseur d'une peau de mylodon, pourquoi ne l'avait-il pas soumise à l'attention de la science ?

La conférence de presse d'Ameghino connut également un retentissement international. Le British Museum lui demanda avec insistance un petit morceau de peau. Les Allemands voulurent une photo du cadavre. Et, sur tout le territoire argentin, on signala plusieurs apparitions de l'animal : sur le Paraná un estanciero perdit un péon emporté par un « tigre d'eau » ; il entendit les branches craquer, la bête nager : « clap... clap... clap... » et un long hurlement « ah... joooooo ! ».

Moreno revint à La Plata et emporta son morceau de peau à Londres. Il le laissa en sûreté au British Museum où il demeure toujours. Au cours d'une conférence devant la Royal Society, le 17 janvier 1899, il déclara qu'il avait toujours su qu'il s'agissait d'un mylodon, et que l'animal, éteint depuis longtemps, s'était conservé dans les mêmes conditions que les plumes du dinornis néo-zélandais.

Le docteur Arthur Smith Woodward, conservateur de la section de paléontologie, n'adhéra qu'à demi à cette conclusion. Il avait eu entre les mains des plumes de dinornis. A Saint-Pétersbourg, il avait également manié des fragments du rhinocéros laineux de Pallas et le mammouth congelé trouvé à Yakutia. En comparaison, disait-il, la peau du mylodon était si « remarquablement fraîche » et le caillot de sang si rouge que, sans la conviction du docteur Moreno, il n'aurait eu « aucune hésitation à affirmer que l'animal avait été tué récemment ».

Il faut croire que ce doute subsistait en Angleterre puisque le *Daily Express* finança l'expédition de Hesketh Prichard qui partit à la recherche de l'animal. Prichard ne trouva pas trace du mylodon, mais son livre *Through the Heart of Patagonia* (« Au cœur de la Patagonie ») semble être une des sources dont s'inspira Conan Doyle pour écrire *le Monde perdu*.

Pendant ce temps, deux archéologues entreprirent des fouilles dans la grotte. Le Suédois Erland Nordenskjöld fut le plus méthodique. Il dégagea trois niveaux stratifiés : celui du dessus renfermait les vestiges d'un campement humain ; celui du milieu les ossements d'une faune disparue, comprenant le cheval de Dawn ou hippidium, petit équidé indigène d'Amérique ; mais ce n'est que dans la couche la plus basse qu'il découvrit les restes du mylodon.

Le docteur Hauthal de La Plata dirigea la seconde série de fouilles. C'était un impressionniste qui, selon toute apparence, n'avait même pas compris les principes de la stratigraphie. Il mit à nu la couche d'excréments de paresseux – parfaitement préservés, mêlés à des feuilles et à des herbes – qui recouvrait le sol à une profondeur d'un mètre. Il déblaya également le mur de pierres qui barrait le fond de la cavité. Et il annonça que la grotte avait été utilisée comme parc à mylodons. Les hommes préhistoriques avaient domestiqué les mylodons et les gardaient dans un enclos pour s'alimenter pendant l'hiver. Il déclara qu'il changeait de nouveau le nom de l'animal qui, de *Neomylodon listai*, devint *Gryptotherium domesticum*.

L'équipe engagée par Erland Nordenskjöld comprenait un orpailleur allemand, Albert Konrad. Une fois que les archéologues eurent tourné le dos, il installa une cabane en tôle ondulée à l'entrée de la caverne et se mit en devoir de dynamiter la stratigraphie. Charley vint lui prêter main-forte et repartit avec des mètres carrés de peau et des piles d'ossements et de griffes, qui alors représentaient une denrée aisément commercialisable. Il expédia la collection au British Museum et, après un marchandage acharné avec le docteur Arthur Smith Woodward (ce dernier pensait que Charley essayait de monter le prix ayant su que Walter Rothschild était le commanditaire), il la lui vendit 400 livres sterling.

Mes grands-parents se marièrent à cette époque et je présume que Charley dut leur envoyer un petit fragment de peau comme cadeau de noces.

Le rôle d'Ameghino dans l'affaire demeure des plus suspects. Il ne présenta jamais le morceau de peau de Hompen. Il avait eu très vraisemblablement l'occasion de fouiner dans la caisse de Moreno et y avait vu la peau sans pour autant oser la subtiliser. Un fait est certain : sa brochure devint aussi rare que la bête qu'elle tentait de décrire.

Le verdict moderne, fondé sur la méthode de datation au radiocarbone, attribue au mylodon une ancienneté de dix mille ans.

92

Le lendemain matin je sortis avec Eberhard malgré une pluie battante. Engoncé dans un pardessus doublé de fourrure et coiffé d'un chapeau de Cosaque, il jetait des regards furieux à la tempête. Son auteur préféré, me dit-il, était Sven Hedin, l'explorateur de la Mongolie.

Mongolie... Patagonie, Xanadu et le Vieux Marin.

Nous regardâmes ses granges allemandes qui tombaient en ruine. Il avait perdu la plupart de ses terres à la suite de la réforme et acceptait ce revers de fortune avec une résignation stoïque. Durant sa jeunesse il avait travaillé comme apprenti à la *Explotadora.*

« L'entreprise était dirigée comme un régiment d'élite de l'armée britannique. Chaque matin les ordres étaient affichés en deux langues et vous ne devinerez jamais lesquelles.

— Anglais et espagnol, répondis-je.

— Faux.

— Anglais et allemand, dis-je intrigué.

— Essayez encore.

— Espagnol et...

— Faux. Anglais et gaélique.

« Le directeur général de la *Explotadora*, poursuivit-il, s'appelait Leslie Greer. Cet homme était un vrai tyran. Mais c'était un administrateur brillant et tout le monde le savait. Seulement le jour où il s'est permis de dire NON à ses patrons, ils l'ont mis à la porte. Les patrons voulaient des béni-oui-oui et ils les ont eus. Après ils se sont demandé pourquoi les bénéfices s'amenuisaient et ils ont fait appel à des techniciens. Les techniciens, bardés de diplômes supérieurs et tout, ont voulu commander les patrons. Ils ont contrarié les ordres venus d'en haut et les patrons ont contrarié les ordres des techniciens. Et tout l'édifice branlant s'est écroulé sous son propre poids.

« Maintenant je vais vous raconter une anecdote sur Mr Greer. Un jour il monte à Buenos Aires et s'en va déjeuner dans son club ; le Hurlingham ou quelque chose comme ça. La salle à manger est pleine. Il demande alors à deux gentlemen anglais : “S'il vous plaît, puis-je m'asseoir à votre table ?” “Mais très certainement”, répond un des Anglais. “Je me présente, dit-il. Mon nom est Leslie Greer, directeur général de la *Sociedad Explotadora de Tierra del Fuego.*” “Et moi, réplique l'Anglais, je suis Dieu. Et voici mon ami et collègue Jésus-Christ.” »

Je l'interrogeai sur l'orpailleur Albert Konrad.

« J'ai vu Albert Konrad de mes propres yeux. *Ja !* Je me souviens de lui quand il est passé par ici avec ses mulets vers 1920. Vous devez savoir que cet Albert Konrad était très mal vu au Chili pour avoir vendu le mylodon. Alors il traversa la frontière et alla s'installer sur le Río de las Vueltas. Un jour il est descendu à Punta Arenas avec des mulets. Et mon père lui a demandé : “Hé ! Albert. Qu'est-ce que vous transportez avec vos mulets ? Des pierres ?” “Des pierres, non, répondit-il. C'est de l'or.” Mais ce n'étaient que des pierres, des pierres normales. »

Un jour de printemps des années 1930, un gaucho qui descendait à cheval le Río de las Vueltas passa devant la cabane de Konrad et entendit une porte grincer sur ses gonds. L'Allemand était affalé sur son Mauser. Mort depuis plusieurs mois. L'intérieur de la cabane croulait sous des amas de pierres grises.

93

Je franchis à pied les sept kilomètres qui séparaient Puerto Consuelo de la grotte. Il pleuvait mais le soleil perçait à travers les nuages, faisant scintiller les buissons. Large de cent vingt mètres, le porche de la caverne s'ouvrait béant dans une falaise de conglomérat gris. Des blocs éboulés avaient été empilés près de l'entrée.

L'intérieur était sec comme un désert. Le plafond se hérissait de stalactites blanches ; des incrustations de sel étincelantes couvraient les flancs de la caverne. Avec leur langue, des animaux avaient lissé la paroi du fond. Un mur rectiligne, fait de pierres tombées d'une fissure de la voûte, divisait la grotte en deux parties inégales. Près de l'entrée se dressait un petit autel dédié à la Vierge.

Je tentai de me représenter les paresseux dans la grotte, mais je ne pouvais effacer de mon esprit le monstre armé de griffes qui surgissait du mur d'une chambre obscure, là-bas en Angleterre, pendant les nuits de black-out de la guerre mondiale. Le sol était couvert d'étrons de paresseux, d'énormes étrons noirs et souples, pleins d'herbes mal digérées, qui avaient l'air de dater de la semaine dernière.

Dans les trous dynamités par Albert Konrad je cherchai à tâtons un autre morceau de peau. Je ne trouvai rien.

« Eh bien, me dis-je en moi-même, s'il n'y a plus de peau, il reste au moins une belle cargaison de merde. »

Et puis, en grattant dans un coin, j'aperçus quelques

grosses touffes de ce poil roux que je connaissais si bien. Je les extirpai avec d'infinies précautions, les glissai dans une enveloppe et m'assis, immensément satisfait. J'avais atteint le but de ce voyage ridicule. Et c'est alors que j'entendis des voix, des voix féminines qui chantaient : « María... María... María... »

Moi aussi j'étais devenu fou.

Je risquai un coup d'œil par-dessus le chaos rocheux et vis sept silhouettes noires face à l'autel de la Vierge.

Ce n'étaient que les sœurs de Santa María Auxiliadora, au cours d'une de leurs excursions insolites. La mère supérieure me dit avec un sourire : « N'avez-vous pas peur là-dedans tout seul ? »

J'avais l'intention de dormir dans la grotte, mais me ravisai et les religieuses me déposèrent dans une des anciennes estancias de la *Explotadora.*

94

Il allait mourir. Il devait faire un effort pour empêcher ses paupières gonflées de retomber et de couvrir ses yeux. Son nez avait la minceur d'un bec et sa respiration haletante exhalait d'épais relents fétides. Sa toux résonnait dans les couloirs à donner des haut-le-cœur. Les autres hommes s'écartaient à son approche.

Il tira de son portefeuille une photographie froissée où on le voyait, militaire en permission, dans un jardin de Valparaíso plein de palmiers, il y avait bien longtemps. Impossible de reconnaître en lui le garçon de la photo : le sourire effronté, le veston à taille de guêpe, les pantalons Oxford, les cheveux lisses et noirs brillant sous le soleil.

Il avait travaillé vingt ans sur l'estancia et maintenant il allait mourir. Il se souvenait de Mr Sandars, le régisseur qui mourut et dont le corps fut jeté en mer. Il n'aimait pas Mr Sandars. C'était un homme dur, despotique, mais depuis sa mort l'établissement n'avait pas cessé de décliner. Ça marchait mal avec les marxistes et c'était pire encore avec la junte.

« Les ouvriers, bredouilla-t-il entre deux quintes de toux, ont fait les frais de ce mouvement marxiste, mais je ne pense pas que ça dure. »

Je le laissai mourir et retournai à Punta Arenas pour prendre le bateau.

95

L'hôtel Residencial Ritz, un bâtiment de béton blanc, s'étendait entre le club des officiers de marine et la plage. Le directeur s'enorgueillissait de ses nappes de damas d'un blanc immaculé.

Un représentant en lingerie féminine de Santiago faisait les cent pas dans le hall de l'hôtel en attendant la levée du couvre-feu à cinq heures. S'il était parti plus tôt, les patrouilles auraient pu l'abattre. Il revint pour le petit déjeuner, les poches pleines de pierres. Dans la salle à manger peinte d'un bleu soutenu, au sol couvert de plastique bleu, les nappes semblaient flotter comme de gros glaçons.

Le représentant s'assit, vida ses poches et se mit à

jouer avec les pierres, en leur parlant et en riant. Il commanda du café et des tartines à une grosse Chilote enchifrenée qui travaillait à la cuisine. C'était un homme corpulent à l'air maladif. Des plis de chair boursouflaient sa nuque. Il portait un costume de tweed beige et un chandail à col roulé, tricoté à la main.

Il tourna son regard dans ma direction et sourit en découvrant des gencives gonflées. Puis son sourire s'éteignit, il baissa les yeux et se remit à jouer avec les pierres.

« Quelles merveilleuses teintes roses ont les nuages ce matin ! »

Il avait soudain rompu le silence. Brutalement.

« Puis-je me permettre de vous poser une question, monsieur ? Quelle est la cause de ce phénomène ? J'ai entendu dire que c'était l'annonce du froid.

— Peut-être, répondis-je.

— Je me suis promené sur la plage et j'ai contemplé les formes que le Créateur a peintes dans le ciel. J'ai vu le char de feu se transformer en un cou de cygne. Splendide ! La main du Créateur ! On devrait peindre ou photographier son œuvre. Mais je ne suis pas peintre et je ne possède pas d'appareil photo. »

La serveuse lui apporta son petit déjeuner. Il repoussa les pierres dans un coin de la table pour faire de la place à la tasse et à l'assiette.

« Peut-être, monsieur, poursuivit-il, connaissez-vous un peu la *poesía mundial ?*

— Un peu », répondis-je.

Son front se plissa sous l'effort de concentration et il déclama des stances lourdes et affectées. A la fin de chaque strophe il crispait le poing et l'abaissait lentement sur la table. La serveuse attendait la cafetière à la main. Elle la posa sur la table, se cacha le visage dans son tablier et s'enfuit en riant dans la cuisine.

« Qu'est-ce que c'était ?

— Je ne sais pas.

— Les *Solitudes* de Góngora », dit-il et il recommença. Étendant les mains sur les côtés, doigts écartés, il s'évertuait à tirer de chaque vers jusqu'à la dernière bribe d'émotion.

« A las cinco de la tarde.
Eran las cinco en punto de la tarde... »

« Lorca, hasardai-je.

— Federico García Lorca, murmura-t-il comme s'il était épuisé. « *Chant funèbre pour Ignacio Sánchez Mejías*. Nous sommes faits pour nous entendre. Je vois que vous n'êtes pas totalement ignorant de notre littérature hispanique. Maintenant qu'est-ce que c'est ? »

Il rejeta sa tête en arrière et déclama de nouveau d'une voix forte.

« Je ne connais pas.

— L'hymne national du Venezuela. »

Je le vis plus tard dans la journée, les épaules voûtées sous le crachin, arpentant les rues avec sa casquette à carreaux blancs et noirs et sa valise d'échantillons de lingerie. Dans les vitrines des magasins les mannequins en corset et soutien-gorge roses ouvraient de grands yeux vides de plastique bleu. Les boutiques de sous-vêtements étaient tenues par des Hindous.

La nuit, le bruit de ses semelles de crêpe me tint éveillé de nouveau. Il sortit à cinq heures, mais je l'entendis revenir plusieurs fois. Au petit déjeuner, je passai par la porte de la cuisine où je vis les serveuses qui ne pouvaient s'empêcher de pouffer de rire.

Il se tenait debout au milieu des nappes, le visage hirsute, figé dans un sourire sans espoir. Sur chaque table et à chaque place il avait disposé des pierres.

« Ce sont mes amies, dit-il d'une voix rauque emplie

d'émotion. Regardez ! Voici une baleine. Quelle merveille ! La confirmation du génie de Dieu. Une baleine avec un harpon dans le flanc. Ici c'est la gueule et ici la queue.

— Et ça ?

— La tête d'un animal préhistorique. Et voici un singe.

— Ça ?

— Un autre animal préhistorique, probablement un dinosaure. Et ça, dit-il en montrant du doigt un caillou jaunâtre et criblé de trous, la tête d'un homme primitif. Les yeux. Vous voyez ? Voici le nez. Et le menton, là. Regardez, il y a même le front bas, signe d'une intelligence inférieure.

— Oui, dis-je.

— Et celui-ci, ajouta-t-il en ramassant un galet gris et rond, c'est mon préféré. Tourné d'un côté, c'est un dauphin. Et de l'autre la Sainte Vierge Marie. Quelle merveille ! La marque de Dieu sur une humble pierre ! »

Le directeur du Ritz n'aimait pas être réveillé avant neuf heures. Mais d'autres clients voulaient leur petit déjeuner, et il fallait débarrasser les tables. Dans le courant de la matinée, je revins déposer des affaires dans ma chambre. On l'avait emmené à l'hôpital.

« *Es loco*, me dit le directeur. Il est fou. »

96

Il est un homme à Punta Arenas qui rêve de forêts de pins, fredonne des lieder, se lève chaque matin et contemple les eaux noires du détroit. Il se rend en voiture dans une usine qui sent la mer. Tout autour de lui des crabes écarlates rampent, puis sont ébouillantés. Il entend les carapaces qui craquent et les pinces qui se brisent, voit la douce chair blanche qu'on tasse dans des boîtes métalliques. C'est un homme efficace, bénéficiant de quelque expérience dans le domaine de la production industrielle. Se souvient-il de cette autre odeur, cette odeur de brûlé ? Et de cet autre bruit, celui de voix basses qui chantaient ? Et des tas de cheveux, jetés comme les pinces des crabes ?

C'est à Herman Rauff que l'on prête l'invention et l'administration du four crématoire ambulant.

97

Après avoir attendu le bateau durant une semaine, nous entendîmes la sirène résonner derrière le gymnase (qui était une reproduction en béton du Parthénon) et nous vîmes les dockers transporter des caisses au lieu de flâner autour du bâtiment de la compagnie maritime, casquettes noires contre un mur rose. Pendant toute cette semaine le préposé à la vente des billets haussait les épaules en se grattant le kyste qui lui déformait le front, chaque fois que nous lui demandions où se trouvait le bateau : il pouvait bien couler, pour ce qu'il en avait à faire... Mais à présent il gribouillait des tickets en toute hâte, suant, gesticulant et aboyant des ordres. Puis il nous fallut passer un à un par le hangar vert de la douane, longer le flanc rouillé du vapeur pour atteindre la passerelle où les Chilotes faisaient la queue avec le visage d'hommes qui auraient attendu trois cents ans.

Le bateau était l'ancien *Ville de Haiphong*. La troisième classe avait la qualité d'une prison asiatique et les cloisons étanches semblaient faites pour retenir le débordement des coolies plus que celui des eaux. Les Chilotes logeaient en bas dans la grande cabine commune. Le plancher était couvert d'une croûte de cancrelats écrasés et l'air empestait la moule bouillie et les vomissures. On avait débranché les ventilateurs de la première classe et, dans le bar lambrissé, nous prîmes un verre avec le personnel d'une mine de kaolin, que le bateau déposerait en pleine nuit sur une île sans femmes au milieu de l'océan. Alors que nous sortions lentement du port, un homme d'affaires chilien joua *la Mer* sur un piano blanc auquel il manquait plusieurs touches.

Le capitaine, tiré à quatre épingles, affichait une confiance inébranlable dans ses rivets. Il se faisait servir une nourriture meilleure que la nôtre, et nous surprîmes l'expression sournoise du maître d'hôtel lorsqu'il retira les œillets de la table et nous apporta des pieds de porc panés, tandis que le bateau se mettait à tanguer en se heurtant aux vagues irrégulières.

Le lendemain matin des pétrels noirs fendaient la houle et, à travers la brume, on apercevait des cataractes d'eau tomber des falaises. Le représentant en lingerie de Santiago était sorti de l'hôpital et arpentait le gaillard d'avant en se mordant la lèvre inférieure et en murmurant de la poésie. Un garçon des îles Falkland, au chapeau en peau de phoque et aux curieuses dents pointues, me dit : « Il est temps que les Argentins viennent prendre possession des Falkland. Ça renouvellerait le sang. » Il éclata de rire et tira de sa poche une pierre. « Regardez ce qu'il m'a donné, ce type : une pierre ! »

Et lorsque nous débouchâmes dans le Pacifique, l'homme d'affaires jouait toujours *la Mer*. C'était peut-être la seule chose qu'il savait jouer.

Quelques sources

Animaux préhistoriques de Patagonie

George Gaylord Simpson, *Attending Marvels,* New York, 1934 ; et les articles du même auteur publiés par le Muséum américain d'histoire naturelle à New York. Pour l'histoire du mylodon, j'ai également utilisé une collection de documents et de coupures de journaux rassemblée par M. Tim Currant du British Museum (Histoire naturelle).

Rio Negro

William-Henry Hudson, *Un flâneur en Patagonie* (Idle Days in Patagonia), traduit de l'anglais par Victor Llona, coll. « Les livres de la nature », Stock, Paris, 1929.

Le Royaume d'Araucanie et de Patagonie

Alonso de Ercilla, *l'Araucana,* poème héroïque traduit en français par Gilibert de Merlhiac, Paris, 1824.

Orélie-Antoine de Tounens, son avènement au trône et sa captivité au Chili, Paris, 1863.

Armando Braun Menéndez, *El Reino de Araucanía y Patagonia,* Buenos Aires, 5e édition, 1967.

Léo Magne, *l'Extraordinaire Aventure d'Antoine de Tounens,* Paris, 1950.

Les Gallois

John E. Bauer, « The Welsh in Patagonia », in *Hispanic American Review,* vol. 34, n° 4, 1954.

Le compte rendu d'une visite chez John Evans à Trevelin est paru dans le livre d'A. F. Tschiffeley, *This Way Southward*, New York, 1940.

Butch Cassidy

Alan Swallow, ed., *The Wild Bunch*, Denver ; 1966.

Lula Parker Betenson, *Butch Cassidy My Brother*, Provo, Utah, 1975.

La lettre de Butch Cassidy à Mrs Davies appartient à la Utah State Historical Society et a été reproduite avec son autorisation. Je n'aurais pas pu écrire ce chapitre sans l'aide de Kerry Ross Boren, de Manila (Utah), spécialiste de l'histoire des hors-la-loi.

Hors-la-loi patagoniens

Asencio Abeijón, *Memorias de un Carrero Patagónico*, 2 vol., 1973-1975, Buenos Aires.

La Cité des Césars

Manuel Rojas, *La Ciudad de los Césares*, Santiago, 1936.

Les géants patagoniens

Helen Wallis, « The Patagonian Giants », in *Byron's Circumnavigation*, Hakluyt Society, Londres, 1964.

R. T. Gould, « There were Giants in those Days », in *Enigmas*, Londres, 1946.

Pour leur aide apportée à la mise au point de l'origine du mot « Patagonie », j'exprime ma plus vive reconnaissance à Joan St George Saunders et au professeur Emilio Gonzàles Díaz, de Buenos Aires.

La Révolution

Osvaldo Bayer, *Los Vengadores de la Patagonia Trágica*, 3 vol., Buenos Aires, 1972-1974.

José María Borrero, *La Patagonia Trágica*, réimpression, Buenos Aires, 1967.

Numéros contemporains du *Magellan Times*, de Punta Arenas.

Folklore de Chiloé
Narciso García Barria, *Tesoro Mitológico de Chiloé,* 1968.

Les Indiens de la Terre de Feu
Lucas Bridges, *The Uttermost Part of the Earth,* Londres, 1948.
Samuel Kirkland Lothrop, *The Indians of Tierra del Fuego,* New York, 1928.
Martin Gusinde, *The Yámana,* traduit par F. Schütze, New Haven, 1961.
Simón Radowitzky
Osvaldo Bayer, *Los Anarquistas Expropiadores*, Buenos Aires, 1975.

Edgar Allan Poe
Introduction à *The Narrative of Arthur Gordon Pym*, par Harold Beaver, Penguin Books, Londres, 1975.

Le Dictionnaire
Rev. Thomas Bridges, *Yámana – English Dictionary*, ed. Professor T. Hestermann, Mödling, Autriche, 1933, édition limitée à 300 exemplaires.

Le bout du monde... et la fin du monde
Deux ouvrages de fiction n'ont pas été mentionnés dans le texte. Il s'agit du dernier roman symbolique de Jules Verne *le Phare du bout du Monde*, et du livre de W. Olaf Stapledon, *Last and First Men* (« Derniers et Premiers Hommes »), Londres, 1930. Dans cette épopée mémorable l'espèce humaine, totalement américanisée, périt par l'action combinée du cannibalisme et des maladies pulmonaires et nerveuses. Quelques égarés, cependant, survivent au sud de Bahía Blanca, et une nouvelle civilisation voit le jour dans l'Extrême-Sud sous l'influence d'un adolescent aux prodigieuses capacités sexuelles, le garçon-qui-refusait-de-grandir. La civilisation patagonienne colonise

le reste du globe, mais ne se montre pas moins stupide que la précédente et se détruit elle-même dans un cataclysme atomique.

Le capitaine Charles Amherst Milward

Je n'aurais pas pu écrire ce livre sans l'aide de la fille de Charley Milward, Monica Barnett, de Lima. Elle me donna l'autorisation d'accéder aux archives de son père et au manuscrit inédit de ses histoires. Cette permission est d'autant plus généreuse qu'elle écrit actuellement sa propre biographie dans laquelle elles apparaîtront en entier. Mes chapitres 73, 75, et 86 ont été tirés du manuscrit avec des changements mineurs. Les autres histoires, des chapitres 72 à 85, ont été adaptées d'après l'original.

Bruce Chatwin	*Les jumeaux de Black Hill*
Bruce Chatwin	*Utz*
Emile Clermont	*Amour promis*
Jean Cocteau	*Les Enfants terribles*
Jean Cocteau	*Lettre aux Américains*
Jean Cocteau	*La machine infernale*
Jean Cocteau	*Reines de la France*
Vincenzo Consolo	*Le sourire du marin inconnu*
Jean-Louis Curtis	*La Chine m'inquiète*
Salvador Dali	*Les cocus du vieil art moderne*
Léon Daudet	*Souvenirs littéraires*
Degas	*Lettres*
Joseph Delteil	*La Deltheillerie*
Joseph Delteil	*Jeanne d'Arc*
Joseph Delteil	*Jésus II*
Joseph Delteil	*La Fayette*
André Dhôtel	*L'île aux oiseaux de fer*
Charles Dickens	*De grandes espérances*
Maurice Donnay	*Autour du Chat Noir*
Robert Dreyfus	*Souvenirs sur Marcel Proust*
Alexandre Dumas	*Catherine Blum*
Alexandre Dumas	*Jacquot sans Oreilles*
Umberto Eco	*La guerre du faux*
Ralph Ellison	*Homme invisible, pour qui chantes-tu ?*
Oriana Fallaci	*Un homme*
Ramon Fernandez	*Molière ou l'essence du génie comique*
Ferreira de Castro	*La mission*
Max-Pol Fouchet	*La rencontre de Santa Cruz*
Georges Fourest	*Le géranium ovipare*
Georges Fourest	*La négresse blonde*
Jean Freustié	*Proche est la mer*
Carlo Emilio Gadda	*Le château d'Udine*
Gabriel García Márquez	*L'automne du patriarche*
Gabriel García Márquez	*Chronique d'une mort annoncée*
Gabriel García Márquez	*Des feuilles dans la bourrasque*
Gabriel García Márquez	*Des yeux de chien bleu*
Gabriel García Márquez	*Les funérailles de la Grande Mémé*
Gabriel García Márquez	*L'incroyable et triste histoire de la candide Erendira*
Gabriel García Márquez	*La Mala Hora*
Gabriel García Márquez	*Pas de lettre pour le colonel*
Gabriel García Márquez	*Récit d'un naufragé*
David Garnett	*La femme changée en renard*
Gauguin	*Lettres à sa femme et à ses amis*
Maurice Genevoix	*Raboliot*
Natalia Ginzburg	*Les mots de la tribu*
Jean Giono	*Colline*

Jean Giono	*Jean le Bleu*
Jean Giono	*Que ma joie demeure*
Jean Giono	*Regain*
Jean Giono	*Le Serpent d'Étoiles*
Jean Giono	*Un de Baumugnes*
Jean Giono	*Les vraies richesses*
René Girard	*Mensonge romantique et vérité romanesque*
Jean Giraudoux	*Églantine*
Jean Giraudoux	*La menteuse*
Jean Giraudoux	*Supplément au voyage de Cook*
William Goyen	*Savannah*
Jean Guéhenno	*Changer la vie*
Yvette Guilbert	*La chanson de ma vie*
Louis Guilloux	*Angélina*
Louis Guilloux	*Hyménée*
Jean-Noël Gurgand	*Israéliennes*
Kléber Haedens	*Magnolia-Jules/L'Ecole des parents*
Daniel Halévy	*Pays parisiens*
Knut Hamsun	*Au pays des contes*
Pierre Herbart	*Histoires confidentielles*
Henry James	*Les journaux*
Pascal Jardin	*Guerre après guerre*
Marcel Jouhandeau	*Les Argonautes*
Marcel Jouhandeau	*Élise architecte*
Ernst Jünger	*Le contemplateur solitaire*
Ernst Jünger	*Rivarol et autres essais*
Franz Kafka	*Journal*
Paul Klee	*Journal*
Jean de La Varende	*Le Centaure de Dieu*
Armand Lanoux	*Maupassant, le Bel-Ami*
Jacques Laurent	*Croire à Noël*
Paul Léautaud	*Bestiaire*
G. Lenotre	*Napoléon - Croquis de l'épopée*
G. Lenotre	*Versailles au temps des rois*
Suzanne Lilar	*Le couple*
Vladimir Maïakovski	*Théâtre*
Norman Mailer	*Les armées de la nuit*
Antonine Maillet	*Les Cordes-de-Bois*
Antonine Maillet	*Pélagie-la-Charrette*
Curzio Malaparte	*Technique du coup d'État*
Luigi Malerba	*Le serpent cannibale*
Eduardo Mallea	*La barque de glace*
Clara Malraux	*Nos vingt ans*
Heinrich Mann	*Le sujet !*
Klaus Mann	*Mephisto*
Klaus Mann	*Le volcan*

Thomas Mann	*Les maîtres*
Thomas Mann	*Mario et le magicien*
François Mauriac	*Les chemins de la mer*
François Mauriac	*Le mystère Frontenac*
François Mauriac	*La robe prétexte*
François Mauriac	*Thérèse Desqueyroux*
Jean Mauriac	*Mort du général de Gaulle*
André Maurois	*Le cercle de famille*
André Maurois	*Les silences du Colonel Bramble*
Frédéric Mistral	*Mirèio-Mireille*
Thyde Monnier	*La rue courte*
Paul Morand	*Champions du monde*
Paul Morand	*Rien que la terre*
Alvaro Mutis	*La dernière escale du tramp steamer*
Alvaro Mutis	*Ilona vient avec la pluie*
Alvaro Mutis	*La neige de l'Amiral*
Sten Nadolny	*La découverte de la lenteur*
Irène Némirovsky	*L'Affaire Courilof*
Gérard de Nerval	*Poèmes d'Outre-Rhin*
René de Obaldia	*Innocentines*
Edouard Peisson	*Hans le marin*
Edouard Peisson	*Le pilote*
Édouard Peisson	*Le sel de la mer*
Sandro Penna	*Poésies*
Sandro Penna	*Un peu de fièvre*
Joseph Peyré	*Matterhorn*
André Pieyre de Mandiargues	*Le Belvédère*
André Pieyre de Mandiargues	*Deuxième Belvédère*
Raoul Ponchon	*La muse au cabaret*
Henry Poulaille	*Pain de soldat*
Bernard Privat	*Au pied du mur*
Raymond Radiguet	*Le diable au corps*
Charles-Ferdinand Ramuz	*Le garçon savoyard*
Charles-Ferdinand Ramuz	*Jean-Luc persécuté*
Charles-Ferdinand Ramuz	*Joie dans le ciel*
Paul Reboux et Charles Muller	*A la manière de..., T.I*
Paul Reboux et Charles Muller	*A la manière de..., T.II*
Christiane Rochefort	*Archaos*
Christiane Rochefort	*Printemps au parking*
Auguste Rodin	*L'art*
Henry Roth	*L'or de la terre promise*
Mark Rutherford	*L'autobiographie de Mark Rutherford*
Vita Sackville-West	*Au temps du roi Edouard*
Claire Sainte-Soline	*Le dimanche des Rameaux*
Peter Schneider	*Le sauteur de mur*
Leonardo Sciascia	*L'Affaire Moro*
Leonardo Sciascia	*Du côté des infidèles*

Leonardo Sciascia	*Pirandello et la Sicile*
Jorge Semprun	*Quel beau dimanche*
Victor Serge	*Les derniers temps*
Friedrich Sieburg	*Dieu est-il Français?*
Ignazio Silone	*Fontamara*
Osvaldo Soriano	*Je ne vous dis pas adieu...*
Osvaldo Soriano	*Quartiers d'hiver*
Roger Stéphane	*Portrait de l'aventurier*
André Suarès	*Vues sur l'Europe*
Pierre Teilhard de Chardin	*Écrits du temps de la guerre (1916-1919)*
Pierre Teilhard de Chardin	*Genèse d'une pensée*
Pierre Teilhard de Chardin	*Lettres de voyage*
Paul Theroux	*Voyage excentrique et ferroviaire autour du Royaume-Uni*
Roger Vailland	*Bon pied bon oeil*
Roger Vailland	*Les mauvais coups*
Roger Vailland	*Un jeune homme seul*
Vincent Van Gogh	*Lettres à son frère Théo*
Vincent Van Gogh	*Lettres à Van Rappard*
Vercors	*Sylva*
Paul Verlaine	*Choix de poésies*
Frédéric Vitoux	*Bébert, le chat de Louis-Ferdinand Céline*
Ambroise Vollard	*En écoutant Cézanne, Degas, Renoir*
Kurt Vonnegut	*Galápagos*
Jakob Wassermann	*Gaspard Hauser*
Walt Whitman	*Feuilles d'herbe t.1*
Walt Whitman	*Feuilles d'herbe t.2*
Jean-Didier Wolfromm	*Diane Lanster*
Jean-Didier Wolfromm	*La leçon inaugurale*
Émile Zola	*Germinal*
Zola, Maupassant, Huysmans, Céard, Hennique, Alexis	*Les soirées de Médan*
Stefan Zweig	*Magellan*
Stefan Zweig	*Marie Stuart*
Stefan Zweig	*Marie-Antoinette*
Stefan Zweig	*Souvenirs et rencontres*
Stefan Zweig	*Un caprice de Bonaparte*

Cet ouvrage a été réalisé par

FIRMIN DIDOT

GROUPE CPI

Mesnil-sur-l'Estrée

pour le compte des Éditions Grasset
en avril 2005

Imprimé en France
Première édition, dépôt légal : avril 2002
Nouveau tirage, dépôt légal : avril 2005
N° d'édition : 13764 - N° d'impression : 73239
ISBN : 2-246-39814-2
ISSN : 0756-7170